슬기로운 사원생활

1년 완성! 프로 직장인 길라잡이!

슬기로운 사원생활

박증재 지음

좋은땅

프롤로그

최근 짧지만 희로애락을 느꼈던 10여 년의 직장 생활을 하면서 스스로 질문을 하였다. '왜 일하는가?', '어떻게 일해야 하는가?' 그리고 '어떻게 성장할 것인가?'라는 것이다. 이 책은 신입 사원으로서 직장 생활을 시작하는 사람에게 필요한 일 잘하는 사람의 특성을 알아보고자 했다. 누구든 조직에서 인정받으며 성장하고 싶어 한다. 그러나 모두가 인정받지는 못한다. 이 책은 총 6파트로 나눠져 있으며 슬기롭게 직장 생활을 시작할 수 있는 길라잡이의 역할을 했으면 한다.

이 책은 신입 사원으로서 새로운 출발선상에 있는 직장인을 대상으로 워라밸에서 'WORK'를 중심으로 어떻게 일하며 조직에서 인정받고 성장할 수 있을지를 포커스로 두었다.

직장 생활에서 일 잘하는 사람은 태도가 다르다. 자신의 일에 대한 소명 의식이 있다. 소명 의식은 아무나 갖춰질 수 없다. 직장인으로서 만들어 나가야 할 태도인 것이다. 태도는 직장인으로서 갖춰야 할 필수 역량이다. 과거 학창 시절에서의 필수 역량은 '자격증', '어학 능력'으로 평가받아 왔다. 그러나 직장 생활은 인간관계 속에서 '성과'를 만들어 내야 하기 때문에 경청, 소통 등 태도의 중요성은 지속적으로 강조되고 있다.

일을 잘할 수 있는 방법론에서는 직장 생활에서 발생할 수 있는 보고서 작성법, 업무 습관법 등 신입 사원으로서 알면 실무에서도 적용할 수 있는 방법을 기술하였다. 내가 실제 신입사원이었을 때 쉽게 상사인 선배에게 쉽게 물어보지 못하거나 방법을 몰라 한참을 헤매는 경우가 많았다. 그 경험을 돌이켜 보며 이 책을 통해 언급하였다. 신입 사원으로 직장 생활을 시작한 입장에서 현명하게 성과를 창출할 수 있는 방법에 대해서 고민하자.

불투명한 미래를 위해 부단한 직장인의 자기 계발은 점차 중요해지고 있다. 직장인의 자기 계발에서 중요한 것은 전문성을 확보하는 것이다. 전문성은 시간과 노력을 투자해야만 얻을 수 있는 성과이다. 또한 전문성을 살펴볼 때에는 일이라는 관점에서 일 잘하기 위한 역량을 고려해 나가야 한다. 예를 들어 해외 영업 사원에게는 어학 능력을 비롯한 지역 전문가로서 그 지역의 문화, 인적 네트워크를 확보하여 전문성이 확보해 나가야 한다. 이처럼 각 직무에서 필요한 역량을 어떻게 나의 전문성으로 연결할 것인지 고민해 보자.

직장 생활에서 잘 적응하기 위한 필수 요소는 인간관계와 스트레스 관리법이다. 이는 시간이 흐를수록 점차 중요해지고 있다. 인간관계로 인한 스트레스로 심리 상담을 하거나 퇴사까지 하는 경우가 비일비재하다. 지나친 스트레스는 자신에게 독이 되어 직장 생활을 영위할 수 없다. 직장 생활은 장거리 마라톤과 같다. 오랜 시간 동안 직장인으로 업무를 하면서 극복해야 할 '사람' 그리고 '자신'과의 스트레스를 극복할 방법을 소개하였다.

신입 사원인 직장인에게 다양한 능력이 요구되고 있다. 한국 사회의 경우 학창 시절 어학 성적, 학교 성적, 자격증 등 정형화되어 있는 스펙을 가지고 평가해 왔다. 그러나 직장 생활에서의 평가는 매우 다양하다. 학창 시절의 평가 방법이 아닌 직장인으로서 '성과'를 가지고 평가받기 시작한다. '성과'는 직장인에게는 떼레야 뗄 수 없는 관계이다. 조직 생활을 하면서 '성과'라는 열매를 얻기 위해 신입사원으로서 무엇을 어떻게 시작할지 고민을 해 본 적이 있을 것이다. 그때 이 책이 길라잡이가 되어 그들에게 조그마한 도움이 되길 바란다.

목차

Part 1.

일 잘하는 사람은
태도가 다르다

1.
마감 기한을 잘 지키는 사원이
일 잘하는 사람이 된다

어떤 업무에 대해 마감 기한을 준수하는 태도가 중요하다. 당신에게 부여된 업무는 마감 기한 안에 끝낸다는 생각으로 임하자. 의욕적인 사람에게는 어떻게든 도와주고 싶은 게 인지상정이다. 당신에게 상당히 어려운 일이라고 생각된다면 정보를 찾거나 도움을 청할 수 있는 채널을 확보해야 한다. 사원의 경우 단독 업무를 수행하더라도 미흡하기 때문이다. 업무를 진행할 수 있는 채널을 가지고 하나씩 처리해 나가는 습관을 들이자. 점차 익숙해지면 일 처리가 빨라질 뿐더러 능률도 높아질 것이다.

마감 기한은 반드시 준수해야 한다

마감 기한은 당신과 회사가 약속한 날짜이다. 당신은 근로 계약 당사자로서 지식, 기술을 회사에 제공해야 하는 의무가 있다. 회사가 고객에게 제품이나 서비스를 제공할 때는 품질, 납기가 기본적인 사항이다. 당신도 회사의 품질과 납기에 대해 신경을 써야 한다. 그중에서도 납기는 생명과 같다. 아무리 품질이 좋더라도 납기가 늦어지면 헛수고가 된다. 그러므로 신입 사원 시절부터 업무를 수행할 때는 마감 기한을 준수하려는 태도가 중요하다. 마감 기한은 업무 수행력을 평가하는 기준점이다.

2015년에 출간된 바둑 고수 조훈현 저자는 『고수의 생각법』에서 '자신의 분야에서 프로가 되고 싶다면, 어린 시절부터 시간 제한이라는 압박속에서 많은 일을 성취하는 경험을 쌓아야 한다.'고 언급한다. 마감 기한을 지키는 것은 프로 직장인이 될 수 있는 기본 중의 기본이다. 당신이 사원이나 대리라면 납기와 품질 중에서 무엇을 중요하다고 보겠는가. 당연히 납기가 중요하다. 신입 사원부터 '시간'이라는 자원을 아끼고 효율적으로 사용하도록 노력해 보자. 납기 날짜를 지키는 습관을 갖게 한다.

마감 기한을 준수하는 방법들을 살펴보자. 가장 손쉬운 방법은 달력이나 업무용 수첩에 표기하는 것이다. 당신의 업무를 자주 보거나 잘 보이는 곳에 표시해 보자. 하루 업무를 시작하기 전에 일일, 주 단위로 메모한 내용을 확인하는 습관을 갖도록 하자. 이렇게 업무를 시작하기 전에 할 일과 한 일, 앞으로 남은 일을 확인하면 마감 기한 전에 일을 마무리하고 검토까지도 할 수 있을 것이다. 마감에 쫓기지 않고 미리 하는 습관을 갖자. 예상치 못한 변수가 생겨도 대응할 수 있다.

일 마무리가 부득이하게 늦을 때는 상대방에게 미리 알려 양해를 구해야 한다. 일을 하다 보면 생각하지 못한 일로 인해 마감 기일을 지키기 어려운 경우가 발생할 수 있다. 간혹 당신의 고객인 상대방을 생각하지 않고 업무가 늦어지는 경우가 있다. 업무도 결국 서로 간에 소통하는 일이다. 불가항력적인 상황이 발생하면 즉시 상대방에게 양해를 구하고 일처리가 늦어지는 이유나 마감이 가능한 시간이나 날짜를 말해 줘야 한다. 업무상에 '무소식이 희소식'은 절대 해당되지 않는다. 업무에 차질이 생겼다면 미리 양해를 반드시 구하자.

보고서가 미흡해도 적어도 1~2일 전에는 초안을 작성하는 습관을 들이자

당신이 보고서를 작성하는 경우 미흡하더라도 상급자가 사전 검토를 할 수 있는 시간을 마련해 보자. 특히 사원이나 대리일 때는 보고서 품질이 부족한 경우가 많다. 이럴 때는 상급자에게 사전에 검토를 할 수 있도록 시간 여유를 두어야 한다. 최소한 마감 기한 1~2일 전에는 초안을 작성하여 상급자에게 보고하자. 그래야 상급자가 내 업무가 어느 정도 진행되고 있는지를 한눈에 파악하고 내가 챙기지 못한 부분을 조언해 줄 계기가 된다.

실제로 신입 사원들이 하는 잦은 실수를 보면 마감 기한이 다 되어서 상급자나 요청자에게 보고서를 제출하는 일이 많다. 이렇듯 요청자의 요구 사항을 정확히 파악하지 못해 엉뚱한 방향으로 작성한 보고서를 수정하지 못하거나 마감 기한을 넘기는 경우가 허다하다. 실수를 막기 위해서는 완성된 보고서를 보고하기 전에 먼저 중간 보고서를 만들어 보고하자.

중간에 피드백은 방향성과 품질 향상에 도움이 된다. 작은 일인 것 같지만 가장 기본이 되는 것이다. 보고서도 서로의 커뮤니케이션이 중요하다.

여러 번 수정할수록 품질과 납기가 준수된다. 상급자는 맡은 업무에 끝장을 보는 당신의 추진력에 만족할 것이다. 끝장이란 당신이 맡은 여러 업무 중에서 단위 업무를 마무리하는 것이다. 신입 사원 시절에 제일 힘든 일은 마무리를 하는 것이다. 실제로 A 업무를 하다가 상급자의 지시로 B 업무를 하게 되는 경우가 많다. 그럴 때마다 A 업무를 멈추고 B 업무를 하게 된다. 어느덧 A 업무는 잊어버리고 일이 마무리가 안 되는 경우가 많다. 이때 가져야 할 태도는 지시받은 업무를 우선으로 하되 늦어지더라도 당일에 마무리해야 한다.

당신이 사원, 대리급이라면 보고서의 품질보다 납기를 맞추는 것이 우선이다. 이때 중요한 것이 있다. 바로 납기를 맞추면서 적어도 요청자의 방향성을 고려해야 한다. 당신은 다양한 업무로 바쁘지만 납기를 맞추기 위해 초안을 작성하자. 상급자에게 중간 보고를 하는 습관은 보고서의 완성도를 높이 방법이다. 보고서를 작성하는 과정에서 필요하다면 적극적으로 동료들과 상의하며 작성하는 것도 좋은 방법이다. 신입 사원이 처음으로 보고서를 작성할 때는 잘 모르는 것이 당연하다. 머뭇거리지 말고 적극적으로 찾아다니며 물어보자.

의욕을 가져야 진정한 프로가 될 수 있다

열정적인 사람은 모든 일을 의욕적으로 한다. 그리고 의욕은 프로로 가고자 하는 사람에게 촉매제와 같다. 아마추어와 프로의 차이는 무엇일까. 의욕적인 태도에서 차이가 나지 않을까? 신입 사원이라면 배우려는 자세, 사람과 일을 대하는 자세가 곧 성장과 성과를 부르고 프로가 되는 길에 서게 한다. 프로는 그저 직장인이 아니라 직업인으로 특정 분야의 전문가이다. 많은 시간과 노력이 필요한 과정을 차근차근 밟은, 사회적으로 인정받은 사람이다. 당신도 프로가 되어야 한다. 당신은 이 책을 선택한 순간부터 직장인이 아니라 전문성을 가진 직업인으로 성장해야 하기로 결심한 사람이기 때문이다.

일본의 심리학자 나이토 요시히로 저자의『의욕을 일으키는 심리학』에서 "자기 자신에게 보상하는 습관을 갖는다며 '공부 먼저, 보상은 나중에!' 라고 답한 학생이 학습 의욕, 시간 활용, 성적 등 모든 면에서 우수하다." 고 밝혔다. 직장 생활도 마찬가지다. 의욕적인 당신이 되기 위해서는 하고 싶은 것을 뒤로 하고 우선 해야 하는 업무부터 마무리하고 그런 자신에게 보상을 해 보자. 한 단계 직업인으로 성장할수록 자기 만족도가 향상되고, 행동하고 보상하는 선순환 효과가 이어질 것이다.

업무를 진행할 때는 다른 사람보다 빨리 시작해 보자. 우선 세 가지의 효과가 있다. 첫 번째의 효과는 업무를 먼저 하면 예상하지 못한 일이 터졌을 때 대응을 빨리할 수 있다는 점이다. 두 번째로는 다른 사람들에게 자신이 모으거나 만든 자료가 지표로 활용된다. 다른 직원들이 내가 만든 자료를 활용할수록 나는 '부지런한 사람, 열정이 있는 사람, 도움이 되는 사람'으로 평판이 좋아진다. 마지막으로 스트레스로부터 자유로워진다. 마감 기한이 다가올 수 있도록 초조해지기 마련이지만 업무를 빨리 시작하고 일찍 마무리한다면 오히려 뿌듯한 기분과 자신감이 커질 것이다.

직장인이라면 일은 어차피 해야 할 일이다. 마감 기한을 준수하기 위해서는 끝장을 보는 자세가 필요하다. 일을 잘하는 사람은 똑같은 일을 하더라도 다른 사람보다 효과적으로 처리하는 습관을 갖는다. 성과는 업무가 마무리되어야 비로소 나타나는 것이다. 업무 처리가 지연되거나 마무리가 안 되면 애써 노력한 성과가 미흡으로 남는다. 프로 직장인이라면 맡은 일에 대한 끝맺음이 명확해야 한다. 성과를 달성하기 위해서 신입사원일 때부터 하나의 일이라도 끝장을 보는 생각과 추진력을 가져 보자.

2.
자주적인 워커(worker)로
성장해야 한다

자기 주도적으로 삶을 가꾸거나 문제를 해결하는 사람이 중요해지고 있다. 현대 사회는 자주적인 워커를 원하는 것이다. 2022년 CJ그룹 정기 임원 인사에서는 "역량과 의지만 있다면 나이, 연차, 직급 관계없이 누구나 리더가 될 수 있다."며 이재현 CJ그룹 회장이 제3의 도약을 선포했다. 이번 임원 인사를 보면 CJ그룹은 '하고잡이(능동적으로 업무를 만들어 매진하는 워커홀릭)'의 약진을 주목하며 임원으로 선발했다. 이외에 많은 대기업에서도 다양한 기회와 공정한 경쟁을 통한 기용을 선호하고 있다. 자주적인 워커홀릭은 직장에서도 인정받을 수 있는 경쟁력을 갖춘 사람이다.

자주적인 워커는 자기 주도하게 일하며 그러한 삶을 산다

미국 최대의 전자 제품 소매 판매 회사인 '베스트바이'는 '2005년 성과 집중형 업무 환경 제도'를 도입했다. 이는 직원들에게 근무 시간에 자율성을 부여하는 제도였다. 제도 도입 후 직원들은 성과를 달성하기 위해 스스로 몰입하기 시작했다. 워커홀릭은 누가 시켜서 일하지 않는다. 특히 주 52시간제와 맞물려 일에 대한 절대 시간이 중요해졌다. 주어진 시간 내에 성과를 창출해야 하기에 자기 주도하게 일하는 태도가 어느 때보다 중요해진 것이다.

자기 주도적인 워커가 되어 보자. 일을 하는 것도 결국에는 당신의 역량을 키우기 위한 훈련이다. 점차 전문가로 성장한다면 나를 고용한 고용주의 자리에 곧 내가 서게 될 수도 있다는 점을 상기하자. 최근 부정적인 단어로 떠오르는 워커홀릭을 그대로 '일 중독'이라고 해석하기보다 자율적이고 전문적인 워커, 가능성이 무궁무진한 워커라고 생각을 바꿔 보자.

자주적인 워커는 절대적인 시간을 많이 할애하는 노동자(Worker)가 아니다. 내가 말하고자 하는 자주적인 워커는 맡은 일을 자기 주도하게 그리고 효율적으로 일하는 사람이다. 쉴 때는 푹 쉬고 일할 때는 집중하여 처리하는 사람이다. 시간은 계속 흐르는데 질질 끌며 일을 마무리 못하는 사람은 일도 삶도 놓치게 된다. 워라밸(Work-life balance). 일과 삶에 균형감 있는 사람이 내가 말하는 자주적인 워커들이다. 우리는 근무 시간 안에 일을 빠르게 처리하는 Smart Worker가 되도록 고민하고 실천해야 한다.

프로 의식을 갖춘 워커는 근무 시간 동안 집중해서 성과를 창출하는 능력을 갖춰야 한다. 단순히 책상에 앉아 초과 근무를 하는 예전의 방식은 금물이다. 잦은 초과 근무는 체력과 능력을 떨어뜨리기만 할 뿐이다. 근무 시간을 적절하게 배정하고 충분히 휴식을 취하게 하면 업무 수행 능력이 더 높아진다. 4차 산업혁명 시대는 갈수록 근무 시간 대비 성과가 반비례할 것이다. 회사는 직원들에게 예전과 같은 수준의 성과를 요구하고 있으나, 근로자는 주 52시간 제도 도입에 따라 줄어든 근무 시간 내에 성과도 챙겨야 하는 부담을 안고 있다.

그렇다면 어떻게 하면 업무를 효율적으로 할 수 있을까? 일부 기업에서는 '집중 근무 시간'을 설정하여 그 시간 동안에는 회의 일정을 잡지 않고, 전화도 받지 않으며 직원 간에 잡담을 나누거나 담배 피는 것을 제한한다. 만일 내가 다니는 회사도 '집중 근무 시간' 제도를 도입한다면 나는 어떻게 해야 할까? 근무 시간 중에 집중할 시간을 스스로 정하여 실천해 보자. 가능하다면 해당 시간대에는 회의를 잡지 말고, 급한 전화나 문자가 아니라면 나중에 답장할 수 있도록 메모를 해 두는 습관도 좋은 방법이다.

나를 위해 목표를 향해 가는 삶을 살아가자

'커리어 패스(career path)' 하는 사람이 되고 싶다면 신입 사원 시절부터 목표를 향해 가는 삶을 살아가도록 노력하자. 사실 우리는 입시 준비할 때부터 목표를 향해 최선을 다하는 삶을 살아왔다. 그런데 희한하게도 직장에 입사만 하면 목표를 잃고 계획도 없이 하루하루를 버티는 데 만족한다. 생각해 보면 입시생 때 노력한 끝에 지금의 직장에 입사하지 않았나. 마찬가지로 앞날을 위해, 이제는 학생이 아닌 직장인으로서 어떻게 살아야 성숙하고 현명한 워커가 될지 고민하자. 그리고 다음과 같이 구체적으로 계획을 세우자.

〈표 1. 나의 인생 비전 계획표〉

구분	업무 향상 계획	개인의 삶	인간관
연간 계획			
중기 계획(5년)			
장기 계획(10년)			
비전			

직장에서는 KPI, OKR, MBO 등 다양한 지표로 나와 조직을 평가하고 관리한다. 그러니 당신도 자가 진단할 수 있도록 삶을 계획하자. 먼저 연간 계획으로 일과 개인의 삶 그리고 인간관계에 대해서 목표를 세우자. 표 1. 나의 인생 비전 계획표와 같이 업무 향상 계획을 통해 얼마만큼 성장할 것인지 목표를 정하자. 업무 향상 계획을 세울 때 중요한 것은 현실적이이고 커리어 패스와 연결되어야 한다는 점이다. 단순히 일만 많이 하는 것이 아니다. 현실적으로 실현이 가능한 과제를 찾고 해결하는 과정에서 성장 동력으로 삼을 수 있어야 한다.

개인의 삶도 중요하다. 워라밸이 중요한 요즘, 개인의 스트레스를 해소하는 방법을 개발하는 것도 중요하다. 예를 들어 주기적으로 취미 생활을 하거나 급여의 일정 금액을 적립하여 열심히 일한 자신에게 보상한다면 합리적인 사치라 할 수 있을 것이다. 개인의 삶이나 일도 마라톤과 같다. 나만의 스트레스 해소법이나 보상 체계를 만드는 것은 장거리를 달려야 하는 선수에게 좋은 영양제와 같다. 당신도 삶의 목표와 비전을 그려보는 계획을 고민해 보자. 건강한 고민은 건강한 나의 미래를 만든다. 지금 골치 아프고 귀찮다 해서 세상만사를 고민하지 않는다면 내 미래는 안 봐도 빤하다.

마지막으로 인간관계도 집중과 선택이라는 관점에서 계획을 수립하자. 인간관계는 직장인에게 매우 중요하다. 계획 수립 단계에서 고려해야 할 사항은 지속성과 호혜성이다. 지속성은 한 번 맺은 관계를 계속 이어 갈 수 있는 사람인지를 고민하는 것으로, 화분에 물을 주듯 관심을 가지고 인간관계를 만들어 가야 한다. 호혜성은 프랑스의 사회학자 모스 『증여론』에 따르면 두 사람이나 집단 간에 서로 도움이나 혜택을 주고받을 때 발전한다. 당신도 다른 사람에게 먼저 도움을 줄 수 있는 사람인지 고민해 보고, 목표를 이루기 위해 어떤 인간관계를 만들어야 할지 고민해 보자.

일을 만드는 것도 능력이다

스스로 일감을 찾아 하는 행동은 욕먹을 일이 아니다. 개인의 능력을 위해 필요한 과정이다. 군대에서 흔히 고문관이라고 하면 하지 말아야 할 일을 만들어 주변인에게 고통을 주는 사람이라고 한다. 하지만 직장은 이익을 창출해야 하는 집단이다. 조직의 이익과 결부된 일을 창출하는 능력이 필요하다. 당신은 직장 생활에서 일을 만드는 사람인가. 아니면 주어진 일만 하는 사람인가. 후자라고 한다면 다시 한번 고민해 보길 바란다. 주어진 일만 하는 사람에게 새로운 기회가 주어지거나 그런 사람이 자기 삶을 주도하며 살 수 있는지 말이다.

그렇다면 일감을 어떻게 만들어야 할까. 당신이 사원이나 대리라면 하는 일을 0에서 1로 보는 혁신적인 생각을 가질 게 아니라 1에서 2로 개선하는 습관을 갖도록 해야 한다. 아직 주니어인 만큼 큰 목표보다는 기존의 업무에서 개선하는 정도로 일에 대한 감각을 익히는 게 좋다. 현재 당신이 맡는 일에 대해서 개선해야 하는 사항을 도출해 보자. 그리고 그 업무가 무엇이 문제인지 본질을 파악하자. 의외로 자기 뜻대로 해석하여 반대급부로 업무 파트너가 불편해하거나 조직 관점에서 불합리한 방향으로 흘러가기도 한다. 당신은 충분히 고민하되 혁신적으로 사고하기 위해서 개선하는 노력부터 하자.

직급이 올라가면 일상적인 업무보다 개선이 필요하거나 혁신적인 사고가 요구되는 프로젝트 업무가 많아진다. 회사도 당신이 직급보다 더 많은 성과를 내주기를 바란다. 물론 회사가 바라는 인재상이 하루아침에 될 수는 없다. 우리는 먼저 직무에 관련된 많은 정보를 습득해야 한다. 뉴스나 신문, 각종 매체를 비롯해 당신과 비슷한 고민하는 집단과 대화하는 자리에도 적극적으로 참석해 보자. 평소 다양한 지식을 두루 섭렵하고 첨단 기술에 민감하게 반응하는 사람이 갑자기 승진하여 프로젝트 업무에 투입되더라도 성과를 창출할 수 있다.

회사에 득 되는 일을 만드는 능력은 당신의 경쟁력이 될 것이다. 그러려면 재무를 볼 줄 알아야 하고 집단이 이익을 전망하는 안목이 필요하다. 물론 하루아침에 만들어지지 않는다. 부단한 목표를 향한 계획과 실천으로 이뤄진다. 다시 말하겠지만 실행력을 가지려면 철저히 계획을 세워야 한다. 부산에서 서울로 가야 하는데 '서울'이라는 목적지가 없다면 표류할 수밖에 없을 것이다. 실행에 앞서 목표와 계획은 세우는 것은 몇 번을 말해도 부족할 만큼 중요하다.

자주적인 태도는 내 삶을 살기 위해 반드시 갖춰야 하는 선행 조건이다. 혹시 당신은 잘 알지도 못하는 다른 사람과 회사에 끌려다니듯 생활하고 있지는 않은가. 그렇다면 불행한 삶을 사는 것이다. 이 삶에 내가 주인공이듯 직장에서 일하는 당신도 주인공이다. 본질은 변하지 않는다. 직장을 내가 발전할 수 있는 기반으로 생각해 본다면 그 시도 자체가 행복한 삶에 가까워지는 노력이다.

3.
내 일에 소명 의식을 가져야 한다

세 벽돌공 우화를 한 번쯤 들어봤을 것이다. 한 행인이 세 명의 벽돌공에게 물었다. "당신은 지금 무슨 일을 합니까?" 그러자 첫 번째 벽돌공은 "보면 모릅니까? 벽돌을 쌓고 있습니다." 두 번째 벽돌공은 "돈을 벌고 있습니다." 마지막으로 세 번째 벽돌공은 "저는 지금 아름다운 성당을 짓고 있습니다."라고 대답한다.

당신은 세 명의 벽돌공 중에서 어느 유형입니까? 우리는 세 번째 벽돌공같이 내가 하는 일에 의미를 부여해야 한다. 이것은 당신이 행복해질 수 있는 중요한 요점이다.

소명 의식은 내가 하는 모든 일에 가지는 의식과 태도에 따라 달라진다

내가 아는 한 후배는 자질구레한 일들을 많이 했다. 그런데도 항상 웃는 얼굴로 직장 생활을 했다. 어느 날 한 선배가 "허드렛일을 하는데 불만이 없냐?"고 물었다. 그러자 그 후배는 "제가 하는 일은 우리 구성원들에게 이롭다."며 당당하게 대답했다고 한다. 후배는 아무리 허드렛일이라도 남에게 도움이 될 거라는 확신이 있었다. 올바른 소명 의식을 가진 후배는 지금도 좋은 성과를 내며 승승장구하고 있다.

내가 하는 일이 아무리 작고 볼품이 없어도 누군가는 하지 않으면 일이 수월하게 진행되지 않는다. 이렇게 내가 하는 일의 가치를 알고 있다면 내가 하는 일은 '행복'을 만드는 것과 같다. 한 선배가 자신이 행복해지는 계기를 말해 준 적이 있다. 그는 번 돈의 일부를 기부하거나 적극적으로 봉사 활동에 참여한다. 그는 단순히 돈을 버는 것이 목적이 아니다. '일'이라는 수단을 통해 나와 더불어 주변인들에게 행복을 나눠 주는 소명 의식을 가진 것이다. 이처럼 소명 의식을 갖는 건 어렵고 현실과 동떨어진 몽상이 아니다. 생각을 바꾸자. 당신도 소명 의식을 가진 건전한 직장인이자 직업인이 될 수 있다.

소명 의식은 프로 직업인으로서 가져야 할 필수 덕목이다. 주변을 둘러보면 소명 의식이 없는 사람은 삶에 대한 불평불만이 비교적 많다. 불만은 또 다른 불만을 낳는다. 결코 자신에게 도움이 되지 않는다. 소명 의식은 누가 주입해서 가질 수 있는 의식이 아니다. 지금 내가 하는 일에 대한 생각과 태도가 바뀌어야 한다. 다른 사람들이 볼 때 내 일이 중요한 일이던 그렇지 않든 간에 말이다.

소명 의식을 갖기 위해서는 먼저 내가 행복해야 한다. 직장인이라면 모두 행복한 직장 생활을 하고 싶어 한다. 그러나 일과 사람에 치여 살다 보면 행복을 망각하고 만다. 지금 내가 처한 상황과 인간관계 그리고 가족에 대한 불만으로 인해 삶에서 '행복'을 멀리하고 있는 것은 아닐까. 행복한 직장인이 되는 것이 소명 의식의 기준이 될 수 있다. 당신은 행복해야 한다. 그래야 의식과 태도를 바꿀 수 있다. '돈'을 버는 것에 그치지 말고 차분히 자신을 되돌아보자. 나누는 삶과 세상에 기여하는 일이 무엇인지 고민하자.

소명 의식을 가지려면 어떻게 해야 할까?

나는 내 삶과 직장 생활이 행복하길 빌며 어떻게 하면 소명 의식을 가지고 일을 할 수 있을지 고민했다. 마침내 나름대로 정의한 답은 이렇다. 첫째, 내 일에 자부심을 가져야 한다. 앞서 벽돌공 우화에서 세 번째로 대답한 벽돌공같이 내 일에 대해서 자부심이 있어야 한다. 자부심은 내가 맡은 직무를 꾸준히 성장시킬수록 커진다. 좀 더 확실하게는 매년 나의 성장도를 점검할 수 있도록 이력 관리를 하자.

둘째, 일에 대한 목적 의식을 세워야 한다. 소명 의식은 목적이 분명해야 의식화할 수 있다. 나는 지난 직장 생활을 돌아보며 '나는 왜 여기에 있어야 하는가.' 하고 스스로에게 묻고는 했다. 당신도 어떤 조직에 속해야 하는 이유를 떠올려 보면 스스로 대답을 할 수 있을 것이다. 빠르게 생각하고 답을 내리기보다는 자신만의 철학을 가져야 한다. 이 직장에서

나는 무엇이고, 무엇을 위해 존재하는지 그 이유를 직접 설명해 보자. 방향이 뚜렷하고 설득이 타당하다면 나의 목적 의식은 잘 세워진 것이다.

셋째, 일을 통해 무엇을 나눌 수 있는지 생각해 보자. 나는 내 일을 통해 무엇을 조직이나 사람들에게 나눠 줄 수 있는지 고민해 본다. 예를 들면 실무를 하면서 신입 사원의 부모님이나 배우자를 대상으로 입사 축하 꽃바구니를 배송하는 제도를 도입했다. 여러 업체의 견적을 받아 선정하고, 품의서를 작성하는 등 굳이 안 해도 되는 일을 만들고 추진한 것이다. 보기에 따라 불필요한 데에 시간과 에너지를 쏟은 것 같겠지만 결과는 좋았다. 대부분의 신입 사원 부모님은 무척 좋아하셨고, 신규 직원들의 소속감과 만족도 높아졌다. 이처럼 나 한 사람의 관심으로 입사자 가족들과 따뜻한 '행복'을 나눌 수 있다는 점에서 의미가 있다고 할 수 있다. 경험해 본 사람만이 안다. 당신도 잇속을 챙기기보다 남들과 무엇을 나눌 수 있을지 생각해 보자.

성과에 차이를 만드는 소명 의식

소명 의식이 있는 경우와 없는 경우는 업무에 임하는 태도에서부터 다르다. 조직은 '성과'라는 필요조건이 존재해야 한다. 경쟁자보다 신속하고 정확할 때 성과는 극대화된다. 소명 의식은 성과를 내기 위한 '목적'을 부여하는 핵심 요소이다. 무엇보다 성과를 만드는 것은 사람이므로, 어떤 사람이 되느냐가 관건이다.

나는 '무재해 사업장 조성'이라는 목적과 세부 계획을 수립했다. 안전 관리를 담당하면서 '다치는 사람 없이 안전하고 행복한 직장을 만들자.'는 생각으로 자발적으로 다양한 제도를 운영했다. 협력사 집중 관찰 운영, 사고 예방 캠페인, 사고 유형별 특별 안전 교육, 사고 예방 치구 개발 이벤트를 진행하기도 했다. 그 결과 제조업에서는 달성하기 어려운 2,600일이라는 성과를 만들었다. 나는 평소에도 '소신 있게 안전 관리를 철저히 하여 사고 없이 근무자 모두 행복하게 일할 수 있는 회사를 만들자.'고 생각했다. 목표를 달성하는 것은 어렵지만 소명 의식을 통해 이룰 수 있었던 일들도 많았다. 그러니 당신도 소명 의식을 높이기 위해 지금 하는 일보다 더 높은 목표를 세우고 도전해 보자.

신입 사원 시절부터 소명 의식을 갖는 연습을 하면 훗날 직무 전문가를 넘어 사회의 일원이 되어서도 훌륭히 수행할 수 있다. 한 예로 일본의 장인 정신은 투철한 소명 의식에서 나왔다. 이름 있는 가문에서는 수백 년간 이어 오는 기술과 정신이 있다. 후손들은 가업을 물려받아 마땅하고 그 일이 천직이라고 생각하며 받아들인다. 일본의 장인 정신은 그러한 정신에서 비롯한다. 선조들의 뜻을 이어받아 기술을 연마하고 다음 세대에도 전통을 이으려는 노력이 바로 '소명 의식'이다. 당신도 일본의 장인 정신을 본받아 당신의 업무에서도 '소명 의식'을 발휘할 것이 있는지 살펴보자.

소명 의식은 멀리 있거나 고리타분한 이야기가 아니다. 신입 사원 시절부터 반드시 선행되고 고민해야 할 과업이자 풀어야 할 과제이다. 그런데도 많은 이들은 소명 의식을 그저 꼰대들의 발언이라고 생각한다. 소명 의식은 다른 사람이 아니라 자기 자신을 위한 가르침이다. 목적이 있는 '삶'이 중요하듯 목적이 있고 이유가 있는 '일'도 중요하다. 왜냐하면 내 일은 내 삶의 일부이기 때문이다. 지금부터라도 당신을 돌아볼 때 소명 의식이 있는지 고민해 보자.

4.
모든 업무는
즉시 실행해야 한다

경영 컨설팅 회사 로버트 H. 샤퍼 & 어소시에이츠의 창업 멤버이자 파트너로 근무하고 있는 로버트 네이만은 『실행력』에서 '99%의 평범한 사람들 역시 수천 가지의 좋은 생각을 가지고 있다. 그러나 그들은 실천하지 않는다. 반면 1%의 특별한 사람들은 다르다. 그들은 생각을 반드시 행동에 옮긴다.'고 언급한다. 당신은 99%의 평범한 사람으로 남을 것인지, 1%의 성공적인 직장 생활을 할 수 있는 사람으로 남을 것인지 고민하자. 그리고 나에게 맡겨진 업무를 즉시 실행하기 위한 실천 방법을 살펴보자.

실행력은 업무의 핵심

'실행력'을 국어사전으로 살펴보면 '자기의 생각을 실제로 행하는 능력'이라고 한다. 확신을 가지고 시작한 행동은 나중에 실행할 수 있게 하는 동기를 부여한다. 그리고 곧 성과를 만드는 나만의 능력이 된다. 곧 실행력은 내 생각과 행동을 종합하여 성과로 만드는 능력이다. 당신은 실행력이 업무에 미치는 영향이 크다는 점을 인지해야 한다. 경력을 쌓아야 하는 직장 생활에서 실행력은 필수 요소이기 때문이다.

실행력이 왜 중요할까. 우리는 모두 학생일 때 시험에서 좋은 성적을 내기 위해 시험도 일정표를 짜고, 계획을 실천하기 위해 부단히 애를 썼다. 그러나 많은 학생이 계획은 계획일 뿐 실천하지 못하고, 몇 가지만 계획한 대로 되거나 아예 달성하지 못한 채 흐지부지되기도 했다. 이처럼 우리는 이미 오래전부터 실행력에 대한 시행착오를 답습해 왔다. 직장인도 마찬가지이다. 직장 생활에서 실행력은 업무 진행에 중요하다. 아무리 계획을 잘 세웠더라도 실행하지 않는다면 의미가 없다. 그 어떤 기발한 지식과 기술이라도 세상 밖에 나와야 빛을 볼 수 있다.

직장인은 실행에 대한 고민을 더 이상 미루면 안 된다. 우리는 실행해보지도 않고 안 되는 이유를 상사에게 보고하기도 한다. 아마 고 정주영 현대그룹 명예회장이라면 "이봐, 해 봤어?"라고 직원의 실행력을 떠볼 것이다. 당신도 안 되는 이유를 대며 미루거나 시도 자체를 안 하고 있지 않은가. 만약 그렇게 하고 있다면 고민해야 한다. 직장인이라면 미루지 말고 적극적으로 추진해야 한다. 실행력은 성공적인 직장인이 갖추어야 필수 역량이다. 당신이 비록 수행하기 힘든 업무더라도 어떻게 해결하며 완수할 수 있을지 고민하자.

실행은 100% 당신의 능력으로만 진행되지 않는다. 많은 이들은 내 능력에 따라 실행력이 발휘된다고 믿는다. 그러나 직장인으로 실행은 업무이다. 업무는 협업을 통해 이루는 경우가 대부분이다. 다른 이에게 협조를 구해 당신이 생각하고 있는 방향성을 원활하게 수행할 수 있도록 하는 것도 실행력이다. 다양한 사람들이 모이는 조직이 회사다. 내 업무를 수행하다가 동료의 중요한 아이디어나 제안은 받아들일 줄 알아야 한다. 동료들 역시 각자가 맡는 직무에서는 전문가들이다. 내 생각을 행동으로 옮길 때, 동료들의 의견도 듣고 내 생각이 틀렸을 수도 있다는 점을 명심하자.

실행력 키우는 방법, How to

목표를 수립하여 실행하자. 어떤 일을 실행하기에 앞서 목표를 세우고 방향성을 고려해야 한다. 당신의 시간과 재화는 한정적이다. 그렇기에 섣부르게 실행에 옮기기보다 목표를 정확하게 세우는 것이 중요하다. 주의할 것은 계획 단계에서 너무 세밀하게 갖추고 시작하지는 말아야 한다는 것이다. 세밀하게 계획을 다 세우고 나서야 실행하면 계획보다 일정이 한참 늦어지는 경우가 발생한다. 목표 수립 단계에서는 큰 방향성만 고려하여 진행하자. 목표 수립은 최종 타깃을 설정하여 과정별 그리고 큰 카테고리별로 진행 방향을 수립하자. 그리고 목표를 하나씩 해결해 나아가는 것이 진정한 실행력이다.

세계적인 연설가인 미국의 지그 지글러는 "행동가가 돼라. 목표를 정해도 행동하지 않으면 목표는 이뤄지지 않는다."고 했다. 개인별 성향에 따라 실행력도 정도가 다르나 노력을 통해 개선할 수 있다. 소극적이거나 내성적인 성격이 실행력을 좌우할 때가 많다. 그러나 노력하고 개선해 보자. 행동하지 않는다면 변하지 않는다. 직장에 승부를 걸려면 나부터 변해야 한다. 당신이 하는 일에 대해서 점프 업을 할 수 있는 목표를 세우고 실행하자.

실행을 통해 업무 진행을 할 때 발생하는 문제점은 해결하면서 진행하자. 사전에 문제점을 파악하는 것도 중요하지만 진행하면서 생각하지 못한 문제점도 나타난다. 나는 야유회 행사를 준비하며 계획 단계에서 준비할 사항을 검토하여 진행했다. 그러나 갑작스레 일정이 조정되어 계획했던 일들이 꼬이는 일이 발생했다. 나는 계획한 대로 야유회를 진행하기 위해 뒤에 일정과 관련된 분들과 유선상으로 조율하면서 자칫 골치 아플 뻔한 행사를 마무리까지 잘 해결했다. 이 일은 실무에 가깝지만 다른 업무도 결이 다를 뿐 문제와 해결 방식은 비슷하다. 당신도 실행력을 높이기 위해서는 문제점을 잘 파악해야 한다. 빠르게 문제를 파악하고 동시에 해결하면서 진행하는 습관을 갖도록 하자.

업무를 진행할 때는 문제를 해결하는 습관을 갖자. 조직은 크고 작은 문제를 해결하기 위한 집단이다. 당신도 조직 안에서 매일 다양한 의사 결정을 통해 문제 해결을 하고 있다. 실행력을 키우기 위해서는 문제를 회피하지 말고 돌파하는 용기를 가져보자. 직급이 낮더라도 할 수 있는 일부터 차근차근 문제를 찾아 해결해 보자. 내가 아는 영업 부서 후배는 거래처에서 갑자기 추가 납품을 요청한 일을 겪었다. 그는 혼자 고민하지 않고 상급자와 유관 부서와 적극적인 업무 협조 요청을 통해 긴급하게 요청했던 추가 납품을 성공적으로 수행했다. 그 후배는 매사 적극적인 이미지로 갖가지 문제들을 해결하며 잘 적응하며 생활하고 있다.

실행력을 실천하는 방법, Know-How

실행력을 실천하는 방법은 무엇이 있을까. 나의 경험으로는 몇 가지 방법이 있다. 첫 번째, 출근하면 책상에 앉아 오늘 할 일에 대해서 우선순위를 정한다. 일에 우선순위 정하는 습관은 실행력을 실천할 수 있는 중요한 방법이다. 우선순위는 신속도와 중요도를 기반으로 해서 선정한다. 예를 들어 상급자의 지시 사항이나 법적 준수 사항은 중요하기에 우선순위에서도 가장 위에 두어 진행한다. 당신도 내일 아침 출근해서는 업무를 시작하기 전에 커피를 한잔하며 수첩에 할 일을 신속도와 중요도로 구분하여 정리해 보자. 계획에서 그치지 않고 실천하는 일이 전보다 늘어날 것이다.

실행력을 높이는 두 번째 방법은 준비해야 할 자료는 미리 파악해 두자. 어떤 보고서를 작성할 때 필요한 자료, 협조할 사항은 미리 준비부터 하자. 보고서를 작성할 때는 내가 작성할 수 있는 부분도 있고 없는 부분도 있다. 막힐 때를 대비하여 작성 전 협조 요청을 하자. 요청할 자료를 전날 또는 당일 아침에 업무 시작 전 파악된 업무를 토대로 미리 요청하자. 보고서를 작성하다 업무 협조가 필요한 자료 때문에 진행이 더딘 경우가 허다하다. 그러므로 업무를 진행하기 전에 협조가 필요한 부서나 동료에는 미리 이야기하여 사전 자료가 준비될 수 있도록 하자.

  실행력을 높이는 세 번째 방법은 업무 시간 중에서 몰입할 시간을 확보하자. 필자의 경우 10시부터 12시까지는 나만의 몰입 시간으로 비워둔다. 해당 시간대에 회의는 되도록 미룬다. 이 시간대에는 당일 우선순위에서 가장 시급히 할 일을 한다. 하루 8시간 중 몇 시간은 나만의 몰입할 시간을 마련해 보자. 몰입하는 시간에는 우선순위 업무에서 가장 시급하고 중요한 일을 하자. 몰입하는 시간을 만들어 두면 그전에 비해 업무 진행이 빨라지고 효율도 높아지는 것을 눈에 띄게 확인할 수 있을 것이다.

  실행력을 높이는 마지막 방법은 하기 싫은 일부터 먼저 하는 습관을 갖는 것이다. 일을 하다 보면 어렵고 복잡해서 하기 싫은 일들이 있다. 그러나 그 일은 어차피 해야 하는 것이다. 모든 일에는 품질과 납기가 정해져 있다. 내 경험에 따르면 비교적 쉬운 일보다는 어려운 일이 문제가 발생할 빈도가 높다. 어려운 일부터 하려는 습관은 문제가 발생했을 때 시간적인 대응이 된다. 당신도 업무를 하는 데에 어려운 일을 먼저 하려는 습관을 들이자. 오히려 어려운 일이 끝나면 나머지 일을 처리하는 속도가 빨라질 것이다.

  실행력은 조직 생활에서 문제를 해결하기 위한 수단이다. 직장 생활을 성공적으로 하기 위해 요구되는 자질이다. 업무를 할 때 어떻게 실행할지 항상 생각해야 한다. 앞서 로버트 네이만이 언급한 것처럼 1%의 특별함은 실행력으로 갖춰지기에 명심하자. 또한 일을 진행하면서 문제도 함께 해결하는 습관을 들여야 한다. 당신은 훌륭한 실행력으로 1등 직장인 자리에 성큼 올라설 것이다.

5.
나와 조직이 함께 성장하는
방향으로 일해야 한다

전문 경영인의 비서로 활발히 활동하시는 류영숙 작가는 『신입사원일 때 알았더라면 좋았을 것들』에서 '밀레니얼 세대에게 촌스럽게 20~30년 한 회사만 다니라고 얘기하는 것이 아니다. 하고 있는 일에 대한 소명 의식과 자신이 속한 조직에 대한 로열티가 결국 나의 성장에 도움이 된다는 말을 하려는 것'이라고 했다. 나도 매우 공감하는 이야기이다. 당신도 단순한 직장인이 아니라 직업인으로서 성장하기 위해 필요한 동력을 재직 중인 직장에서 찾도록 하자.

나의 성장과 조직 성장의 중요성

당신은 직장인으로 직업인으로 성장해야 한다. 최근 워라밸, 파이어족 등 삶의 형태에 따라 다양한 신조어가 나타나고 있고, 많은 사람이 그러한 삶을 동경하며 초점을 엉뚱한 곳에 맞추고 있다. 물론 워라밸이나 경제적 독립, 조기 은퇴는 매력적이다. 그러나 먼저 고민해야 할 것은 재직 중인 직장에서 어떻게 성장할 것인지에 대한 것이다. 비록 당신이 신입 사원이라도 말이다. 어떻게 커리어 패스를 하여 직업인으로 성장할 것인지 조직이 당신과 함께 얼마나 동반 성장할 수 있지를 고민하자.

나의 성장과 조직의 성장을 두 분류로 구분하여 설명해 보자. 먼저 나의 성장을 말할 때는 두 가지를 축으로 고려해야 한다. 첫 번째는 실무 능력 향상이다. 필자의 경우 인사 업무를 수행하기 위해서 관계 법령과 사내 규정을 숙지했다. 적어도 하루에 30분 가량은 투자했다. 또한 점심시간에도 남은 시간에는 업무와 관련된 뉴스 기사를 검색했다. 나의 실무 능력 향상을 위해 본인의 직무에 대해서 적극적으로 탐색하고 익히도록 하자. 추가로 최근 직무와 관련된 사회적 현안에 관심을 기울여야 한다.

또 하나의 축은 부지런히 자기 계발을 하는 것이다. 당신은 직장인 중에서도 프로가 될 사람이다. 자기 계발을 할 때 중요한 것은 경력에 맞춰 계획을 세워야 한다. 자격증을 수료하고 무작정 어학 공부에 뛰어들 생각은 지양해야 한다. 시간과 돈은 유한하기 때문이다. 한정된 자원을 효율적으로 내 직무 전문성을 높이는 데에 사용하자. 직무 전문성은 은퇴 후에 창업하거나 이직할 때도 필요하다. 직장을 다니는 동안 부단히 직무 전문성을 쌓고 인생 2부가 열릴 때 적극적으로 활용할 수 있도록 해야 한다.

직무 전문성을 높이려면 해당 분야의 전문가를 찾아보면 도움이 된다.

돈이 들더라도 전문가를 찾아 빠르고 정확한 안내를 받아야 한다. 평생 직업인으로 살아가기 위해. 내가 나에게 투자하는 것과 같다. 이처럼 직장인으로 받는 급여의 일부는 나를 위해, 미래를 위해 투자하자. 전문가의 도움은 돈이 들지만 시행착오를 줄여 주므로 시간과 정확도를 높일 수 있다. 성공하기 위해서는 돈과 노력이 필수다. 당신의 직무 분야에서 전문가를 찾자.

나와 조직을 연결하는 방법

조직이 성장하면 나의 직장 생활에도 큰 변화가 일어난다. 그러므로 나와 조직을 연결하여 함께 성장해야 한다. 대부분 회사는 영속적인 기업으로 발돋움하기 위해 지속적인 성장을 목표로 한다. 당신도 조직에서 지속적인 성장에 기여하며 나와 조직을 연결해서 성장하자. 당신은 일하기 위해 자발적으로 입사했다. 업무상 결정권자가 있지만 자율적으로 일하고 성장해야 한다. '왜 일해야 하는가?' 하는 고민을 스스로 해 보며 정의를 내려야 한다.

일에 흥미를 갖고 자기 자신이 속한 현재 조직에 대해 로열티를 가져야 한다. 나의 성장이 회사의 성장으로 연결될 수 있도록 노력하자. 지금 속한 조직이 단순히 돈벌이에만 필요한 수단이면 나의 삶은 고달프지 않은가. 당신이 제공하는 지식과 기술은 회사 발전에 기여된다는 점을 기억해야 한다. 회사는 당신에게 급여 형태로 일한 대가를 지급하는데, 당신의 지식과 기술력으로 회사에 이바지한 용역 수수료와 같다. 그러므로 계속 배우고 익혀야 한다. 나의 성장이 회사로 연결되어 경쟁력이 확대되기 때문이다.

당신은 재직하고 있는 회사에서 열정을 가지고 일하는 멋진 공연 연출자가 된다. 공연 연출자는 장소와 배우 섭외, 홍보 방법 들을 고민한다. 당신도 입사하는 순간 공연을 준비하는 연출자와 같아진다. 완벽한 공연을 위해 당신이 재직 중인 공연장을 통해 어떻게 공연을 잘할 수 있을지 고민해야 한다. 그렇게 하기 위해서는 조직에 무엇이 필요한지, 지향하는 방향이 무엇인지 명확히 알아야 한다.

당신이 하고 일에 대해서 조직적인 측면에서 어떤 효과가 있을지 생각해 보자. 지금 하는 일에 대해서 거시적인 안목이 필요하다. 한 예로 영업 사원이 제품을 대량으로 판매했다. 그러나 그 기업이 부도가 나서 받아야 할 대금을 받지 못하게 되었다. 이런 경우에는 영업 사원이 제품을 열심히 팔아서 좋았지만, 채권 관리를 못해 결국은 대금을 받지 못했다. 그동안 공들인 영업 사원의 수고가 수포로 돌아갔다. 오히려 징계 사유가 될 수도 있다. 이처럼 당신이 하는 일이 조직 차원에서 잘하고 있는 것인지를 잘 생각해 보자.

나와 조직을 대상으로 성장 동력을 높이는 방법

기업의 비즈니스를 이해하기 위해서는 직급과 나이를 떠나 공부를 해야 한다. 당신이 재직 중인 회사가 어떤 회사인지 살펴보자. 회사의 전략이나 재무제표를 분석할 줄 알아야 하고, 외부에서 회사를 어떤 식으로 바라보는지 뉴스나 보도 자료를 통해 다양한 시각을 검토해 볼 필요도 있다. 그래야 내가 해야 할 일이 무엇인지, 어떤 기량을 갖춰야 하는지를 준비하여 앞으로 회사가 나아가고자 하는 방향과 발을 맞출 수 있다. 비록 주니어급이라도 회사의 비전과 전략 목표는 알고 있자. 당신이 훗날 어느 곳에 있더라도 중요한 자리에 갈 것이다. 그러므로 미리 준비하는 차원에서 이해하고 회사의 정보에 신경을 쓰자.

직무와 관련된 책을 읽자. 도서를 집필한 저자는 그 분야의 전문가이다. 적어도 검증된 자료를 찾고, 고민하며 책을 집필했을 것이다. 당신은 전문성을 키우기 위해 해당 분야 전문가들의 생각을 흡수해야 한다. 그래야 빠르고 정확하게 성장할 수 있다. 다양한 전문가들을 손쉽게 만나는 방법으로 독서는 가성비가 좋다. 해당 분야의 책을 적어도 30권 이상은 정독해 보자. 30명의 전문가 생각과 당신의 생각이 같다면 확신과 신념을 가질 수 있을 것이다. 신념이 된 지식은 직무 수행에 훌륭한 가이드가 된다.

학위 과정에도 도전해 보자. 나도 대리 1년 차에 경영대학원 진학했다. 대학원이 가져다주는 직접적인 장점과 단점보다 보이지 않지만 동기 부여가 되는 효과가 컸다. 대학원에서 다양한 직업과 사회적 지위, 연령대의 동기들을 만난 건 특히 도움이 됐다. 대화를 나눌수록 서로가 경험한 세계와 쌓은 지식을 주고받으며, 시야가 넓어지고 생각도 깊어졌다. 당연히 대학원 수업을 모범적으로 이수한 뒤에 받는 학위도 무시할 수 없다. 당신이 직무 전문성을 어떻게 확보할지 고민이라면 대학원에 진학하는 것도 충분히 고려할 만한 도전이라고 일러두고 싶다.

전문성 역량 강화에 초점을 맞춰 공부하자. 이를테면 자격 취득 과정이다. 다만 맹목적인 자기 계발은 지양하자. 자격 취득에서도 민간자격보다는 공신력 있는 국가기술자격을 취득하자. 2019년 교육부가 발표한 자료에 따르면 민간자격이 무려 3만 3천여 개가 된다고 한다. 비록 어렵더라도 공신력 있는 똘똘한 1개의 자격증이 우리의 미래를 책임져 줄 수 있다. 난도가 높은 전문자격 과정의 샐러던트로서 최종 합격이 어렵다. 그러나 1차 합격이더라도 향후 이직하거나 승진할 때 나의 경력으로 충분히 어필할 수 있는 요건이다.

자기 계발을 할 때는 명확한 목표가 있어야 한다. 나는 매년 초 나만의 KPI를 수립한다. 항목으로 가정, 일, 사람 관계, 자기 계발 계획을 세워서 연말에 성과 달성을 확인한다. 성과를 달성하지 못했다면 왜 그런지 원인을 찾아봐야 한다. 우리는 꾸준히 성장하기 위해서 계획을 세우고 달성하고 측정하는 습관을 갖자.

6.
사원은 대리처럼, 대리는 과장처럼, 과장은 부장처럼 일해야 한다

"사원인데 과장 일을 하고, 과장을 시켜 줬더니 부장 일을 하고, 상무 자리에 앉혔더니 사장 일을 하더라." 이명박 전 대통령에 대해 고 정주영 회장이 현대건설 재직 시절에 평가한 말이다. 사원은 대리처럼, 대리는 과장처럼, 과장은 부장처럼 한 계급을 높여서 일하는 습관을 갖도록 하자. 우리는 보통 '나는 신입 사원이니까.', '대리니까.'하며 작은 틀에 자신을 가둔다. 직장에서는 도전적인 생각을 가져야 한다. 물론 책임 의식도 함께 말이다. 조직은 스스로 한 단계 높이 보고 근무하는 사람을 기용할 수밖에 없다. 신입 사원 때부터 남들보다 더욱더 책임 의식과 도전 의식을 갖추자.

독일군의 간부 정예화를 생각해 보자

두 차례의 세계대전을 일으킨 독일군이 한때 세계 최강의 군사력을 가질 수 있었던 비결은 무엇일까. 바로 독일군 간부들을 정예화시킨 데 있다. 초급 장교인 소대장을 중대장까지 임무가 가능하도록 교육 훈련을 시킨 것이다. 중대장이 부재하면 소대장이 대신해 임무를 수행했다. 독일군은 언제 닥칠지 모르는 비상 상황을 고려하여 간부 정예화 시스템을 구축했다. 우리도 독일군의 간부 정예화를 상기하며 신입 사원일 때부터 한 수 앞을 내다보는 훈련을 해 보자. 평상시에 준비된 사람이라야 선임이 부재할 때 대신할 수 있다. 이런 경험이 쌓이고 쌓여 남들보다 한 걸음 빨리 갈 수 있는 밑거름이 될 것이다.

독일군 사례와 같이 상급자가 자리를 비웠을 때, 내가 별 탈 없이 임무를 대신하려면 어떻게 해야 할까? 나를 중심으로 생각하지 말고 상급자를 중심에 놓고 생각하자. 조직에서 업무를 수행하기 위해서는 폭넓게 생각해야 한다. 비록 내 생각에 상사가 내놓은 답이 정답이 아니더라도 따라야 한다. 그게 조직이다. 상급자는 거시적으로 생각한다. 당신은 소대장이다. 중대장의 시각을 가지려고 노력하자. 그러려면 평소 일을 할 때마다 '상사라면 어떻게 했을까?' 항상 고민하자.

고민할 때는 상사가 보는 관점과 방향을 잘 살펴야 한다. 상사가 평소 어떤 고민을 하는지 당신은 알고 있어야 한다. 그래야 같은 고민을 하는 사람이 된다. 그렇게 되면 상사가 생각하는 관점과 방향이 비교적 내 생각과 같아진다. 소대장은 중대장의 고민과 의중을 알고 중대장이 부재할 때 대행자로서 훌륭히 업무를 수행할 수 있다. 여러분의 조직도 군 조직과 마찬가지로 상급자가 없을 때 다른 상급자가 대행하는 경우는 드물다. 대게 그다음 차석이 업무를 맡게 되어 있다.

최근 수평적 조직 형태가 유행처럼 번지고 있다. 그러나 아무리 수평적인 조직이라도 보고 체계는 변하지 않는다. 군대와 같이 복잡한 수직 구조에서 지휘 체계는 아니어도 기업에서도 보고는 수직 구조를 따라 하게 되어 있다. 그러므로 당신은 독일군과 같이 더 멀리 보는 눈을 가져야한다. 그래야 갑작스럽게 상급자가 부재해도 그 자리를 대신하여 당신이 업무를 할 수 있다. 평소에 준비하지 않는다면 당연히 감당하기 어려운 업무가 될 것이다.

생각의 차이가 마음가짐과 태도를 만든다

우리 삶에 가장 큰 영향을 미치는 것은 내가 가진 생각이다. 긍정적인 생각과 부정적인 생각은 시간이 지날수록 점점 더 틈이 벌어져 뚜렷하게 나타난다. 자신의 위치에서 많은 것을 돌아보고 깨닫도록 하면 긍정적인 생각이 많아진다. 우리는 그렇게 성장한다. 긍정적인 생각을 하는 사람은 일하는 자세에서도 티가 난다. 그렇다면 생각을 어떻게 차이 나게 만들 수 있을까. 답은 간단하다. 한 단계 위를 보는 습관을 들이면 된다. 그리고 문제를 어떻게 해결할 수 있을지 고민하는 것이다.

긍정적인 생각을 많이 해야 한다. 작은 것이라도 긍정적으로 생각할 때 마음가짐과 태도가 달라진다. 시간이 흘러 되돌아보면 그렇지 않았을 때와 많은 차이를 보인다. 우리는 긍정적으로 생각하며 새로운 목표를 세우고 도전해 보자. 비록 실패하더라도 도전은 많은 것을 당신에게 가르쳐 줄 것이다. 우리의 삶을 돌아보면 기회가 있어도 도전하지 않을 때가 의외로 많다. 지금부터라도 한 단계 높은 곳에 있는 선배들과 같은 생각을 하는 마음가짐을 가져 보자.

긍정적인 생각을 키우는 유용한 정보는 책이나 매체를 통해 얻을 수 있다. 사람은 눈에 보이는 환경에 따라 사고도 바뀌기 때문이다. 그러므로 긍정적인 내용의 글과 영상 등 다양한 매체를 가까이해 보자. 그리고 긍정적인 사람들과 어울리자. 눈앞에 보이는 지금의 위치보다 한 단계 높이 보기 위해서 긍정적인 생각은 반드시 선행되어야 할 조건이다. 조직은 수시로 도전적인 과업을 수행해야 한다. 때로는 나의 능력보다 더 큰 과업을 이루기 위해 머릿속을 긍정적인 생각으로 가득 채워 보자.

업무에 임할 때는 나의 위치에서 수행하는 일보다 높은 목표를 가지고 임하자. 마음가짐과 태도가 달라질 것이다. 당신이 일할 때의 마음가짐과 자세는 동료들도 알게 되어 있다. 그들은 당신을 신뢰하고 높이 평가하게 될 것이다. 이것이 바로 직장 생활에서 일어날 수 있는 선순환 효과이다. 우리는 무한한 가능성을 가지고 있다. 이것을 실현하기 위해서는 다른 무언가를 만들어야 한다. 그 무언가는 한 단계 높은 생각과 마음가짐을 만든다.

한 직급 높은 선배들의 생각과 행동을 따라 해 보자

자신의 위치보다 한 직급 높은 선배의 생각과 행동을 따라 해 보자. 조직이 모여 회사가 된다. 회사는 비즈니스를 하기 위한 집단이다. 그런 점에서 내가 어떤 생각을 하고 행동하느냐에 따라서 개인 성적은 물론 회사의 성과가 달라진다. 만약 롤모델을 선정해야 할 때는 집단에서 조직 문화와 업무 실행 능력이 검증된 선배를 선택하자. 그저 밥 사 주고 듣기 좋은 소리만 많이 해 주는 선배가 아닌 문제를 해결하고, 성과를 내는 방법을 가르쳐 주는 선배를 선택하여 생각하는 것과 행동까지 따라 해 보자.

스스로 생각하고 판단하는 습관을 길러야 한다. 롤모델로 삼은 선배를 보면 현재 상황을 잘 분석하고 문제를 해결하는 방법이 다를 것이다. 그는 스스로 판단하고 실행하는 능력을 스스로 배양한 사람이다. 그렇지 않다면 적어도 부지런히 실력을 쌓아가는 단계일 것이다. 생각하는 습관을 실행하기 위해서는 어떤 사실이나 이론을 대하는 태도가 바뀌어야 한다. 중요한 것은 사례와 이론 그리고 자료를 알고 있어야 한다. 당신이 스스로 판단할 수 있으려면 그 분야에서 상당 부분을 알고 있어야 하기 때문이다.

신입 사원이지만 대리처럼, 대리지만 과장처럼, 과장이지만 차장이나 부장처럼 일하는 직원을 어느 상관이 그 자리에 머물도록 내버려 둘까. '난 그저 신입 사원이니까.', '이제 겨우 대리 초년생이니까.' 하는 식으로 자신을 작은 그릇에 담으면 성공할 수 없다. 당신은 생각과 행동을 달리해야 한다. '처럼'의 행동 방식을 터득하기 위해서 가장 가까운 선배가 하는 생각과 행동을 흉내 내 보자. 선배들 보는 한 단계 너머를 나도 따라 해 보게 된다면 어느새 내가 할 일을 찾아 몰입할 것이다.

직장에서는 항상 한 직급을 높여 생각하고 행동하는 태도를 갖추자. 2차 세계 대전에서 독일군은 임무를 수행할 때 자신의 계급을 한 계급 올려 생각하고 대응하는 훈련받았다. 직장에서도 신입 사원은 대리처럼, 대리는 과장처럼 일해야 한다. 내가 사장이라면 당연히 더 멀리 더 높이 생각하는 당신을 중용할 것이다. 그러니 지금부터 당신은 본받을 만한 선배 가까이에서 그를 따라 역량을 키우고 성과를 내도록 하자. 시간이 지나면 더 높은 목표와 성과를 갖게 될 것이다.

7.
승진의 핵심은 조직에 대한
충성도와 애사심이다

샐러라이터 김희영 작가는 자신의 블로그에서 '사회생활은 충성심과 존버 정신이 구 할이다.'고 언급한다. 당신의 삶에 가족과 더불어 직장도 중요한 영역이다. 직장인들은 너 나 할 것 없이 자기 계발을 하며 스펙 쌓기에 열중하고 있다. 물론 중요하다. 그렇지만 충성심과 애사심이 선행 조건이다. 지금부터 직장에 대한 충성도와 애사심을 어떻게 올릴 것인지 고민해 보자. 충성심이란 특정한 사람에게 아첨하라는 뜻이 아니다. 직장에 충성하여 성과를 만들어 보자는 것이다.

사장 입장에서 충성심과 애사심을 살펴보자

구직자와 사장이 생각하는 취업 시장은 성격이 다르다. 구직자는 취업하려면 무조건 스펙과 학벌이 좋아야 한다고 생각한다. 그러나 사장은 오랫동안 함께할 수 있는 사람, 회사 일을 내 일처럼 매달릴 적극적인 사람,

올바른 인성을 가진 사람을 원한다. 이런 오해가 있는 상태로 우리는 직장 생활을 하고 있다. 그러나 성공한 직장인이 되고자 한다면 사장 입장에서 보고 생각해야 한다. 회사가 나에 대한 정보를 스펙과 학벌로 따질 때는 잠깐뿐이다. 입사 후 중용할 때 충성심과 애사심은 필수 요소이다.

우리 사회에서 회계 분식이나 부정 행위로 인해 횡령, 배임 사건을 뉴스로 접하고 있다. 한 사람의 잘못된 사고(思考)로 인해 회사 존립의 위기까지 찾아온다. 이는 회사를 구성하는 관계자들에게 큰 고통을 준다. 여러분이 사장이라면 어떻게 하겠는가. 스펙, 학벌보다는 충성심과 애사심으로 중요한 자리를 부여하지 않겠는가. 당연한 이치이다. 조직은 냉정하고 시스템적으로 운영된다. 자기 잘난 사람보다 자기 소신이 있는 Loyalty가 있는 사람이 필요하다.

사회 선배의 일화이다. 직장 생활 16년 차 차장인 중견이었다. 그는 서울에 있는 모 대기업에서 근무하고 있었다. 그러던 중 회사는 면담을 통해 지방 근무를 요청하였다. 그는 고민 끝에 지방 근무를 정중히 거절했다. 그 이후 승진에서 탈락하고, 교육받을 기회에서도 제외되었다. 괘씸죄가 적용된 것이다. 선배는 많이 후회했지만 배는 이미 떠났다. 회사는 그를 조직 관점에서 필요하다고 생각하여 보내려고 했으나 거절했으니 Loyalty가 없다고 한 것이다. 조직 관점에서 당신에게 똑같은 기회가 온다면 어떻게 하겠는가. 답은 정해져 있다. 기회를 잡거나 놓쳐서 후회하는 건 당신에게 달려 있다.

직장 생활에 성공한 사람과 실패한 사람의 차이는 조직 관점에서 충성심과 애사심을 가지고 직장 생활을 했느냐 안 했느냐이다. 특정 사람에게 충성하라는 이야기가 아니다. 조직이 추구하는 방향에 맞춰 충성하고 애사심을 갖자는 이야기다. 신입 사원 시절부터 개인이나 집단이 아닌 조직 관점에서 충성심과 애사심을 고민해 보자. 군인도 나라에 충성하는 것이지 특정인에게 충성하라는 것이 아니지 않은가. 관점을 조직 차원에서 본다면 보람 있고 행복한 직장 생활의 시작될 것이다.

보여지는 충성심과 애사심은 중요하다

충성심과 애사심을 보이는 모습이 중요하다. 애인 사이에도 사랑한다는 표현을 하지 않으면 상대방은 알지 못한다. 회사와 당신과의 관계도 마찬가지이다. 그러므로 충성심과 애사심은 직·간접적 표현해야 한다. 표현하지 않는다면 아무리 마음속에 있더라도 회사와 관리자는 알지 못한다. 그러므로 충성심과 애사심을 표현함으로써 적극적으로 나를 어필하고 조직 내 어느 곳에서든 믿고 맡길 수 있는 사람으로 발돋움해야 한다.

충성심과 애사심을 표현하는 첫 번째 방법으로는 회사의 물건을 아끼는 태도를 갖는 것이다. 볼펜 한 자루, A4 용지 하나라도 허투루 사용하지 않고 내 것처럼 사용하는 직원이 되자. 이런 사람은 회사도 알고 있다. 회사의 재산을 아끼는 사람이 많아진다면 회사도 성과가 커지고 직원들의 성과급도 덩달아 올라갈 것이다. 사무 용품, 소모품을 아껴 쓰는 당신의 태도를 다른 사람에게 비치는 것도 좋다.

두 번째는 회사의 봉급을 받는 사람으로서 비용을 투자하거나 지출할 때는 신중해야 한다. '내 돈이 아니니까.', '회삿돈은 낭비해도 괜찮지.' 하는 생각은 위험한 발상이다. 한 후배가 거래처와 거래를 위해서 꼼꼼하게 견적서와 계약서를 통해 단돈 몇만 원이라도 아끼려는 모습을 본 적이 있다. 그럴 때마다 후배인데도 멋지다고 생각한다. 당신도 회사 비용을 사용할 때는 적절한 금액인지, 합리적인 금액인지를 고민해 보고 집행하자. 바쁘고 귀찮다고 비싼 가격임에도 거래하는 경우 결국 회사의 손해가 된다. 한 가지 기억해 두어야 한다. 회사가 손해를 보면 곧 나도 손해를 본다.

마지막으로는 조직에 대한 충성심과 애사심을 후배들에게 가르치자. 최근 멘토링 프로그램, 코칭 리더십 등 후배를 지도하는 다양한 방법이 활성화되고 있다. 회사는 후배 육성에 대해서 중요하게 생각하고 있다. 당신도 후배에게 적절한 조언과 따뜻한 격려로 긍정적인 후배를 육성해 보자. 리더가 될 사람이라면 향후 반드시 갖춰야 하는 기본적인 능력이다. 회사와 조직에 긍정적인 말을 하다 보면 당신도 긍정적인 사고를 갖게 된다. 나아가 조직도 당신을 충성심과 애사심이 높은 사람으로 평가할 것이다.

이직하더라도 현재의 회사에서 충성심과 애사심을 보여야 한다

기업에서 경력 3년 이상 사원부터 대리는 이직을 할 수 있으며 몸값이 가장 높은 시기다. 그렇다 보니 이직이 빈번하게 발생한다. 그러나 우리는 설령 이직할 생각이 있더라도 당장은 충성심을 발휘해야 한다. 이직하기도 전에 동료들에게 비칠 정도로 마음이 붕 떠서는 안 된다. 부정적인 이미지를 만들지 않도록 해야 한다. 이직 시장에서 평판 조회를 할 때 문제가 될 수 있기 때문이다. 특히 동종 업계에 이직하는 경우 충성심이 있어 보이는 행동을 하다가 마지막에 덧씌워진 부정적인 모습으로 인해 이직한 후에도 걸림돌로 작용할 수 있기 때문이다.

잔류는 충성심을 표현하는 중요한 수단이다. 설령 이직하더라도 잦은 이직은 인사 담당자에게 부정적인 이미지로 남는다. 한 헤드헌터의 경험에 따르면 산업마다 다르지만 대게 10년 동안 3번 이상 이직하는 사람의 경우 Loyalty나 인내심이 부족해 보이는 경향이 있다고 한다. 그렇기에 이직 시장에서도 충성심은 전 직장에 재직한 기간을 보고 간접적으로 판단할 수밖에 없다. 지금의 당신을 존재하게 한 현 직장에 재직하며 충분히 애사심과 충성심을 발휘해야 한다. 승급을 조건으로 하는 이직이거나 특정 역량을 키울 목적으로 이직하는 것이 아니라면 지금은 잔류해야 한다. 섣부른 판단이 화를 자초할 수 있다. 네임밸류, 회사 규모만 생각한 이직은 더욱 신중해야 한다.

이직을 준비할 때 애사심을 다시 짚어 볼 필요도 있다. 한 후배는 직장을 이직하기 위해서 면접을 응시했다. 그는 면접관으로부터 "당신이 근무하고 있는 조직에 어떤 불만이 있는지 설명하라."고 질문을 받은 적이 있다. 그는 솔직하게 조직의 불만만 이야기하다가 탈락했다고 한다. 이직할 회사에서도 똑같은 입장일 것이다. 이 사람이 진심을 가지고 회사를 다닐지 확인하고 싶을 것이다. 어떤 조직이나 공통적인 특징이 있다. 회사는 직원들이 애사심을 갖길 바란다. 따라서 당신도 현재 재직 중인 회사나 언제가 이직하게 될지 모를 회사에 똑같이 충성심과 애사심을 가져야 할 것이다.

승진하기 위한 핵심은 충성심과 애사심이다. 승진의 기준은 입사할 당시의 스펙이 아니다. 당신이 입사하는 순간에 기존의 스펙은 퇴색되며 새로운 기준이 여러분을 기다리고 있다. 여러분은 차별화된 충성심과 애사심으로 직장 생활에서 성공하는 방정식을 만들어 나가야 한다. 충성심과 애사심은 비단 현재 회사뿐만 아니라 미래의 회사나 자신의 기업을 운영하더라도 반드시 필요한 덕목이며 가져야 할 태도다. 반드시 기억해야 한다. 충성심과 애사심은 구태의연한 이야기가 아니다. 21세기 직장 생활에서도 꾸준히 요구되는 필수적인 역량이다.

8.
현재의 모든 것에 감사하며
긍정적인 자세로 일해야 한다

일본에서 가장 존경받는 3대 기업가로 꼽히는 이나모리 가즈오 교세라 명예회장은 인생에서 성공하는 방법은 이기적이지 않고 만족할 줄 알고 감사하는 마음에 있다고 했다. 당신은 일상적으로 누리는 삶에 감사한가. 지금 당신이 누리고 있는 삶이 당연한지 생각해 보자. 한국 사회에서 사람들은 평범하게 살아가려고 노력하고 있다. 그러나 치열한 경쟁 사회, 불투명한 노후, 코로나 팬데믹으로 인한 경기 침체 등 다양한 사회 현상에 '감사'라는 것이 점차 멀어지는 것 같다.

작은 것부터 감사해 보자

유엔식량농업기구(UNFAO) '세계 식량 위기와 영향 불균형 현황 2020 보고서'에 따르면 2020년 기준 전 세계 총 78억의 인구 중에 8억 1천만 명에 달한다고 밝히고 있다. 이처럼 생존에 필수 요소인 식량 문제가 해결이 안 되는 사람이 전 세계 인구의 10%에 달한다. 앞으로 이런 추이는 가파르게 상승할 것으로 예견된다. 2022년을 사는 우리에게는 너무나도 당연한 일상생활도 많은 이들은 누리지 못하고 살아가고 있다. 당신이 누리는 보통의 삶이 그들에게는 매우 값진 삶일 수도 있다.

당신은 적어도 삼시 세끼는 다 챙겨 먹을 수 있지 않은가. 작은 것 같고 별거 아니라고 생각하지만 정말 감사할 일이다. 직장인이라면 어느 형태로든 주거가 있고 사계절에 적합한 옷을 입고, 매 끼니를 챙기며 살고 있다. 이처럼 작은 것부터 감사해야 긍정적인 자세가 생길 수 있다. 나는 남과 경쟁심이 유별난 사람이었다. 항상 경쟁에서 이기길 바랐다. 경쟁에서 지는 날에는 세상에서 패배자가 되는 것 같았다. 그러던 중 한 책을 읽으며 감사하는 마음에 대해서 생각하게 되었다. 전에는 당연하게 의무적으로 했던 업무들도 나를 써 주는 회사가 있다는 것에 감사하게 생각했다. 이후 업무에 대한 태도가 180도 달라졌다. 여러분도 감사함이 없다면 그런 경험이 필요하다.

당신은 생각보다 많은 것을 가지고 있다. 긍정적인 자세로 일하려면 내가 가지고 있는 것에 대해 감사해야 한다. 앞으로 벌어질 일들에도 감사한 마음을 가져야 한다. 우리 사회는 그동안 나누는 삶보다는 제로섬 게임과 같았다. 직장인이라면 더욱 그랬다. 당신의 직장 생활은 마라톤과 같은 여정이다. 작은 것에 감사하고 가족이나 직장 동료와 나눌 수 있는 삶을 살도록 하자. 어떤 취미 생활보다 보람되고 재미가 있을 것이다. 당신도 감사하는 생각을 가진다면 나누는 삶을 살 수 있을 것이다.

〈표 2. 일반적인 표현과 감사함의 표현〉

일반적인 표현	감사함의 표현
라면을 먹었다.	적절하게 익은 라면을 맛있게 먹었다.
누구와 함께 일을 끝냈다.	누구 덕분에 기한 내에 일을 끝낼 수 있었다.
후배가 보고서 작성을 잘한다.	후배가 문서 작성 능력이 좋아 보고서 작성을 잘한다.
그는 업무를 하는 데 성급하다.	그는 적극적인 성향으로 업무를 추진한다.

어떻게 감사하는 마음을 가질 수 있을까? 건전한 신앙생활을 하거나 좋은 글귀를 상기하는 것도 방법도 있다. 나는 내가 가지고 있는 강점이나 물질적인 풍족함도 생각해 보았다. 비교하기보다는 일단 내게 주어진 것에 '감사'를 덧붙여서 생각해 보았다. 예를 들어 〈표 2〉와 같이 '라면을 먹었다.'에 대해서 '적절하게 익은 라면을 맛있게 먹었다.'라는 식으로 덧붙여서 생각했다. 이후로 한 달 그리고 1년이 지나자 아내도 내가 달라졌다고 했다.

직장 생활에서 감사함은 남과 본인을 위해서이다

평소 긍정적인 생각을 가진 선배의 경험담이다. 직장 생활 25년을 근속하여 기념패와 기념품을 받았다. 그는 매사 감사함을 주변 사람들에게 적극적으로 표현하는 편이었다. 그는 근속 기념품을 가지고 뒷풀이 사리에서 "동료들이 있어 25년을 지낸 것 같다."며 공을 돌렸다. 후배였던 나는 그 일을 계기로 새로운 생각을 하게 되었다. 전에는 근속을 하면 모두 나의 공이라고 생각했다. 그러나 선배의 덕담을 듣고부터는 어렵지만 사소한 것에도 감사하려고 노력한다. 당신이 갖는 감사함은 본인을 포함해서 남에게도 미치는 긍정적인 에너지이다.

감사함을 마음에 새기는 데 필요한 여러 가지 요소를 소개하자면 가장 먼저 겸손함이다. 긍정적인 태도를 가진 선배의 사례처럼 장기 근속을 한 공을 자신을 비롯한 동료의 덕으로 돌리는 그 태도가 겸손함이다. 겸손함은 우리에게 필수적인 덕목 중에 하나이다. 감사함과 겸손함 그리고 긍정적인 태도는 선순환이다. 감사함이 있어야 자신의 주변에서 벌어지는 상황에 겸손함이 생기고 긍정적인 태도로 일관하게 된다.

아울러 언제든지 감사할 준비가 되어 있는 '수용성'이 필요하다. 당신은 못마땅한 상황이 발생할 때도 수용할 자세를 갖추었는가. 수용한다는 것은 어려울 때나 즐거울 때나 상황을 받아들이고 그런데도 감사할 수 있는 마음가짐을 갖는다는 것이다. 직장에서 생활하는 동안 일어나는 난관이 참 많다. 그럴 때마다 감사하는 마음을 들여야겠다고 생각해 보자. 수용성이 없는 사람이라면 실행하기 어려울 것이다. 당신은 수용할 수 있는 능력이 있는지 스스로 살펴봐야 한다. 그래야 감사할 수 있는 준비가 된 사람이다.

마지막으로 나누는 삶이어야 한다. 아무리 감사함을 갖고 살더라도 사람은 살아가면서 무언가를 주고받게 된다. 나눌 수 있는 자세를 갖추지 못한다면 감사함은 무색하게 된다. 감사함은 당신이 무언가를 나눌 수 있을 때다. 그 가치가 감사라는 이치에 부합할 때 생기는 것이기 때문이다. 나도 작은 것이지만 직장 생활에서 노력한 급여 일부를 자녀와 비슷한 또래가 있는 영아원에 기부한다. 어려운 일은 아니라도 그 기부 활동은 나를 위해서 하는 행동이다. 방문할 때마다 삶에 대한 감사와 보람을 느끼기 때문이다. 당신도 직장 생활에서 얻은 물리적 가치를 어떻게 나눌 수 있는 삶인지 고민해 보자.

감사함을 통해 자신에게 복 받는 방법

감사함은 남이 아니라 자신에게 혜택을 준다. 그러므로 '적극적인 표현'이 중요하다. 종교 생활을 하는 사람이라면 감사라는 것은 중요한 행동 수칙이다. 많은 종교 단체에서는 매사에 감사해하면 그 감사를 남에게 주는 것이 아니라 결국 자신에게 돌아온다고 이야기한다. 맞는 이야기이다. 그렇게 하기 위해서는 감사함을 표현할 때 구체적으로 표현하자. 예를 들어 후배 사원이 어떤 일을 선배의 의도에 알맞게 준비했다. 그럴 때 선배는 보통 후배에게 "고생했다." 또는 "잘했다."고 말한다. 그러나 그런 식으로 칭찬하기보다는 상대를 칭찬하는 이유에 대해 구체적으로 설명하고 그래서 "고맙다."고 표현을 해 보자. 그래야 후배도 자신이 뭘 잘했는지 깨닫고 또한 "고맙다."고 하는 선배의 표현에 덩달아 고마워할 것이다.

싫어하는 사람에게도 감사함을 표현해 보자. 쉽지 않은 일이다. 나도 평소에 싫어하는 사람에게는 말을 걸기 힘들었다. 평소에 싫어하는 한 선배에게 먼저 다가가 구체적인 이유를 들어 감사하는 표현을 하였다. 그렇게 두 번, 세 번 사이가 영영 멀어질 것 같았던 선배와 술 한잔을 기울이며 오해를 풀었다. 이처럼 직장 생활에서는 영원한 적도 영원한 친구도 없다. 감사하는 표현으로 싫어하는 사람에게 적극적으로 표현해 보자. 여러분의 든든한 지원군이 될 수 있다.

후배들에게 감사하는 마음을 표현하자. 선배가 되면 후배들이 하는 행동이나 태도에 불만을 갖고 이야기하는 경우가 많다. 이른바 꼰대 프레임이 씌워진다. 감사하는 마음을 구체적으로 후배들에게 표현해 보자. 예를 들어 무거운 물건을 전달해 줄 때 "고마워."보다는 "무거울 텐데 전달해 줘서 고마워."라고 표현해 보자. 듣는 사람으로서 후배도 후자처럼 말해 주는 선배를 더 따를 것이다. 감사하는 마음은 훗날 리더와 그를 따르는 후배들에게도 좋은 영향이 될 것이다. 더 크게는 조직에서도 리더 후보군으로 염두하고 긍정적으로 지켜볼 것이다.

감사함은 추상적인 개념이지만 성공적인 직장 생활을 할 거라면 반드시 구체적으로 실천해야 한다. 직장인에게 감사함은 긍정적인 태도로 근무할 수 있게 하는 필수 요소이다. 부족하다면 이제라도 충분히 키워야 한다. 스스로 만족하고 상대방에게 적극적으로 감사함을 표현해야 한다. 그래야 당신과 상대방도 긍정적인 태도가 생긴다. 작아서 의미가 없을 것 같더라도 다시 한번 되돌아보자. 지금 다니는 직장에서 감사함을 적극적으로 표현하고 있는 동료가 있다면 벤치마킹을 해 보자. 득이 되었으면 되었지 실은 없을 것이다.

9.
동료의 일도 내 일처럼
함께해야 한다

일본 최초의 성공 벤처 경영인 호리바 마사오는 2001년에 출간한 『일 잘하는 사람 일 못하는 사람』에서 "자기 일과 남의 일을 확실히 구분 짓는 사람은 절대 좋은 평가를 얻을 수 없다. 역할 분담만 고집하는 사람은 '나무만 보고 숲을 보지 못하는 사람'이다."라고 주장한다. 직장인으로서 당신은 자기 일과 남의 일을 구분 짓고 있는가. 당신은 프로 의식을 가진 집단에 소속되어 있다. 프로 집단에서는 혼자 일하는 것보다 남과 협업하는 것을 중요하게 생각해야 한다. 당신은 협업이라는 조직 내 시스템을 운영하기 위한 윤활유를 잘 활용해야 한다.

협업은 시너지를 만드는 중요한 수단

협업에 앞서 조직이라는 단어의 뜻은 '특정한 목적을 달성하기 위하여 여러 개체나 요소를 모아서 체계 있는 집단을 이름.'이라고 한다. 우리는 직장이라는 조직에 이익을 창출하고 목적을 달성하기 위해 모였다. 협업은 조직의 성패를 가를 수 있는 핵심 요소이다. 협업은 조직 안에서 순환하는 혈액과 같다. 사람의 신체도 혈액 순환 문제가 생기면 고장이 난다. 조직도 협업이라는 건강한 혈액 순환을 통해서 최고의 시너지를 창출한다.

그렇다면 협업을 저해하는 요소는 무엇일까. 단연코 자기 일과 남의 일을 구분하는 생각과 행동이다. 회사는 조직에 의한 시스템이고 협업을 통해 성과가 창출한다. 이는 자기가 맡은 일 이외에도 다양한 사람들과 협업을 통해 시너지를 만든다. 시너지는 1+1이 2가 아니라 1+1이 3 이상이 되기 때문이다. 당신은 직장 생활을 시작하고 협업에 대해서 고민할 것이다. 부디 세상을 넓게 보는 시야를 갖자. 조직에서는 전체적인 업무의 흐름이 중요하다. 당신의 업무는 미시적인 일 중에 하나로 거시적 관점에서 경제를 살피는 회사를 이룬다.

협업이라는 시너지를 통해 성과를 극대화해야 한다. 막연하게 협업하여 일을 진행하는 것은 경계해야 한다. 협업 체계가 방만하면 의사 결정 속도나 효율성이 떨어지기 때문이다. 직장인에게 협업은 단순히 목표를 만드는 수단이 아니다. 직장인은 프로 집단으로써 최대한의 성과를 만들어 낼 때 협업한다. 협업이 곧 성과라는 것을 기억하자. 당신의 성과는 직급이 높아질수록 개인의 노력보다 협업해서 만들어지는 경우가 많기 때문이다.

당신의 성장을 위한 가장 중요한 수단이 협력이다. 한국 사회에는 직장인이라는 신분을 갖게 되면 협력을 강조하지만 경쟁도 중요하게 생각한다. 남과 경쟁하여 우위에 올라서야 한다는 생각이 저변에 깔려 있다. 진정한 협업을 잘하는 사람은 상대를 경쟁 상대로 생각하지 않는다. 그들은 동료로서 같이 성장하는 동반자로 생각한다. 당신도 평가, 승진, 임금 등 직장이라는 각종 제도에서 자유롭지 못하다. 이제는 눈앞의 보상을 보는 것보다 장기적으로 저 앞을 내다보며 일하자.

협업을 저해하는 요소 '이기주의'를 버리는 방법

협업을 저해하는 것은 무엇보다 자신이나 집단의 이기주의에서 시작된다. 그러므로 개인과 개인, 부서 대 부서와 경계를 허물어야 한다. 나도 직장 생활을 하면서 부서 간의 이기주의로 타 부서를 깎아내리거나 협업해야 하는 일에 협조하지 않는 일을 종종 경험했다. 그러나 집단 이기주의는 오래가지 못한다. 조직 전체가 망하거나 그렇지 않다면 조직 내 정화 차원으로 그 부서를 해체시킨다. 개인도 이기적인 사람은 오래가지 못한다. 주변에 있는 많은 사람이 '내 것, 내 일'만 챙기는 이기적인 사람을 평가한다. 자기만 생각하는 사람은 구성원들로부터 늘 평가를 받게 되는 것이다.

'내 일'보다는 '네 일'부터 하려는 태도를 갖자. 조직이라는 체계에서 상대방의 일을 진행할 때는 조직적으로 일하게 된다. 내 일만 한다면 일의 중심을 본인에게 맞추게 된다. 이는 최적의 성과를 저해하는 행위이다. 당신의 일은 당신이 제일 잘 안다. 객관적으로 우선순위가 급한 상황이 아니라면 동료의 일부터 챙기자. 동료에게 협조하는 일도 당신의 일과 같다. 눈에 보이는 KPI(Key Performance Indicator, 핵심 성과 지표)도 중요하지만 눈에 보이지 않는 동료의 인정이 더욱 중요하다.

개인 간 또는 팀 간의 이기주의에서 가장 합리적으로 응하는 방법이 필요하다. 이를 위해 전체 조직의 목표나 지향점을 제시하며 일해야 한다. 실제로 개인이나 팀 간의 이해관계로 인해 불협화음이 발생하는 경우가 빈번하게 발생한다. 대게 목소리가 큰 사람이나 직급이 높은 사람 그리고 팀의 권력 구도가 높을 때 그들이 주장하는 방향으로 흘러간다. 현재 직장 선배를 보면 협업이 필요한 일을 이야기할 때 '조직의 관점에서', '회사의 이익 방향이나 장기적인 관점'이라는 내용을 들어 상대를 대한다. 설령 상대가 직급이 높고 목소리가 크더라도 '회사'라는 조직의 이익을 염두하고 어떤 주장을 펼치는 당신을 따르지 않기는 어렵다.

협업해야 하는 때를 대비하여 자주 대화하는 습관을 가져야 한다. 업무를 진행하면서 협의 과정이 없이 업무를 진행하면 문제가 생긴다. 바로 오해와 불신이다. 오해는 자신이 하는 일에 대해서 상대방도 알고 있을 것이라는 생각이다. 소통하지 않는다면 당신이 하는 일은 오로지 당신만 알고 있을 것이다. 또한 오해가 오해를 낳으면 신뢰가 무너지고 불신이 조장된다. 상대를 믿지 못하면 반대급부로 자신의 능력을 과신하게 된다. 독단적인 업무로 이어져 조직에 손해가 발생할 수 있다.

협업은 Give and Take가 기본적이다.

협업은 최소 2인 이상이 결합이 되어 지식이나 기술을 공유하여 최상의 시너지를 만들어 내는 것이다. 협업도 인간 관계사의 일종이다. 미국 와튼스쿨 조직심리학 교수 애덤 그랜트는 자신의 저서인 『Give and Take』에서 '기버로서 받은 것보다 더 많이 주기를 좋아하는 사람'이 성공한 사람이 된다고 했다. 그는 기버들은 전체적인 파이를 키워 조직 전체와 함께 자신도 더 큰 이익을 받는다는 것이다.

협업은 능력이기 이전에 사람 간 인간관계를 원활하게 하는 능력이다. 당신이 아무리 개인적인 능력이 좋더라도 인간관계가 좋지 않다면 협업 능력도 떨어지기 마련이다. 이는 당신에게 악영향을 미치게 되며 향후 개인과 조직의 지속 성장에 걸림돌이 된다. 직장 생활에서 인간관계는 기본적으로 Give and Take라는 관계 설정에서 시작된다. 여러분이 아무리 형, 누나, 동생이 되더라도 직장에서 만난 사이로서 직장을 떠나면 관계가 소원해지는 게 일반적이다. 그러므로 재직하는 동안에 적절한 관계를 통해 기버와 테이커의 역할을 잘해 보자.

협업하기 위한 Give and Take를 하기 위해서 당신은 공감할 수 있는 능력이 필요하다. 공감 능력은 인간관계의 시작이자 소통의 중요한 꽃이다. 공감 능력이 떨어지면 협업 능력도 덩달아 떨어지게 된다. 기버와 테이커로서 서로 입장을 이해 하자. 서로를 이해하는 노력이 상대와 공감하는 능력이 된다. 성공적인 직장인은 나만의 일을 하는 것이 아니다. 당신이 성공적인 직장인이 되기 위해서는 상대의 어려운 점과 제한되는 상황에 대해서 공감할 줄도 알아야 한다.

협업 능력에도 인간관계가 작용한다. 인간관계는 기본적으로 세 유형과 같다. 먼저 받는 것이 없더라도 다른 사람에게 100을 주었는데, 결국 자신이 행복해지는 유형이다. 두 번째는 100을 주고 100을 받는 사람은 자신에게 스트레스를 준다. 이런 유형은 계산적으로 사람을 상대하기 때문에 기대보다 낮으면 스스로 스트레스를 받는다. 마지막으로 100을 주고 200을 받으려는 사람은 불행해진다. 주변에 있던 사람도 다 떠날 것이다. 사람들도 100을 주고 200을 받으려는 속성을 가진 사람을 잘 알고 있다. 그러므로 협업 능력을 생각하기 앞서 인간관계 세 유형을 되돌아보자.

협업은 최고의 성과를 만드는 무기이다. 그러므로 당신은 자신과 조직을 위해서 평소 협업하는 태도를 갖추어야 한다. 이기주의를 없애고 Give and Take의 인간관계 기본 원리를 이해하고 생각하자. 단, 받은 만큼 다시 되돌려 받을 생각은 하지 말자. 그러면 인간관계가 너무 계산적이고 삭막해진다. 최상의 시너지를 위해서 당신은 지금 같이 근무하고 있는 동료와 협력적인 관계를 이뤄야 한다. 협력적인 인간관계를 만든다면 당신과 조직은 한 단계 발전한다. 협력적 인간관계는 개인의 삶에서 이직, 승진, 전직 등 새로운 기회를 만들어 주기도 한다.

10.
직장 생활에 성공한 사람은 옷차림부터 다르다

옷차림으로 마음가짐이 달라질 수 있다. 옷차림은 업종, 조직문화, 직무에 따라서 다르다. 그러나 하는 일과 별개로 개인적인 취향대로 차려입고 출근하는 직장인이 많다. 때와 장소에 어울리는 옷차림은 따로 있다. 회사에 긍정적인 이미지를 주고 싶다면 조직에 맞는 드레스를 입어야 한다. 당신은 이제 학생도 취업 준비생도 아니다. 직장인으로 새롭게 변화했다. 어디서나 새롭게 시작할 때는 격과 직무에 어울리는 옷차림으로 잘 갖추는 것이다. 시대가 바뀌어 자유로운 복장이 유행하더라도 말이다. 성공할 사람은 신입일 때부터 옷차림이 다르다. 당신은 프로 직장인이 되기 위해 출발선에 섰다. 옷차림을 내가 아닌 조직 문화의 기준에 맞출 때이다.

마음가짐이 달라진다

나는 신입 사원일 때 보수적인 문화가 있는 회사임에도 학생일 때와 다름없는 옷차림을 하고 출근했다. 신분은 직장인이었지만 생각은 학생에 머물러 있었다. 그렇게 신경 쓰지 않고 직장 생활을 한 지 2년 차가 되었을 때, 세미 정장을 입고 출근했다. 그러자 동료들이 "달라 보인다."며 전과 다른 반응을 보였다. 그제야 나는 직장에서는 보이는 것도 중요하다는 것을 깨달았다. 내가 인지하지 못하는 사이에도 주변에서는 나를 평가하고 있다.

신입 사원에게 옷은 자신감이자 내가 어떤 사람인지를 대변해 주는 매개체이다. 직장이 추구하는 직원 이미지에 내가 옷차림이라도 맞춘다면 준비된 자세로 비칠 것이다. 그럼 어떻게 출근해야 할까? 가장 쉽게 파악하는 방법은 선배들의 옷차림을 살펴보는 것이다. 그들의 옷차림은 그 직장 생활과 그 직업군에 최적화되어 있다. 여기에 머리 모양도 유심히 살펴보고 따라 해 보자. 보여지는 것에 신경을 쓰는 것 또한 내가 다니는 직장에 예의를 갖추는 것이다.

내가 입은 옷이 회사의 분위기이며 얼굴이다. 군인은 전투복, 요리사는 조리복을 입는다. 어떤 옷을 입느냐에 따라 그에 걸맞은 생각과 행동을 한다. 직장인이 입는 정장이나 작업복도 마찬가지다. 만약 유니폼을 제공하는 회사라면 직원들의 소속감이 더 커질 것이다. 직장인에게 옷차림은 멋을 내기 위한 재료가 아니다. 맡은 일을 잘 수행할 수 있도록 마음가짐을 다지고, 일을 능률적으로 할 수 있게 하는 수단이다.

색깔 있는 속옷이 비치거나 심하게 구겨진 옷을 입은 사람이 있다고 하자. 우리는 그 사람이 직장을 어떤 자세로 다니는지 엿볼 수 있다. 옷차림과 같은 태도로 직장을 다니고 있을 것이다. 이처럼 옷차림은 아주 사소한 것 같지만 입은 사람의 마음가짐을 보여 주는 가장 기본적인 상징이다. 직장은 힘들게 쌓은 나의 경력을 펼칠 수 있는 훌륭한 무대이다. 연극 배우라는 생각으로 프로답게 그에 맞는 옷을 입고 올바른 태도를 갖춰 보자. 프로에겐 작은 것도 중요한 법이기 때문이다.

상대방에게 신뢰감을 준다

캘리포니아 대학 UCLA 심리학과 명예교수인 엘버트 메라비언은 1971년 출간한 저서 『Silent Messages』에서 첫인상을 결정하는 요소로서 표정, 태도 등 시각적 요소로 55%가 결정된다고 한다. 시각적인 부분은 얼굴을 비롯한 의상, 머리 모양이 차지했다. 상대방에게 신뢰를 줄 수 있는 요소 중에서 손쉽게 해결할 수 있는 것은 옷차림이다. 단정하게 상대방에게 신뢰감을 주는 옷을 착용해 보자. 상대방은 당신을 긍정적으로 평가할 것이다.

사람의 첫인상은 짧게는 3초, 늦어도 90초 안에 결정된다고 한다. 당신의 이미지가 신뢰감 있는 사람으로 비치는 방법은 바른 맵시를 가진 옷차림이다. 멋을 내라는 것이 아니다. 단정한 복장을 통해 상대방에게 첫인상을 긍정적으로 심어 주는 것이다. 짧은 시간에 나에 대한 긍정적인 느낌을 주는 방법이다. 옷을 입기 전에 '단정'이라는 키워드를 떠올리며 코디를 해 보자. 평소 입고 싶은 옷은 개인적인 시간을 보낼 때 실컷 입어보면 된다. 옷차림이 완성되었다면 그다음으로 밝은 표정과 행동을 만들어 가면 된다.

잘나가는 영업 사원이 찢어진 청바지를 입거나 자유로운 복장을 하는 사람을 본 적이 있는가? 잘나가는 영업 사원은 단정한 복장으로 고객을 대한다. 단정한 복장은 고객에게 심리적으로 안정감을 주며, 신뢰감을 주기 때문이다. 본인의 옷차림을 어떻게 하느냐에 따라서 영업 성과가 달라지는 것이 현실이다. 세상의 모든 직장인은 고객의 관점에서 보고 생각해야 한다. 고객에게 신뢰감을 줄 수 있는 가장 손쉬운 방법은 옷차림이다. 직장인이라면 개인의 편안함을 추구하기보다는 고객을 대상으로 어떻게 하면 신뢰감을 줄 수 있을지 먼저 신경 쓰도록 하자.

그렇다면 신뢰감을 저해하는 옷차림을 살펴보자. 남성의 경우 구겨진 옷이나 지저분한 구두, 낡은 벨트가 해당한다. 여성의 경우에는 짧은 치마, 화려한 액세서리, 높은 굽의 힐이 대표적이다. 신뢰감 있는 복장을 하더라도 지속적인 관리와 과하지 않는 옷차림이 중요하다. 의욕적으로 준비한 본인의 옷차림이 상대방에게는 부담을 주거나 불쾌감을 줄 수 있기 때문이다. 상대방으로부터 신뢰감을 얻고 싶다면 단정하고 시기적절한 옷차림을 입어야 한다.

상황과 장소에 따라 옷차림을 신경 써야 한다

T.P.O는 Time, Place, Occasion을 가리키는 줄임말이다. 옷을 입을 때는 시간과 장소 그리고 상황을 고려해야 한다는 뜻이다. 나는 육군 장교 복무 시절에 부친상을 치렀다. 보통 조문객은 검은색 정장에 하얀 셔츠를 입는다. 그런데 한 지인이 운동복 차림으로 와서 눈에 띄었다. 그의 말로는 다른 지역에서 운동하다가 불가피하게 부고 소식을 듣고 곧바로 왔다고 했다. 바쁜 와중에 빈소에 와 준 것은 고마웠지만 때와 장소에 어울리지 않는 옷차림을 보고 있으려니 기분이 좋지는 않았다.

옷차림은 나를 나타내고 상대방을 배려하기도 한다. 그러므로 상황과 장소에 따라서 적절한 옷차림을 입도록 하자. 아침에 바삐 준비하다 보면 중요한 미팅이나 외부 출장에 적절한 옷차림을 놓칠 때가 있다. 이를 대비해 전날 잠자리에 들기 전에 다음 날 아침에 입을 옷을 미리 준비하는 습관을 갖자. 아침에 허둥대는 일 없이 준비가 순조롭다. 그리고 경조사 등 격식을 갖춰야 하는 자리에서 입을 옷도 미리 준비해 두면 상대를 실망시키는 일 없이 일을 마무리할 수 있다.

중요한 미팅이나 경조사 시에 방문할 때도 깔끔해야 한다. 구두나 셔츠에 이물질이 묻어 있는지 필요한 액세서리가 빠졌는지를 챙겨 봐야 한다. 대충 옷차림을 단정히 했다고 생각하더라도 막상 미팅이 시작되거나 경조사 장소에 방문했을 때 부족함이 드러나 난처한 상황이 연출되기도 한다. 아침에 출근하기 전에 거울을 통해 자신의 옷매무새를 점검하는 습관을 들이자. 아무리 단정하고 격식 있는 옷차림을 하더라도 깔끔하지 않다면 자신의 애써 들인 노력이 쓸모없게 된다.

직장에서 야유회, 체육대회 행사에 참여할 때 편한 옷을 입더라도 나름대로 격식은 갖추자. 야유회나 체육대회에 참석할 때는 운동복, 운동화를 착용하곤 한다. 아무리 야유회, 체육대회 같은 단합행사라도 단정함을 놓쳐서는 안 된다. 간혹 편안한 복장이라는 생각으로 보기에 난감한 옷을 입고 오는 사람들이 있다. 예를 들자면 대학생 때 입던 학과 단체복을 입고 오거나 수제 명품 옷이나 신발을 신고 오는 경우이다. 야유회, 체육대회 같은 단합 행사도 결국 회사에서 주최하는 업무의 연장이다. 편안한 행사라고 해서 개인 취향을 맘껏 뽐내는 자리라고 생각하지 말자.

사람은 옷차림을 통해 마음가짐과 태도가 변하기도 한다. 그리고 이 태도는 직장 생활에 변화를 불러오기도 한다. 또한 상대방에게 신뢰감을 줄 수 있는 가장 손쉬운 방법이다. 이제 당신은 학생이 아니다. 직장인 중에서도 프로가 되기 위해 남다르게 행동해야 한다. 상대방에게 신뢰감을 주는 옷차림을 하도록 노력하는 것을 시작으로 프로 직장인이 되어 보자. 단정한 옷차림을 위해 지속적인 관리와 과하지 않는 옷차림은 직장인에게 필수라는 점을 기억하자.

11.
회삿돈을 아끼는 자세는
회사를 사랑하는 마음이다

일본 경영의 신이라 불리는 마쓰시타 고노스케는 "가난 덕분에 평생 근검절약할 줄 알아 부자가 되었다."고 말한다. 그는 근검절약하는 습관을 통해 당시 파나소닉을 세계적인 전자 회사로 성장시켰다. 그의 주장처럼 절약하는 마음은 당신의 돈이나 회삿돈을 같게 생각하는 것이다. 이는 직장인으로서 당연히 가져야 할 도리이다. 내가 회삿돈을 아끼고 사랑하는 마음은 주변 사람들도 알게 된다. 절약하는 마음은 향후 회사와 당신이 함께 롱런할 수 있는 기본기가 된다. 당신이 사장이라면 회삿돈을 자기 것처럼 아끼며 사용하는 사람과 그렇지 않은 사람이 있다고 하자. 능력이 부족하더라도 회삿돈을 아끼는 사람을 중용하지 않겠는가.

회사의 자산을 아끼도록 하자

회삿돈을 아끼는 마음은 작은 것부터 실천할 수 있다. 나의 상사는 A4

용지부터 불필요한 출력물은 이면지로 사용하거나 작은 볼펜 한 자루도 허투루 사용하지 않는다. 내 것처럼 사용하는 직원은 작은 행동 하나가 큰 것을 아낄 수 있으며 직장 생활에서 차별화될 수 있는 전략이 된다. 나는 사내에서는 드물게 '과장급'에서 팀장으로 승진 후보에 발탁되었다. 회사가 중대한 위기가 있을 때, 굳건히 그 자리를 지키는 사람이 회사에서 오래갈 수 있다. 회사도 당신이 회사의 자산을 아끼는 마음을 알고 마땅한 보상을 준비한다.

회사 자산은 내 것처럼 생각하자. 실제로 법인카드를 사용할 때는 자기 돈이 아니라고 펑펑 쓰는 경우가 있다. 회식하더라도 비싼 곳을 가거나 불필요한 음식을 더 주문하는 것이다. 이런 행동을 상급자는 잘 알고 있다. 심지어 인사 부서도 알고 있다. 당신의 돈이라면 그렇게 사용할 수 있겠는가. 회사 자산을 사용할 때는 신중하게 생각하는 습관을 들이자. 아무리 업무를 잘하더라도 회사 자산을 펑펑 쓰는 습관은 제 살을 깎아 먹는 것이다. 결국 '남의 돈'이라는 생각은 결코 오래 살아남기 어렵게 된다는 점은 명심하자.

회삿돈도 아끼고 내 돈을 아끼는 습관을 함께 실천해 보자. 그리고 정말로 하고 싶은 일에 아낀 돈을 쓰도록 하자. 그래야 인생에 후회가 없다. 마찬가지로 아낀 회삿돈도 회사 차원에서 장기적인 관점으로 사용하는 것을 생각해 보자. 당신과 회사는 다른 정체성을 갖고 있지만 사랑하는 마음으로 대하자. 절약을 통해 당신은 자아를 찾고 회사는 긍지를 갖게 되는 계기가 될 것이다. 절약을 통해 얻은 자원을 가지고 직장 생활을 누리자. 행복한 삶도 당신의 몫이고 불행한 삶도 당신의 몫이기 때문이다.

직원 한 명의 근검절약하는 정신이 조직의 문화로 자리매김한다면 강력한 경쟁력이 된다. 한 명이 솔선수범하여 동료들에게 전파한다면 문화가 되는 것이다. 기업에서도 불필요한 지출을 아낀다면 그 자체만으로도 성과가 되고 직원들에게 성과급으로 돌려주는 선순환이 이뤄진다. 나서서 해 보자. 절약하는 자세는 당신의 직장 생활 롱런과 성과급을 동시에 확보할 수 있는 밑거름이 된다. 치열한 경쟁 사회에서 경쟁력은 작은 것에서부터 쌓이기 때문이다.

절약의 아웃풋은 Loyalty이다

인사 업무를 하면서 느낀 건 직원을 채용할 때는 학력과 각종 성적을 따지게 된다는 점이다. 그러나 승진 대상자를 가려낼 때는 리더십과 업무역량, 업무 성과보다 Loyalty를 보게 된다. 최근 내부 직원이 수백억 자금을 횡령한 사건이 종종 발생하고 있다. 피해를 본 기업들은 주식 거래가 정지되기도 한다. 아무리 직원의 능력이 좋더라도 Loyalty가 결여된다면 회사에 막대한 손해를 일으켜 나아가 회사 존립이 위태로워진다. 회사를 아끼고 사랑하는 마음을 보이는 방법, 근검절약이 답일 수 있다.

회사를 사랑하는 마음을 가지려면 먼저 내 것과 회사의 것을 아껴야 한다. 당신과 회사는 계약 관계이다. 법적으로 계약을 일방적으로 해지하거나 계약 기간을 만료하면 끝나는 관계이다. 그러나 계약 관계를 떠나 회사를 고객을 대하듯 생각해 보자. 계약 관계로 그동안 쌓은 모든 시간과 정성이 끝난다면 얼마나 허무한가. 내 인생에서 제2모작을 대비하여 절약을 통한 고객 관점으로 회사와 돈독한 관계를 맺자.

맹목적인 절약보다는 목표 지향적인 절약이 필요하다. 단순히 구두쇠가 되라는 것이 아니다. 절약을 통해서 회사에 이익을 가져다주는 행동을 했을 때 본인이 목표한 바를 실행해 보자는 것이다. 절약하는 문화를 가진 기업은 좋은 성과가 났을 때 성과급으로 되돌려 받거나 복리후생 제도가 상향될 수 있다. 절약하는 본인의 목표가 조직의 목표와 일치할 수 있는 것이다. 목표 지향적인 절약의 가장 모범적인 그림은 나와 회사의 성장을 동기화하여 키워 나가는 것이다.

Loyalty는 저절로 생기는 것이 아니다. 남이 챙겨 주지도 않는다. 당신이 챙겨야 하는 덕목이다. Loyalty는 특정인의 능력이 아니므로 당신이 스스로 키워야 하는 역량인 것이다. 필수 역량을 키우기 위해서는 신입사원 시절부터 회사와 나의 자산을 아끼는 습관을 들여야 한다. 절약을 통해 남들과 차별화된 역량을 갖춘 인재로 성장해야 한다. 한 푼 두 푼 아껴서 부자가 되라는 것이 아니다. 절약 정신을 실천하여 회사라는 조직에서 또 하나의 차별화된 경쟁력을 갖추자는 것이다.

사장 입장으로 근무하는 습관을 갖자

절약이라는 것은 조직에서 Loyalty를 직간접적으로 표현할 수 있는 수단이다. 이는 예나 지금이나 변함이 없다. 고 정주영 회장의 근검절약의 대표적인 사례로서 구두가 낡아도 버리지 않고 굽을 갈아 가며 30년 넘게 세 켤레 구두를 신었다. 물론 요즘은 그런 사람을 찾기 어렵다. 그렇게까지는 못하더라도 조직에 절약하는 사람이라는 것은 알리자는 것이다. 기업에서는 전문 경영인만 되더라도 모두 절약하며 근무한다. 당신도 사장 입장으로 절약하는 습관을 실천하자.

여러분의 리더는 대개 Loyalty가 높은 사람들로 회사와 본인을 같이 생각한다. 그들은 사비를 아끼듯 회삿돈도 아껴야 한다는 생각을 가지고 산다. 자신이 다니고 있는 회사를 보자. CEO를 비롯한 경영진이 회삿돈을 펑펑 쓰는 사람이 있는지 살펴보자. 내 경험상 회삿돈을 펑펑 쓰는 사람은 거의 없다. 보통의 회사경영자라면 돈을 펑펑 쓰는 사람은 없다. 회삿돈을 사용할 때는 '사장의 입장'에서 생각하고 쓰도록 하자. 어느새 사장과 같은 마인드를 가지며 근무하게 될 것이다.

당신은 미래에 CEO가 될 사람이다. 지금의 직장 생활을 '연습의 장'이라 생각하자. 언젠가는 조직을 떠나야 하는 숙명을 가지고 있다. 각자는 이직과 창업을 하게 된다. CEO가 되었을 때 습관이 된 사람은 성공의 길에 앞서 나가 있다. 마인드가 곧 태도가 되며 태도는 미래에 성과를 이루기 때문이다. 우리는 직장을 살면서 단순히 월급을 받는 존재가 아니다. 언젠가 크고 작은 조직의 책임자가 되기 때문이다. 현재 다니는 조직에서 실무를 할 때 사장 입장으로 문제를 해결하도록 하자.

사장과 같은 입장으로 회사에 다니는 직원은 주인 의식을 가진 사람이다. 조직에서는 주인 의식을 가져야 한다고 이야기한다. 그러나 경험상 대부분 사람은 어떻게 해야 주인 의식을 갖게 되는지 의아해한다. 주인 의식은 어렵지 않다. 누구나 입장 바꿔 생각해 보라는 말을 들어봤을 것이다. 사장의 입장으로 생각하며 업무를 추진해 보자. 주변에서 당신을 주인 의식을 가진 직원으로 평가할 것이다. 주인 의식을 어렵게 생각하지 말고 상대방 입장에서 생각하는 것부터 실행해 보자.

절약하는 마음을 가지면 작은 것에서부터 표가 난다. 절약은 누구나 당장 실천할 수 있는 일이다. 내 것과 회사의 자산을 아끼고 사랑하는 마음을 갖자. 남을 위해서가 아니다. 결국 나를 위한 일로 되돌아온다. 직장인으로서 성공하고 행복해질 수 있다. 내가 하는 업무를 유심히 살펴보고 그 안에서 절약하고 사랑할 수 있는 마음을 길러 보자.

Part 2.

일 잘하는 사람은
일하는 방법이 다르다

12.
일 잘하는 사람은
지금 직장에서 승부를 낸다

미국의 HS덴트 투자 자문 대표인 해리 덴트가 주장한 "다른 곳의 유혹이 있다고 하더라도 지금 있는 곳에서 최선을 다하며 지금 있는 곳에서 살아남아야 한다. 새로운 사업 기회를 발견해서 창업한다? 정말 확실한 기회가 아니라면 시도하지 말라."고 주장한다. 이는 눈에 좋게 보이는 사업이나 이직 유혹이 있더라도 지금 있는 곳에서 승부를 보려는 생각을 가져야 한다. 직장 생활을 하면서 인정받으며 일 잘하는 사람은 훗날 창업을 하더라도 인정받으며 승승장구한다.

지금 직장의 중요성

'묻지 마' 지원으로 들어간 회사도 최선을 다해야 한다. 2021년 상반기 채용에 관하여 잡코리아에서 조사한 결과 46%가 '묻지 마' 지원도 불사하고 회사에 지원하였다고 한다. 반면 소신 지원은 54%에 그쳤다. 보통 구직자의 회사에 대한 불만 요소는 회사 규모, 직무 및 급여 수준 그리고 인간관계이다. 지금의 직장에 들어왔다면 그곳에서 승부를 내려고 해야 한다. 피해 봐야 다른 곳도 직장 분위기는 비슷하고, 다시 피할 궁리만 하게 된다. 적어도 자신의 직무에 대한 경력을 고려할 때 3년은 다녀야 한다. 보통의 이직 시장도 3년은 채워야 인정받지 않는가. '묻지 마' 지원이든, 소신 있는 지원이든 지금 다니는 직장에서 최선을 다해 배워 보자.

재직 중인 직장은 나의 현재와 미래를 만들어 나가는 곳이다. 내가 가장 좋아하는 글귀 중에 "현재는 과거의 결과이며 미래의 원인이 된다."는 말이 있다. 지난 노력으로 지금의 회사에 다니게 되었고 지금 쏟는 노력이 미래의 나를 만들어 줄 것이기 때문이다. 당신의 직장은 꿈을 펼치는 무대이자 훗날 미래의 발판이 된다. 그러므로 과거의 결과를 겸허히 받아들이고 미래의 원인이 되는 일터를 소중히 여기자. 당신이 소속된 회사를 통해 당신이 성장하는 발판으로 삼아야 한다.

지금 있는 곳에서 인정받아야 다른 곳에서도 인정받는다. 장교 시절에 일선 부대 작전과에서 근무한 적이 있다. 초임 장교로서 작전과는 감당하기 어렵고 힘들었는데, 그때 작전과장님이 내게 한 이야기가 있다. "여기서 인정받아야 다른 곳에 가서도 인정받는다." 세월이 지나 지금 인사 업무를 담당하면서 그때 작전 과장님 옳은 말씀을 하셨다는 생각이 든다. 아무리 어렵고 힘든 직장이더라도 그곳에서 인정받는 사람은 다른 곳에서도 인정받을 가능성이 높다. 당신도 이직 여부를 떠나 지금의 자리에서 최선을 다해 인정을 받아 보자. 먼 훗날 다른 회사에 가서도 성심을 다해 인정받으려 하던 자세가 나올 것이며 똑같이 인정받고 있을 것이다.

취업이 간절하던 시절을 기억하자. 인사 업무를 하면서 다양한 사람들을 만나 왔다. 채용 업무를 하면서 구직자 대부분은 입사만 시켜 주시면 최선을 다하겠다고 한다. 그런데 시간이 지나면 그 간절함은 잊고 현재의 불만만 늘어놓으며 더 좋은 조건의 회사로 훌쩍 떠나려 한다. 직장인 대부분은 들어올 때와 재직 중일 때 태도와 생각이 바뀐다. 물론 직장 생활은 어렵고 힘들다. 그럴 때일수록 취업 준비생일 때를 떠올려 보자. 지금 직장이 있고, 동료가 있는 생활을 누리고 있음에 감사함을 느끼게 될 것이다.

이직에 대해서는 깊이 고민하고 결정하자

이직을 왜 하려고 하는지 고민해야 한다. '평생 직장'이라는 개념은 사라진 지 오래됐다. 사람들은 지금보다 더 연봉이 높고 워라밸이 보장되며 복리후생 조건이 좋은 회사로 이직하려고 한다. 그러나 이직을 깊이 고민하지 않고 쉽게 결정하면 후회하는 경우가 많다. 2021년 잡코리아에서 이직을 시도한 남녀 직장인 940명을 대상으로 조사한 결과가 있다. 이직 후 결국 그 회사가 그 회사라는 걸 느꼈을 때는 44.5%, 이직에 실패했을 때는 42.2%, 이직 후 급여, 직급 등 처우가 전보다 오히려 나빠졌을 때가 30.5%로 나란히 1~3위에 꼽혔다. 이처럼 적지 않은 직장인이 이직 후에도 만족하지 못한다.

현재 조직에 대한 불만을 찾기보다 감사함을 먼저 찾자. 애초에 이직하는 건 현재의 조직에서 불만 사항을 찾는 것에서 시작하기 때문이다. 예를 들어 급여가 낮아서, 일과 생활에 균형이 맞지 않아서, 복리후생이 부족하다는 이유를 든다. 그러나 성공하는 직장인은 조직에 대한 충성심이 확고하다. 그들에게 누군가 충성심을 주입한 것이 아니다. 당신이 만약 지금 감사함을 잊고 불만을 늘어놓고 있다고 하자. 주변 사람들도 이미 당신을 불만이 많은 사람으로 평가하기 마련이다. 조직에 대해서 불평을 늘어놓기보다 좋은 점, 고마운 점을 찾아보자. 당신의 정신 건강에도 이롭다.

확실한 준비가 되지 않았다면 지금 직장에서 이겨 내 보자. 섣부른 결심으로 이직하는 것은 자신에게도 불리하다. 그러므로 현재 직장에서 자신의 실력을 만들어 나가자. 성공하기 위한 능력은 차근차근 준비해야 한다. 나도 조직에서 대리가 되면서 많은 업무와 스트레스가 쌓여 힘이 들었다. 그리고 이제 일과 문제를 해결하는 법을 알 만할 때쯤에는 이직에 대한 러브콜이 많았다. 이직도 많이 고민했지만 아직은 내 능력이 부족하다는 생각이 들었다. 무조건 이직하지 말라는 뜻이 아니다. 겸손한 자세로 깊이 고민하고 후회하지 않을 확신이 섰을 때 실행하자. 선택 후 내가 한 결과에 대해 후회가 없어야 한다.

당신도 가능하면 다른 곳을 쳐다보지 말고 지금 있는 곳에서 최선을 다해 살아남아라. 옛날에도 강을 건널 때는 절대 말을 갈아타지 않는다고 했다. 당신은 이제 시작점이거나 시작하여 열심히 능력을 올리고 있을 것이다. 새로운 직장에서 도약할 기회를 찾기보다는 지금의 직장에서 성장하며 살아남는 법을 배우자. 살아남는 법을 배우는 일도 훗날 자신의 길로 들어설 때 중요한 경험과 가치가 될 수 있다. 당신이 살아가는 데 직무에 대한 능력도 중요하나 성실하게 임하는 것도 중요하다.

지금 직장에서 진정한 나의 업(業) 찾기

지금의 실무가 곧 내 미래가 된다. 필자의 경험도 그렇다. 처음부터 인사를 할 생각은 없었다. 하다 보니 인사를 맡게 되었고 군에서 교육 장교까지 관련 업무를 한 지 10여 년이 넘었다. 현재 필자의 목표는 인사 전문가로 성장하는 것이다. 본인이 맡은 업무에 대해서 성실하게 임한다면 언젠가는 전문가의 반열에 오를 것이다. 평생 직장인이 아닌 평생 업(業)이 되는 직업인이 되어야 한다. 직업인이 되기 위해서는 지금 맡은 실무에 최선을 다하여 실력을 갈고닦아야 한다. 그래야 당신은 미래에도 성공하는 직장인이자 직업인이 되어 있을 것이다. 직장인이나 직업인으로서 성공은 어떤 멋있는 직무를 수행하느냐가 아니라 어떤 직무를 잘 수행했느냐이다.

나를 위해 행복한 미래를 그려야 한다. 많은 지인이 현재에 안주하며 하루하루 똑같은 시간을 보내는 직장인으로 산다. 그러나 현재에 안주하기보다 앞으로 내가 어떻게 하면 행복하게 미래를 살아갈지 고민해야 한다. 최대 매출액, 최대 영업 이익을 내는 삼성전자도 항상 '위기'를 말한다. 당신도 위기 의식을 느껴야 한다. 그래야만 행복한 미래를 그릴 수 있는 토대가 된다. 현대 사회에는 평생 직장이 없어진 만큼 자신에게 투자하여 평생 직업인으로서 활동할 수 있는 자양분을 만들어 보자.

비상하기 위해서는 확실한 무기를 갖고 준비해야 한다. 실무를 하면서 관련 자격증 취득보다 중요한 건 남들과 차별화를 꾀해야 한다는 점이다. 최근 직장인들 사이에선 어학 공부, 자격증 취득 활동이 활발하다. 그러나 그런 활동이 정말로 남들과 나를 차별화하는 방법일까. 막연하게 공부하거나 기술을 익히며 소중한 시간과 노력이 허비하는 경우가 많다. 비상(飛翔)하기 위해서는 실무를 통해 확실하게 무기를 마련하자. 현장에서 직접 체득한 경험으로 사내 강사로 활동하면 발표 능력도 좋아지고 남들 다 따는 자격증이 아니라 직무와 관련된 알짜배기 전문자격증을 공부하는 등 나만의 무기를 만들어 가는 것이다.

나만의 지식과 기술력을 키워야 한다. 당신이 확실한 무기를 갖춘다면 나아갈 방향이 보인다. 그리고 언젠간 조직을 떠나 나의 길을 가야 한다. 그때 나로서 성공하기 위해서는 나만의 특별함과 차별화를 갖추어야 한다. 직장인은 나만의 지식과 기술력을 쌓는 데 최적의 조건이다. 지금은 직장에 다니며 일을 배우면서 동시에 돈을 벌자. 지금 직장에서 내가 하는 일이 내가 독립할 때 필요한 지식이고 기술이므로 배우는 것을 감사히 생각하며 실력을 쌓자. 그래야 2모작 인생에 새로운 출발이 기대감으로 꽉 찰 것이다.

일 잘하고 인정받는 사람은 지금의 직장에서 인정받는다. 지인 중에 대기업 인사 담당자는 3번 이상 이직한 사람은 특별한 능력이 없다면 탈락시킨다고 한다. 어느 조직이든 실무를 하면서 한계를 부딪치는 성장통을 느끼는 시기가 있다. 조직에서 성장통의 시기를 못 견딘다면 다른 조직에서도 마찬가지로 비슷한 시기에서 이직을 할 것이다. 부디 지금의 직장에서 승부를 보자. 승부는 전문성을 확보하는 시기라고 생각한다. 이직을 고민할 때 아직 내가 전문성이 없다 생각이 든다면 성장통의 시기를 버텨 내듯 좀 더 현 직장에 머물러야 한다.

13.
확실한 의사소통을 위해 재차 확인하는 습관을 갖자

인하대 상담심리대학원 겸임교수로 재직 중인 이현주 작가는 『관계의 99%는 소통이다』에서 "서로 마음이 통하기 위해서는 우선 상대방의 이야기를 경청해야 한다. 이는 상대방의 마음을 이해하고, 내가 하는 행동이나 이야기에 대해서 상대방이 어떻게 느끼고 반응하는지도 알아야 한다는 의미다."라고 언급한다. 소통은 사람 간 관계 설정에 있다. 직장 생활에서는 원활하게 소통하는 법을 습관화해야 한다. 당신도 신입 사원 시절부터 소통에 대한 중요성을 인식하고 노력해 보자.

소통에 대한 중요성 인식

2012년 미국 MIT휴먼다이나믹스연구소는 높은 성과를 내는 조직들을 연구한 결과 공통점을 발견했다. 첫 번째 구성원들은 비슷한 비중으로 서로 듣고 말하였다. 두 번째 구성원들은 모두가 서로 직접 소통하였으며, 상대방의 눈을 바라보며 적극적으로 반응했다. 이같이 소통은 조직에서 성과를 만들어 내는 중요한 요소이다. 직장인들은 소통이 중요한 이유를 이해하고 좀 더 효율적으로 소통하는 법을 실천해야 한다. 소통을 잘하는 직장인이 업무 능률과 성과를 만들어 내기 때문이다.

그렇다면 소통하지 못하는 조직은 어떤 특징이 있을까. 첫 번째 이기적이다. 개인이나 팀 단위에서 자기 이익만을 추구하는 경우이다. 대표적인 사례를 보면 한때 일본 전자 회사인 소니는 워크맨부터 노트북까지 전자 산업계의 최고였다. 그러나 사업부 간 이권 다툼으로 인해 매출이 감소하고 고급 정보와 기술력을 서로 공유하지 않은 탓에 더 큰 시너지를 만들어 내지 못했다. 결국 워크맨은 애플의 아이팟에 밀려 역사 속으로 사라지게 되었다. 조직 안에 이기적인 사람이 많다면 그만큼 소통은 힘들어지고 협업하는 능력도 떨어지게 된다.

두 번째는 리더의 소통 역량의 부족이다. 직장에서는 리더와 직원 간의 대화가 중요하다. 그만큼 리더는 대화를 얼마나 잘 이끌어 가는지 보면 역량을 파악할 수 있다. 소통을 잘하지 못하는 리더들의 대표적인 실수로는 일방적으로 말하기, 시선을 다른 곳에 두고 대화하기, 상대방을 무시하는 말투가 해당이 된다. 모든 대화는 말하거나 듣고 제스처를 취해야 한다. 이 3가지를 잘해야만 리더로서 소통을 잘하는 사람이 된다. 당신은 아직 직원이므로 꾸준히 소통하는 능력을 개발해야 한다. 언젠간 리더가 될 것이기 때문이다.

세 번째, 문제 있는 조직은 직원들 간에 이야기하지 않는다. 하버드 경영대학원 교수인 에이미 에드먼스 저자는 『두려움 없는 조직』에서 '실패나 실수를 두려워하지 않고 자신의 의견을 자유롭게 피력하는 문화가 중요하다.'고 했다. 당신도 실패나 실수를 두려워 말고 리더에게 적극적으로 의견을 말해 보자. 의견을 자유롭게 전달하지 못하거나 실패나 실수를 용납하지 못하는 조직도 위태롭다. 그러므로 당신은 대리, 사원이더라도 팀 안에서 의견 내는 것을 두려워하지 않는 용기를 가져야 한다.

직장에서 원활하게 소통하기 위해 습관화하는 Know-How

직장에서 올바르게 소통하려면 어떻게 해야 할까. 먼저 남의 말보다 나의 말을 적게 하는 습관을 갖자. 카네기의 격언처럼 "다른 사람의 이야기를 진지하게 들어주는 경청의 태도는 우리가 다른 사람에게 나타내 보일 수 있는 최고의 찬사 가운데 하나다."라고 언급한다. 이는 경청하는 태도가 소통의 가장 기본이라는 뜻이다. 기본에 충실해야 응용도 가능하기에 먼저 경청하는 태도를 갖춰 보자. 경청은 상대방과 나를 높이는 방법이다.

상대방과 이야기할 때는 상대를 응시하면서 제대로 태도를 갖춰 말해야 한다. 나는 신입 사원 시절 정신없이 업무를 수행했다. 그래서 바쁘다는 핑계로 이야기 중에도 상대방을 응시하지 않을 때가 많았다. 선배들에게 그런 태도를 지적받고 나서야 내가 대화를 나눌 때 어땠는지를 돌아보았다. 당신도 직장 생활에 경험이 쌓이면 자칫 잘못된 태도로 인해 이미지가 무너질 수 있다. 당신은 지금 당장 이미지 관리를 해야 한다. 필자처럼 실수하지 않으려면 지금부터 상대방과 대화할 때 눈을 맞추며 대화하자.

소통을 위한 필기는 필수이다. 특히 신입 사원은 일을 처리하는 속도가 선배보다 느리고 정신이 없다. 경험이 부족하기에 당연하다. 그러나 일이 바쁘더라도 빼먹지 않으려고 노력해야 한다. 일을 빼먹지 않으려면 필기를 꼼꼼히 하자. 상급자나 선배에게 수시로 보고하며 소통하는 습관을 갖도록 하자. 보고는 직장인으로서 가장 중요한 소통 수단이다. 보고를 잘하는 사원이 되어 보자. 그렇다면 소통도 잘하는 사원으로 성장해 갈 것이다.

결과를 공유하는 습관을 갖도록 하자. 직장에서 인정받는 사람들을 보면 업무 처리 후 결과를 공유한다. 진행하고 있던 일이 어떻게 어떻게 종결되었는지 공유한다. 적절한 피드백은 직장동료 간 원활한 소통에 도움이 된다. 사소한 업무라 하더라도 상대방에게는 중요하고 결과를 기다리는 업무일 수 있다. 예를 들어 탕비실에 커피가 부족할 때 사용자는 입고가 언제 될지 말해 주지 않으면 모른 채 그저 기다리기 때문이다. 담당자라면 탕비실을 이용하는 모든 사용자에게 "오후 2시 안에 입고됩니다." 하는 식으로 알리는 습관을 갖도록 하자.

신입 사원의 소통을 통한 업무 Loss 줄이기

신입 사원이 제일 어려워하는 것은 궁금한 사항에 대해 정확하게 물어보는 것이다. 상급자가 지시를 하더라도 업무 방향이 정확하게 전달되지 않는 경우가 있다. 지시한 일을 수행하는 것은 당연하게도 지시받는 사람이다. 지시받은 일을 명확하게 수행하기 위해 머릿속에 구상을 세워야 한다. 예를 들면 A에서 Z로 옮기는 일을 지시받았다고 하면 A에서 Z까지 옮기는 과정에 문제점이 없는지 고민해야 한다. 만약 문제점이 있다면 어떻게 해결해야 하는지 적극적으로 물어봐야 한다. 상급자가 지시한 방향대로 적절히 행동하려면 임의적인 생각보다는 정확한 소통을 통해 진행해야 한다. 이는 일을 정확하고 빠르게 수행하는 비결이다.

중간 보고의 중요성을 인식해야 한다. 직장에서는 보고가 소통의 중요한 채널이다. 아무리 개인적인 역량이 뛰어나도 소통에 문제가 있다면 무용지물이다. 특히 사원 시절에는 보고를 할 때 특별히 신경을 써야 한다. 상급자에 수시로 보고하는 태도는 업무를 Loss를 줄이는 데 가장 중요한 핵심이다. 업무를 진행할 때 궁금한 점이 있는데 눈치가 보인다면 중간 보고라는 소통 채널을 활용해 보자. 상급자 의도에 따라 나의 업무 방향성을 명확히 할 필요가 있기 때문이다.

상급자의 지시 사항을 복명복창하도록 하자. 복명복창이라고 하면 군대식이라고 생각될 수 있다. 그러나 신입 사원의 경우 복명복창함으로써 상급자가 지시한 사항의 방향성을 자신이 이해하는지 되묻는 과정으로 삼을 수 있다. 예를 들어 "팀장님께서 말씀하신 물건을 어디로 옮겨 놓겠습니다."라고 정리해서 보고하면 상급자도 물건을 옮기는 장소를 다시 확인할 수 있다. 즉 상급자도 지시받은 사항을 복명복창하는 직원을 통해 지시를 제대로 했는지 스스로도 점검하며 안심하는 것이다. 상급자의 지시 사항을 복명복창했을 때 당신과 상급자가 올바르게 이해했다면 그대로 진행하면 된다. 복명복창을 잘하면 일을 두 번 안 하게 된다.

원활한 소통을 위해서는 이메일이나 문자를 통한 리마인드를 생활화하자. 필자의 경험을 보면 이메일만 보내 놓고 기다리는 경우가 상당히 많다. 물론 보통의 직장인들은 바쁘다. 그러나 당신에게 중요하거나 긴급한 업무에 대해서는 이메일만 보내고 말 것이 아니다. 이메일을 송부한 후 문자를 보내거나 전화로 확인하자. 그리고 마감 시한이 다가오기 1~2일 전에는 리마인드 이메일을 통해 상대방이 업무에서 빠지지 않도록 챙겨 주자. 당신을 비롯한 상대방과 원활히 소통하여 적시에 업무를 마칠 수 있다.

소통은 기본적으로 듣기와 말하기를 통해서 이루어진다. 초보 직장인이라면 앞으로 업무를 추진할 때는 소통하려는 습관을 갖도록 노력해야 한다. 보고하는 자리나 회의 중에도 경청하고 복명복창하는 습관을 길러야 한다. 직장인은 혼자서 일할 수 없다. 협업을 통해 성과를 만들기에 습관적으로 올바르게 소통하는 것은 큰 도움이 된다. 세 살 버릇 여든까지 간다고 하지 않던가. 반드시 소통하는 태도로 직장 생활에 임하자.

14.

14.
모든 일은
고객 관점으로 해야 한다

아마존의 성공 신화를 쓴 제프 베이조스는 "고객 관점에서 거꾸로 되짚어 일하라."고 주장한다. 그는 고객 만족을 먼저 설계한 뒤 역순으로 그에 적합한 제품이나 서비스를 제공하라는 것이다. 그가 주장한 대로 고객 만족이라는 것이 비즈니스에서 중요하다. 당신은 직장인이며 비즈니스 감각을 가져야 한다. 직장 생활을 시작하는 당신에게 고객 관점은 필요한 역량이다. 고객 중심에 대한 사고 전환과 실천 방법이 무엇인지 살펴보자. 직장 생활을 시작하는 모든 이에게 보람이 될 수 있는 긍정적인 효과를 가져다줄 것이다.

고객 관점의 중요성 인식

고객이란 무엇이고 왜 중요한가. 사전적인 용어로 고객은 경제에서 창출된 재화와 용역을 구매하는 개인이나 단체를 일컫는다. 당신이 창출한 지식과 기술은 회사나 개인에게 제공된다. 당신이 직장 생활을 하는 것은 고객에게 서비스를 제공하는 것으로 연결되는 것이다. 서비스 마인드는 영업, 마케팅에만 국한되는 것이 아니다. 자신이 지원 부서 근무자라도 서비스 마인드를 가져야 한다. 당신이 지원 부서 담당자라면 내부 직원에게 친절하게 응대하자. 지원 부서 담당자의 자리는 내부 직원들로부터 생겨난 것이기 때문이다. 그러므로 업무 접점에 있는 고객과 연결점을 생각해 봐야 한다.

고객 관점과 자신의 업무 방식의 연결점은 무엇인가. 고객 관점은 내 업무의 접점 대상이 누구인지를 파악하는 것이 중요하다. 내가 총무 담당을 했을 때 내부 직원과 거래처 등 협력 업체가 접점이 되었다. 나는 건물을 청소하시는 분들에게 먼저 인사하며 다가갔다. 총무 담당자로서 그들은 내부 관계자로서 중요한 고객인 셈이다. 나의 업무와 연관이 있는 사람들에게는 철저히 고객 관점에서 임하자. 당신의 업무는 결국 사람의 관계에서 발생하기 때문이다. 내부 관계자를 고객을 대하는 마음으로 먼저 인사를 건네는 등 사소한 행동부터 실천하자.

요코야마 노부히로 저자는 『1등은 당신처럼 팔지 않는다』에서 "오늘날 영업 사원에게 가장 중요한 역량은 '고객의 관점'을 갖는 것"이라고 강조한다. 직장인으로서 영업 사원만의 이야기는 아니다. 비록 당신이 지원 부문에 근무하더라도 당신에게 지원받는 사람이 고객이 된다. 그러므로 영업 사원이 아니더라도 당신이 지원하거나 업무 협업이 필요한 대상은 당신의 고객이다. 당신이 재직하고 있는 회사의 비즈니스에 관심을 가지고 '관점의 전환'이 필요하다.

회사는 고객이 있기에 존재한다. 직장인으로서 당신은 회사가 있기에 존재한다. 구태의연한 이야기일지 모르겠으나 현실이다. 그러므로 직장인은 회사가 고객이자 존재 이유가 된다. 당신은 훗날 직장인으로 성공하기 위해서 회사를 보는 관점에 생각에 전환이 필요하다. 사고 전환을 하는 일이 쉽지는 않다. 지금부터는 고객 중심의 사고 전환에 유용한 방법과 실천 방법을 고민해 보자. 진정한 프로가 되기 위해서 왜 고객을 중심으로 전략을 세우고 성장해야 하는지 알아야 한다.

고객 관점의 사고 전환법

회사가 무엇에 관심을 두는지 파악하자. 회사는 미래 지향적인 사고를 하고 있다. 적어도 지금의 사업이 잘되더라도 말이다. 연간 최대 매출액과 영업 이익을 기록하고 있는 삼성전자도 미래를 걱정하고 있다. 당신도 현재와 미래에 대한 회사의 비즈니스 관심사를 가져야 한다. 회사가 고민하는 관심사에 대해서 사업 파트너라는 생각으로 함께 고민하자. 그렇다고 회사가 추구하는 방향을 무조건 비판하지는 말자. 비록 회사의 방향성이 내 성격과 맞지 않더라도 회사 경영에 대한 방향성이 정해졌으면 나의 직무에서 해결 방안을 모색해서 완수해야 한다. 회사라는 고객의 고민과 관심사를 긍정적으로 공유하자.

고객 지향적인 사고를 늘려야 한다. 내 일을 고객의 관점에서 생각해야 한다. 자신과 협업하고 있는 거래처나 협력 업체 직원들도 비즈니스 관계에서 중요한 위치에 있다. 거래처를 비롯한 내부 직원도 당신에게 무엇을 원하는지 생각하고 일해야 한다. 급여 담당자라면 직원들에게 급여에 대한 문의가 온다. 급여를 쉽게 이해할 수 있도록 제도를 친절하게 설명해 주자는 것이다. 당신이 베풀 수 있는 친절은 직원들이 무엇을 원하고 당신은 그들에게 무엇을 해 줄 수 있을지 고민하는 것이다.

회사도 고객이다. 회사를 위한 고객 서비스는 무엇이 있을까. 가장 첫 번째로는 당신의 지식과 기술을 높여 나가는 자기개발을 해야 한다. 두 번째로는 당신은 회사에 성과로 이바지해야 한다. 직장에서는 성과로 당신이 존재해야 하는 이유를 증명할 수 있기 때문이다. 성과를 내기 위해서는 당신의 사고가 전환되어야 한다. "회사라는 고객에게 내가 어떤 서비스를 어떻게 제공해야 할까?" 하는 생각을 하자. 회사가 성장해야 나의 성장과 지속성이 보장될 수 있기 때문이다.

사내 협력 업체 근무하시는 분들도 나의 소중한 고객이다. 직장 선배로서 멘토이자 존경하는 상무님의 이야기를 예로 들겠다. 그분은 항상 미화 근무자들과 경비 근무자를 챙기셨다. 음료를 전달해드리거나 명절 선물을 따로 준비하며 격려하고 안부를 물었다. 상무님의 은퇴식에서 그의 온정을 나눠 받았던 이들은 모두 울면서 배웅했다. 당시 후배였던 나는 그날을 귀감으로 삼았다. 당신도 보이지는 않아도 묵묵히 뒤에서 일하는 분들을 챙겨 보자. 당신에게도 보람되고 그들에게도 많은 응원이 될 것이다.

고객 중심을 실천하는 방법

나의 업무 목표(KPI)를 고객 관점 중심으로 만들어 보자. 요즘 기업들은 KPI(Key Process Indicator), OKR(Objective Key Results) 등 다양한 지표를 통해서 성과를 측정한다. 당신은 연초에 수립하는 성과 계획을 고객 중심으로 생각해 보자. 보통의 영업 사원은 거래처 매출 금액, 신규 발굴 건수를 중심의 지표로 삼는다. 추가로 고객의 클레임 접수와 해결 건수 그리고 향후 대응 방향도 수립하는 식이다. 당신이 하는 직무에 대해서도 고객의 소리를 들을 수 있는 성과 지표를 생각해 보자. 고객 중심의 성과 지표는 당신에게도 도움이 되고 회사와 조직에도 도움이 되는 지표이다.

고객 관계와 관련된 도서나 자료에 관심을 가져 보자. 개인적으로 e커머스 전문 컨설턴트 박종윤 저자의 『내 운명은 고객이 결정한다』는 책을 추천한다. 이 책을 읽으면 평범한 직장인으로서 고객에 대해 고민하게 된다. 고객을 대하는 새로운 접근법을 기회의 장으로 활용한 케이스를 살펴볼 수 있다. 당신도 직장인으로서 고객 중심의 사고로 새로운 기회의 장을 마련해 보자. 그렇게 하기 위해서는 고객 관계에 관한 책을 구독해 보고 당신이 임하는 업무에 적용해 보자.

고객 지향적인 행동을 실천하자. 내부 고객, 외부 고객을 통틀어 고객이라고 하자. 첫 번째로는 고객의 의견을 경청하는 습관을 들여야 한다. 그리고 고객의 니즈에 민감하게 반응하고 상품이나 서비스를 제공할 자세를 갖추자. 고객의 이익을 보호해야 나의 이익이 된다는 점을 인지해야 한다. 예를 들어 당신이 만든 제품이나 서비스를 고객사에 판매한다. 그 이후 고객사가 부가가치를 만들어 새로운 가치를 만든다. 이로써 당신과 고객이 비즈니스 관계로서 서로 win-win하게 된다. 이처럼 고객에게 정당한 이익을 제공하는 행동을 하는 경우 당신에게도 새로운 기회가 될 수 있다.

고객 중심의 인간관계를 만들어야 한다. 고객 중심에서는 세 부류로 나눌 수 있다. 내부 고객, 외부 고객(거래처, 소비자) 그리고 제휴 고객(협력사, 관계인)이 될 것이다. 외부 고객이나 제휴 고객을 흔히 평소에 갑질하여 훗날 문제가 될 수 있다. 항상 세 부류에 있는 관계인에 대해서는 동반자 입장을 유지해야 한다. 그래야만 당신도 성장할 수 있으며 회사와 조직에 이바지하는 방법이 된다. 당신의 직장인으로서 가치는 고객 중심적인 인간관계 설정을 계획하고 행동하는 것에 따라 결정된다.

고객 관점은 글로벌 기업들의 CEO부터 1인 기업까지 중요하게 생각한다. 그러나 실제 생각과 행동을 달리하는 경우가 많다. 그러므로 당신은 고객 중심적인 사고를 위해 체계적인 실행 계획과 철저한 실천을 통해 성공적인 직장 생활을 만들어 나갈 수 있다. 고객 중심적인 사고는 비즈니스 관계인과 인간관계이다. 지금부터 당신은 고객 중심적인 사고를 전환해 보고 실천 방법을 세워 실천해 보자. 당신은 직장 생활을 하면서 어려운 점이 발생하더라도 인간관계를 완만하게 유지해야 하므로 고객 중심적인 사고를 가져야 한다. 올바른 관계인 설정을 통해 위기를 극복할 수 있는 원동력이 될 것이다.

15.
경력 사원도 조직에서
준비와 적응이 필요하다

2020년 통계청에서 발표한 2016년~2018년 사이 이직 등 이유로 일자리가 달라진 15~29세 이직자는 136만 7천 명으로 29.1%에 달했다. 이는 10명 중 3명은 이직한다는 뜻이다. 이직은 더 이상 생소한 일이 아니라 '이직 시장'이라 이름 붙일 정도로 활발하게 확대되고 있다. 당신도 이직의 기회를 잡을 계기가 있을 것이다. 이직하는 순간 당신은 경력 사원이 된다. 경력 사원의 장단점을 살펴보고 이직하는 경우 조직에 잘 적응하는 방법을 알아보자.

경력 사원이 되기 위한 준비

나의 역량을 분석하고 어떤 경력을 쌓을지 계획을 세워야 한다. 아래의 〈자기 역량 분석 고려 사항〉을 참고해서 커리어 패스에 대한 고민을 확신으로 바꿔야 한다. 자기역량 분석을 통해 어떤 성과와 보람을 느꼈으며, 어떤 성향으로 업무에 임하고 우선순위가 무엇인지를 알아야 한다. 그리고 커리어 준비 사항을 통해 현재 맡은 직무에 필요한 경력을 얼마나 준비했는지 확인해 보자. 자신의 지금 상황을 세심하게 파악하고 접근하여 경력 사원으로 전략적인 경력을 만들어 보자.

〈자기 역량 분석 고려 사항〉
- 본인이 업무 수행 시 성과를 만들었던 경험?
- 어떤 업무에서 보람을 느꼈는지?
- 당신은 도전형, 분석형, 안정형인지?
- 급여, 개인의 성장, 일과 생활의 균형, 인간관계, 조직 문화 중에서 우선순위는?

〈커리어 준비 사항〉
- 현재 맡는 직무 또는 하고 싶은 직무로 발전시킬 것인가?
- 어떤 전문성을 만들어 나갈 것인가?
- 나에게 부족한 능력이 있는가? (협업, 리더십, 직무 능력, OA 능력, 기타)

경력 준비를 한 후 자신에게 필요한 역량을 보충해야 한다. 대표적으로는 직무 연관성, 자격증 취득, 프로젝트 경험, 내면 능력(리더십, 소통), 스킬 능력(OA, 어학)을 키우는 것이 중요하다. 첫 번째로 직무 연관성이란 자신이 하는 업무에서 앞으로 어떻게 성장할 것인지 보충하는 것이다. 나는 처음에 총무 부서로 입사했으나 인사 담당자가 되는 것을 목표로 정했다. 총무를 하면서도 노동관계법령 공부를 틈틈이 했다. 이후에 인사 부서로 발령받아 현재 근무하고 있다.

두 번째는 프로젝트 경험이다. 나는 ERP HR 부문 고도화 프로젝트를 참여한 경험이 있다. 한층 직무에 대해 성숙해지는 계기가 되었다. 대리나 사원은 일상적인 업무가 많지만 가능하다면 프로젝트 업무에 적극적으로 참여해 보자. 많은 자양분이 된다.

세 번째는 당신의 능력을 개발하는 것이다. 비록 주니어 직급에 있지만 리더십이나 소통을 잘하기 위한 내면의 능력은 도서나 강연을 통해 꾸준히 개발할 필요가 있다. 또한 OA 능력이나 필요에 따라 어학 능력도 미리 키워 놓자. 경험과 개발을 미리 준비하는 것이 곧 경력 관리이다.

미래의 내 모습을 그릴 줄 알아야 한다. 나는 무엇이 될지 고민하자. 이직 여부를 떠나 직장에서의 어떤 직위·직급인지, 어떤 전문성을 확보할 것인지를 포함한다. 목적지를 정하지 않은 채 출발하는 것과 같기 때문이다. 성공적으로 직장 생활을 하기 위해서는 목적지가 명확한 행선지를 만들고 출발하자. 출발한 후에는 목적지에 다가서고 있는지 1년 단위로 경력을 업데이트하여 달성 여부를 꼼꼼히 확인하자.

경력 사원 이직의 장단점 바로 알기

이직하려는 진짜 이유를 고민해 보자. 취업 포털 잡코리아에서 2022년 직장인 928명을 조사한 결과 이직을 준비하고 있는 사람이 전체 직장인의 3명 중 1명이라고 밝혔다. 이직 사유로는 이직을 희망하는 사람 중에 연봉에 대한 불만족이 10명 중 3명으로 가장 많았다. 이어 워라밸 실현 불가능, 상사와 동료와 인간관계, 퇴근 거리 등 불만족, 다른 회사에 대한 호기심 순으로 집계되었다. 설문 조사와 같이 이직에 대한 다양한 생각이 있다. 비록 이직을 생각하더라도 사전에 이직을 실행했을 때 장점과 단점을 꼼꼼히 검토해 보자.

이직했을 때 좋은 점을 이야기해 보자. 뻔한 이야기일 수 있겠다. 내가 인사 업무를 하면서 현재 재직 중인 회사와 더불어 다른 회사의 인사 담당자들의 의견을 듣고 느낀 것이다. 이직을 하는 사람의 대표적인 장점은 연봉을 상향해서 올리는 경우가 있다. 그러나 준비가 미흡했던 이직은 연봉이나 직급이 수평 이동하는 경우도 있으니 주의하기 바란다. 다음으로는 직급이나 회사의 규모를 상향해서 올릴 수 있다. 이때도 준비가 미흡했거나 갑작스러운 이직의 경우 동일 직급이나 규모가 다운사이징이 되는 경우가 있다. 이처럼 전략적인 계획과 실행으로 이직하지 않으면 이직이 마법과 같이 신데렐라처럼 상향으로 올라갈 수 없음을 증명한다.

이직했을 때 안 좋은 점은 어떤 것이 있을까. 이직한 회사에서 신입 사원부터 성장한 사람과 비교되는 경우이다. 가장 눈에 보이는 것은 '근속'으로 인한 차이가 발생한다. 일부 회사에서는 근속에 차이를 두어 주택 지원 제도, 핵심 인재 교육에서 근속으로 인해 배제될 수 있다. 또한 조직 문화에 적응해야 하다 보니 직무에 경험이 어느 정도 있지만 즉시 활용하기 어렵다. 직무 능력보다 우선으로 조직 문화에 적응해야 하기 때문이다. 또 하나는 차기 진급 누락의 Risk가 확대된다는 점이다. 예를 들어 대리 마지막 연차로 입사하는 경우 내년에 과장 진급의 대상이 되지만 기존 진급 대상자와 경쟁에서 후 순위로 밀려날 수 있다. 이처럼 제도로서 눈에 보이거나 보이지 않는 차별이 존재하기에 이직할 때는 염두해야 하는 필수 검토 사항이다.

이직하고 후회하는 경우는 대표적으로 새로운 환경에 적응해야 할 때 생긴다. 기존 직원들 간 알력 다툼의 원인이 된다. 새로운 조직 문화에 적응하는 것은 알게 모르게 개인에게는 적지 않은 스트레스로 작용한다. 또 하나는 준비되지 않은 이직으로 인해 수평이나 다운사이징되는 경우 급여, 조직 문화, 시스템 등 불만 요소가 발생할 수 있다. 결국 후회하지 않는 이직이 되려면 경력 사원이 되도록 차근차근 준비해야 한다. 그래야만 당신이 원하는 이직을 하더라도 후회가 없을 것이다.

경력 사원이 적응하는 방법

조직에 적응하기 어려운 이유가 무엇이 있을까. 먼저 회사마다 조직 문화가 다르기 때문이다. 기존 직원들의 생각과 태도는 회사마다 다르기 마련이다. 내가 재직하는 회사에 입사한 경력 사원들이 가장 힘들어하는 이유를 물어보면 조직 문화에 적응하는 것 때문이라고 한다. 예를 들어 휴가를 자유롭게 쓸 수 있는 회사인가. 야근을 많이 하는 분위기인가. 수

직적 또는 수평적 문화인가를 살펴본다고 한다. 당신이 경력 사원이라면 기존 사람들에게 먼저 다가서는 적극적인 모습을 보이자. 인적 네트워크를 빠르게 확보해야만 조직 문화에 적응할 수 있다.

조직의 목표와 비전을 파악하자. 회사에 입사했다면 신입 사원이나 경력 사원은 반드시 조직의 목표와 비전을 파악해야 한다. 보통의 회사는 경영 방침으로 목표와 비전을 대외적으로 밝히고 있다. 이점을 잘 살펴보고 향후 회사가 나아가야 할 방향을 보며 비즈니스를 이해해야 한다. 이해가 어려운 경우에는 동료에게 다가가 질문하며 이해하도록 노력해야 한다. 비록 현업에 바쁘더라도 말이다. 회사도 경력 사원이 목표와 비전을 공유하려는 노력을 보인다면 같은 배에 합류한 사람으로 받아들일 것이다.

빠른 성과를 내기보다는 새로운 조직에 흡수되는 것을 최우선으로 해야 한다. 경력 사원으로 입사하더라도 성과가 평가의 기준이 된다. 그러나 인사 담당자 입장에는 당장 성과보다 새로운 조직에 잘 적응하는지를 눈여겨보게 되어 있다. 그러므로 회사의 목표와 비전을 업무에 투영하도록 노력하자. 그리고 동료들과 인적 네트워킹을 활발히 하며 자연스럽게 어울리는 노력을 해야 한다. 성과는 그다음이다. 특별한 사유가 없는 한 성과보다 적응하는 것에 중점을 두고 노력하자.

과거를 빨리 잊고 새로운 인적 네트워크에 집중하자. 보통 사람들은 과거 회상을 많이 한다. 나는 "어떤 사람이다. 어떤 실적을 냈다."며 지난

업적을 자랑하며 인정받으려 한다. 그러나 이직한 순간 과거는 빨리 잊어야 한다. 과거의 영광보다는 앞날을 생각해야 한다. 내 경험으로 볼 때 경력 사원은 입사 초기에 새로운 인적 네트워킹에 집중하는 사람이 유리하다. 결국 경력 사원의 과거 성과도 동료들과 협업한 결과이다. 이직한 직장에서 앞으로 이룰 성과도 직원들과 협업한 결과일 것이다. 당신이 경력 사원이라면 새로운 인적 네트워킹에 집중하라.

경력 사원은 기업에서 조직의 중요한 구성원이다. 이직을 고민하는 사람은 많지만 그런 과정도 없이 막연히 이직하려는 사람도 많다. 그렇다 보니 막상 이직하고 불만을 호소하는 사람이 늘어가는 추세다. 부디 당신은 심도 있는 고민과 전략적인 계획으로 성공적으로 이직하길 바란다. 경력 사원이 되어 성공적으로 이직하더라도 새로운 조직 환경에는 새로운 맘으로 자리를 잡고 좋은 성과를 갖출 준비를 해야 한다. 회사는 당신의 과거 성과를 가지고 채용했다. 미래의 성과는 이직한 직장에서 발휘해야 하므로 초심으로 돌아가 성공적인 직장 생활을 해야 한다.

직장 생활에서 '보고'는 업무의 시작이자 끝이다. 신입 사원인데 보고를 잘하는 사람은 눈에 띄는 수밖에 없다. '시간과 생각' 대표이신 박소연 저자는 『일 잘하는 사람은 단순하게 말합니다』에서 '일상의 언어와 일의 언어는 다르다.'라며 '상위 0.1%는 언어로 소통하고, 설득하고, 사람을 이끄는 방법을 가진다.'고 했다. 이같이 직장인의 커뮤니케이션 방법인 보고를 살펴보자. 보고를 통해 우리가 하는 직장인의 언어와 제스처를 활용하여 논리적으로 설득할 수 있는 직장인으로 성장해야 한다.

보고의 중요성

남다른 직장인은 보고하는 것에서 차이가 난다. 보고를 잘하는 사람은 인정받을 수밖에 없다. 우선 직장인이 보고해야 할 때는 대부분 상대방을 이해시키는 때다. 나의 타당한 근거를 덧붙여서 주장하고 설득하는 과정이다. 그러므로 직장인으로서 보고는 실무자로서 관철되거나 문제점을 해결하기 위한 커뮤니케이션 수단이다. 보고 중에서도 '중간 보고'는 가장 신경 써야 할 보고이다. '중간 보고'의 형태는 크게 세 가지로 나눠 볼 수 있다. 구두 보고, 문자나 사내 메신저를 이용한 보고, 중간 보고서를 이용한 보고이다.

구두 보고는 신속성을 중점으로 보고해야 한다. 신입 사원의 경우 정확성을 높이려 시기를 놓치는 경우가 많다. 구두 보고는 '최초 보고'로서 정확도보다는 신속성을 갖춰 보고하자. 문자나 사내 메신저를 이용한 보고의 경우 사실을 중심으로 보고해야 한다. 이때는 육하원칙에 따라 보고하도록 한다. 현재까지 파악된 정보를 토대로 사실을 설명해야 한다. 그리고 중간 보고는 문제점을 도출하여 해결 방안에 대해 자신의 의견을 중점으로 보고해야 한다.

실무를 진행하면서 변수가 발생하면 수시로 보고하자. 보통 신입 사원이 실무를 진행하는 경우에 해당한다. 문제가 발생하면 해결하지 못하고 전전긍긍하는 경우가 적지 않다. 해결 방법은 간단하다. 후배가 신입 사원일 때 대안이 없더라도 상급자에게 즉시 발생한 문제에 대해서 보고했다. 현재 그 후배는 회사에서도 인정받는 인재가 되었다. 수시로 보고하는 습관을 신입 사원부터 기르자. 신입 사원이 아직은 해결 방안이 떠오르지 않는 것은 당연하다.

신입 사원 티를 벗으면 수시 보고는 상사와 커뮤니케이션하는 방법으로 활용해야 한다. 상사에게 보고할 때는 간결하고 명확해야 한다. 대한민국의 상사나 실무자 대부분 바쁘게 살고 있다. 서로 바쁜 입장이다. 그러므로 두괄식으로 말하며 결과를 보고하도록 노력하자. 두괄식 보고는 답을 기다리고 있는 상사에게 효과적이며 당신에게도 체계적인 보고가 될 것이다. 보고를 잘한다는 선배들을 보면 결론을 먼저 말하고 그에 대한 근거와 향후 해결 방안을 이야기하는 순으로 보고한다. 당신도 보고의 중요성을 인지하고 노력해야 한다.

보고 시기에 따른 중점 사항

보고를 해야 하는 실무자는 업무를 지시받는 방법에 주의해야 한다. 올바르게 업무를 지시받는 방법은 무엇일까. 첫 번째로 내가 받은 지시 사항에 대해 해야 할 일들을 머릿속으로 그려 봐야 한다. 머릿속에서 이해가 되지 않다면 다시 물어봐야 한다. 지시 사항을 명확하게 이해해야 보고도 올바르게 할 수 있다. 두 번째로는 지시한 상사 입장으로 생각해 보는 것이다. 상사가 무슨 의도로 일을 주는 것인지 고민해야 한다. 실무를 하다 보면 실무자가 의도하지 않은 상황이 발생하는 경우가 많다. 이럴 때는 상사라면 어떻게 할지 예측하고 대응할 수 있어야 한다. 그러므로 상사의 의도를 미리 파악하자. 한결 수월하게 업무를 추진할 수 있다.

보고는 무엇보다 시기와 사실을 보고하는 것이 중요하다. 그중에서 최초 보고는 보고 사항에 따라 향후 계획을 세우는 이정표가 된다. 한때 후배는 태풍으로 인해 회사 시설물이 파손되는 사고를 겪었다. 이때 후배는 밤늦게 태풍으로 인한 피해 사실을 확인했으나 상사에게는 큰 피해는 없다고 보고하고 자가 대기했다. 그러나 새벽 시간에 폭우가 쏟아져 건물 내 누수가 발생하고 시설물 피해가 확대되었다. 만약 후배가 임의로 판단하지 않고 사실에 입각하여 긴급 조치가 필요하다고 보고했더라면 어땠을까? 아마 피해가 없거나 최소화되었을 것이다. 당신도 최초 보고의 중요성을 인지하고 향후 방향성을 고려하여 신속하게 보고해야 한다.

중간 보고를 할 때는 육하원칙을 중점으로 해야 한다. 육하원칙은 사실을 근거로 5W1H으로 보고한다. '언제, 어디서, 누가, 무엇을, 왜, 어떻게 하였는가?'를 의미한다. 예를 들면 상급자에게 "2022년 8월 4일 오후 3시에 당사 회의실에서 A 업체와 A/S 문제를 주제로 A 업체 실무자와 협의하였습니다. 8월 10일까지 어떤 문제를 어떤 방법으로 개선하며 조치하기로 했습니다." 하는 식으로 보고하면 된다. 이처럼 육하원칙을 머릿속으로 생각해 보고 보고 내용을 정리해 보자. 중간 보고가 쉬워지며 체계적으로 보고할 수 있게 된다.

최종 보고는 해결 방안을 중점으로 한다. 최종 보고에 대해서는 사실 관계를 떠나 향후 계획이나 해결 방안을 중점적으로 설명한다. 앞서 중간 보고와 같이 A/S 부분을 육하원칙에 따라 8월 10일까지 처리하기로 했다. 그러나 최종 보고 때에는 A/S를 8월 10일까지 마무리했다고 하기보다는 "A/S를 받아 보니 무슨 문제로 인한 고장이었다."라는 것과 "향후 재발 방지에 대한 계획으로 부품을 변경했다."며 구체적으로 설명하여 보고하자. 습관적으로 자신만의 복안을 세워 말하면 보고가 한결 쉬워질 것이다.

보고하는 방법, 노하우

신입 사원들이 어려워하는 보고하는 방법에 대해서 나의 노하우를 몇 가지 공유하고자 한다. 가장 많이 하는 실수가 두서가 없거나 서론에서 사실 상황을 장황하게 설명하는 경우가 신입 사원들이 가장 많이 하는 실수이다. 이를 보완하기 위해서는 보고할 때는 핵심을 간결하게 보고하자. 결론은 항상 앞에 대안은 뒤에 말하자. 결론은 항상 앞에 두고 설명하며 1~2문장으로 압축하여 설명하자. 그리고 대안은 뒤에 덧붙여서 설명하는 습관을 갖자.

주장에 대한 근거는 꼭 준비하자. 근거가 없이 주장만 설명하는 사원들이 많다. 무턱대고 "그럴 것 같아서."라며 내 생각을 반영한 추측성 보고는 금물이다. 상사가 들었을 때 보고자가 생각이 없고 책임감이 없다는 인상을 줄 수 있다. 되도록 전문가의 의견, 다른 사람들의 의견, 유사 사례, 데이터를 기반으로 설명하는 습관을 가져야 한다. 예를 들어 "A/S를 8월 10일까지 완료하였는데 A 업체 전문가의 의견으로는 부품의 어떤 문제로 교체하였으며 완벽히 조치했고 향후 재발 방지를 위해서 교체된 부품은 1년간의 보증을 받을 예정이다."는 식으로 설명하자. 처음에는 어려울 수 있으나 근거를 들고 내 생각이나 대안을 접목하여 설명하는 습관을 들이면 보고가 쉬워진다.

보고할 때는 해결 방안과 앞으로 예상되는 상황을 검토해서 말하는 습관을 갖도록 하자. 이는 자신의 의견을 어필하는 습관이다. 직장 생활은 문제를 해결하는 과정이다. 보고는 문제를 해결하는 과정에서 논리적인 생각을 공유하는 방식이다. "이렇다더라, 이랬으면 좋겠다."는 식으로 일상생활에서나 나누는 말보다는 실증적인 사례, 데이터, 전문가 또는 집단의 의견을 토대로 향후 예상되는 상황을 설명하는 습관을 갖자. 덧붙여 근거는 사례나 데이터, 타인의 의견이더라도 향후 전망을 할 때는 개인의 생각을 어필하도록 하자.

우선 상급자의 의견을 듣고 검토 후에 대응하자. 최초 보고나 중간 보고를 하다 보면 상사가 피드백을 주는 경우가 있다. 피드백이 있을 때는 관련된 사항을 검토하여 현재 과정에서 수정하거나 보완해야 한다. 시기적절한 피드백을 통해 당신이 하는 일에 대해서 상급자가 원하는 올바른 방향성을 일치시킬 수 있다. 보고할 때는 최초, 중간, 최종 보고가 있다. 상급자의 의견을 듣고 실무를 진행하는 과정에서도 수시로 보고하고 질의해야 한다. 피드백을 받아 가며 최종 업무가 마무리될 때까지 반복해야 한다.

보고는 직장인에게 있어 살아 있는 소통 채널이다. 특히 직장인은 상사를 대상으로 수시로 소통해야 한다. 신입 사원의 입장에서는 보고를 할 때 있는 그대로 사실에 초점을 맞추도록 해야 한다. 그래야 상사도 원하는 정보를 빠르고 정확하게 전달하는 당신을 신뢰하게 될 것이다. 신입 사원으로 수시로 보고하는 연습을 통해 갖춰야 한다. 당신이 보고할 때 실무자로서 이해하지 못하는 이야기는 상사도 이해할 수 없다. 내가 먼저 충분히 이해해야 상사도 이해시킬 수 있다는 생각으로 공부하며 보고하는 습관을 갖도록 노력하자.

17.
보고서에는
Why와 How to가 있어야 한다

보고서는 직장인을 대변하는 도구이다. 2018년 출간된『보고서의 법칙』의 저자 비즈니스 라이팅 전문 강사 백승권 작가는 그의 저서에서 '보고서의 중요성과 잘 작성된 보고서와 잘못 작성된 보고서'를 언급한다. 이처럼 보고서는 직장인에게 중요한 사항이다. 처음 직장 생활에서 보고서는 보고와 더불어 중요한 능력이 요구되는 임무다. 지금부터는 직장 생활을 성공적으로 하기 위해 숙지해야 하는 보고서 특성, 작성 방법과 유의사항을 설명하고자 한다. 프로 직장인이 되기 위해 반드시 알아야 할 보고서를 살펴보자.

보고서의 목적과 이해

회사에서 보고서를 작성하는 목적이 있다. 보고서는 문서로 소통하는 과정이다. 직장인은 보고서를 통해 의사 결정, 문제 해결, 소통한다. 첫 번째로는 보고서를 통해 의사 결정권자와 의사 결정을 한다. 의사 결정을 위해서는 의사 결정권자가 이해되도록 작성해야 한다. 그러므로 전문적인 용어더라도 쉽게 이해할 수 있게 작성하거나 보고할 때 설명이 편하도록 작성되어야 한다. 보고서는 회사에 당신의 기술이나 지식의 서비스를 문서로 제공하는 형태이기에 의사 결정권자가 쉽게 이해되도록 작성하자.

두 번째로 보고서는 문제 해결을 위한 해결책을 제시해야 한다. 문제 해결을 위해서는 문제점이 명확해야 한다. 성공한 직장인은 문제점을 올바르게 바라본다. 대기업에서 20년간 기획을 담당한 지인의 이야기이다. 성공적인 기획력은 문제점을 파악하는 것부터 시작한다고 한다. 문제점을 파악하는 방법으로는 일에 대한 이해를 높이도록 실력을 쌓고 일에 대한 본질에 대해서 분석력을 갖춰야 한다. 마지막으로 경험이 쌓여야 한다. 이렇게 쌓인 능력을 통해 당신은 문제점 파악과 해결 방안을 도출할 수 있는 직원이 된다. 비록 신입 사원으로써 지금은 부족하더라도 틈틈이 실력을 쌓아 보자.

세 번째로는 소통의 목적이다. 보고서는 문서를 이용한 의사 결정권자와 소통하는 수단이다. 회사에서 의사 결정은 하루에도 수시로 결정하게 된다. 의사 결정을 위한 문서를 통한 간결하고 논리적인 접근 방식이 중요하다. 잘못된 보고서에는 주장만 있고 근거가 부족하거나 없기도 하다. 보고서 서론에 지향했던 목표가 마지막에는 무엇인지 흐려지는 경우, 구체적인 실행 계획이 없는 경우도 해당된다. 직장인의 언어로서 소통을 위한 보고서는 의사 결정권자와의 목표가 뚜렷한 주장과 근거 그리고 구체적인 실행 계획이 필요하다.

신입 사원은 회사에서 보고할 때 공용하는 정식 양식지를 살펴보아야 한다. 선배들이 기존에 작성했던 문서들을 살펴보고 그동안 어떤 형태로 의사 결정권자와 소통하고 문제를 해결해 왔는지 살펴보자. 당신이 직장 생활에서 성공하기 위해 가장 쉽고 빠르게 이해할 수 있는 방법이다. 보고서의 목적과 이해를 명확히 정의할 줄 아는 사람은 직장 생활에서 한 걸음 빨리 적응할 수 있다. 이 점을 명심하고 지금 당장 선배들이 작성한 문서들을 살펴보라. 거기에서 회사의 고민과 선배들이 해결했던 방식을 알 수 있다.

신입 사원의 착각

내가 신입 사원 시절에 보고서를 작성하면서 실수했던 경험을 토대로 올바른 방법을 제안해 보겠다. 첫 번째는 보고서를 잡고 끙끙 앓으면서 아까운 시간만 보냈다. 신입 사원 때 보고서를 작성하는데 현황, 문제점, 해결 방안을 마련해야 하는 것을 잘 몰랐다. 시간만 흐를 뿐 혼자서 끙끙 앓고 고민했다. 나중에는 선배들의 도움을 받아 보고서를 완성했다. 당신도 보고서 작성이 익숙하지 않거나 어려운 사항에 대해서는 적극적으로 선배를 찾아가 해결하자. 그게 빠르고 정확하다.

내가 편한 양식을 만들지 말고 제대로 컨닝하자. 나는 보고서를 내가 이해하기 쉬운 서식에 맞춰 작성했다. 그러나 의사 결정권자가 이해하기 쉽게 만드는 것이 직장인의 보고서다. 자신이 실무자라고 해서 임의로 만들어 작성하면 시간과 노력이 허비될 수 있다. 보고서 작성이 서툴다면 선배들이 그동안 작성한 문서를 살펴보자. 전자 결재 문서와 종이에 작성한 문서들이 모두 해당한다. 그동안 선배들이 작성한 문서는 의사 결정권자들과 소통한 결과이자 해결 방식인 것이다. 선배들이 작성했던 문서를 보며 빠르게 자신의 것으로 만들자.

OA를 공부하자. 나도 MZ세대이다. 그래서 OA에 대해서 어느 정도 이해력이 있다고 자신했다. 실무하면서도 OA에 대한 중요성을 잘 인지하지 못했다. 차츰 보고서 난도가 올라갈수록 OA가 중요함을 느꼈다. 당신은 평소에 파워포인트, 엑셀, 워드를 비롯해 가능하다면 어도비도 익혀두자. 당신의 레벨이 상승할 때 OA는 또 하나의 능력이 되며 보고서를 능수능란하게 만들 수 있는 자신만의 기술이 된다. 요즘은 국가에서 지원하는 OA 프로그램이나 사내에서 지원하는 제도가 있으니 충분히 고려하여 학습해 나가자.

신입 사원에게 완벽한 보고서는 없다. 이는 상급자가 존재하는 이유다. 회사의 후배들이 가장 많이 착각하고 있는 것이 완벽한 보고서를 만들면 인정받을 거라고 생각하는 것이다. 자신의 능력을 보여 주기 위해 보고서 하나를 만드는 데 많은 시간을 쏟고, 100%의 품질을 생각한다. 그러나 대리나 사원일 때는 의사 결정권자가 바라보는 100% 품질이 보장된 보고서가 나오기 어렵다. 그러므로 당신이 대리, 사원이라면 빠르게 보고서를 작성하고 상사에게 확인을 받아 수정하는 형태로 보고서 작성 전략을 취하자. 상사가 있는 이유는 당신이 하는 일을 조정하고 코칭해 주기 위해서다. 자신이 작성한 보고서에 대한 지적과 수정하는 것에 대해 두려워하지 말자.

신입 사원 보고서 작성법

한눈에 보이는 보고서를 만들려고 노력하자. 보고서를 작성할 때는 실행하는 내용에 대해서 작성해야 한다. 예를 들어 문제에 대해서 어떤 복안으로 해결할 수 있을지 How to가 있어야 하며, Why를 물음으로 그 방안에 대한 근거를 한눈에 보이도록 제시해야 한다. 의사 결정권자가 객관적인 시각을 가지고 결정을 할 수 있다. 예를 들어 간단한 구입 품의서를 작성한다고 하자. A 제품과 B 제품에 대해서 가격, 디자인, 기능, 공급 시기 등을 고려하여 작성하여 쉽게 판단할 수 있는 객관적인 자료와 실무자의 의견을 작성해야 한다. 무턱대고 A 제품 스펙과 B 제품 스펙만 나열하는 것보다 결정하기가 쉽기 때문이다.

상사가 왜 보고를 요구하는지 의도를 파악하자. 보고서의 목적은 상사와 소통하기 위한 것이다. 그러므로 상사가 처음 보고서 작성을 지시할 때 명확히 목적을 이해해야 한다. 당신이 목적을 정확히 이해하지 못했다면 다시금 물어보고 상급자의 Why, How to, Goal이 무엇인지 알아야 한다. 그러지 않으면 목적지를 모르고 대중교통에 탑승하는 것과 같다. 목적지에 어떻게, 언제까지 가야 하는지 알고 출발해야 한다. 그래야 시행착오도 줄고 정확하게 목적지에 도달할 수 있다.

자신의 주장에 대해 적절한 자료를 수집하자. 자료는 지인이나 전문가 의견, 인터넷, 논문, 기타 보고서를 인용하여 자신의 주장에 대한 근거로 활용하자. 보통의 경우 '그냥 이럴 것 같아서'식으로 주장에 근거가 빈약하면 의사 결정권자에게 믿음을 주지 못한다. 당신은 고민해야 한다. 자료를 어디서 가져올지 고민하자. 자료를 차용하는 것도 큰 능력이다. 요즘처럼 확인되지 않는 정보가 많은 시대에 정확한 정보를 판별해서 사용하는 것은 중요하다.

보고서의 처음과 끝에는 실현 가능한 접근법과 문제 해결책을 제시하자. 보고서를 작성할 때는 문제를 해결하는 방법이 실현이 가능한 계획을 제시해야 한다. 허무맹랑한 계획은 애써 정성껏 만들었더라도 잘못된 보고서가 된다. 그러므로 현재 상황 → 문제점 도출 → 문제 해결 방안 → 실행 계획순으로 고민하고 작성해야 한다. 물론 신입 사원이라도 간단한 제품 구입이나 현황 보고서를 작성하는 건 문제없겠지만 난이도가 높아질수록 보고서를 작성하는 순서이니 유념해서 활용해 보자.

보고서는 내가 신입 사원 시절에 가장 잘하고 싶은 능력이었다. 직장인 대부분 보고서로 소통하는 비중이 컸기 때문이다. 어느 회사에서는 한 쪽짜리 보고서나 전자 결재 활성화 등 다양한 형태로 보고서가 축약하여 핵심적으로 간결하게 작성하도록 변화하고 있다. 그런 의미에서 보고서에 대해 정확한 목적과 핵심을 다룰 수 있는 능력을 배양해야 한다. 최근에 OA 교육이나 보고서 작성 실무 교육이 온오프라인으로 많이 있다. 시간을 내서 보고서 작성법을 익혀 보자.

18.
문서는 정확히 작성하고
꼼꼼하게 관리해야 한다

꼼꼼하게 문서를 작성하고 철저하게 관리하는 습관은 직장 생활 기본기이다. 2015년 시장조사 전문 기업인 마크로밀엠브레인이 직장인 578명을 대상으로 실시한 설문 조사에서 응답자의 77.7%는 "글쓰기 능력이 성공과 상관관계가 있다."고 답했다. 응답자 중 88.4%가 "보고서와 문서 작성에서 스트레스를 받은 적이 있다."고 했다. 이처럼 문서 작성에 많은 직장인이 중요성을 인지하고 있다. 이번에는 문서 작성뿐만 아니라 문서를 체계적으로 관리하는 방법을 말해 보고자 한다.

올바른 문서 작성법

제목에서 목적과 설명이 잘 나타나도록 고민하며 문서 작성을 해야 한다. 나는 신입 사원 시절에 문서 작성할 때 "어떻게 쉽고 간결하게 작성하지?"라며 항상 고민했다. 고민 끝에 내린 결론은 제목에 그 문서의 목적을 나타내야 한다는 것이었다. 제목만 봐도 문서의 내용을 예상할 수 있도록 해야 한다. 또한 본문의 내용도 상대방이 쉽게 이해하도록 작성해야 한다. 쉽게 이해하기 위해서는 쉽게 읽을 수 있는 글의 형식을 갖춰야 한다. 문장의 길이는 2줄 이상을 벗어나지 않게 하고 보고서에는 형용사구와 부사구는 최대한 삼가하여 작성하자.

대문이 되는 제목과 소제목 글자 크기, 색 선택, 굵기 선택에도 유념하여 작성하자. 주제와 소제목은 글자 크기를 달리 적용해야 한다. 대문 제목는 13pt 내외, 소제목은 11~12pt, 본론은 10~11pt 크기로 각각 다르게 작성하여 상대방이 쉽게 읽을 수 있도록 한다. 색상은 중요한 숫자나 강조할 단어를 빨강이나 파랑으로 강조한다. 주의할 점은 너무나 많은 색상을 이용하면 오히려 강조할 사항이 안 보일 수 있다. 마지막으로 굵기 선택은 핵심 문장을 강조해야 할 때 사용하자. 단, 문단마다 사용하는 것은 보고서가 중요성을 강조하는 데 어려움이 생기므로 지양하자.

출처가 있는 자료는 출처를 반드시 나타내야 한다. 그래야 내 문서에 힘이 생긴다. 또한, 문서를 작성하다 보면 인터넷 검색, 논문, 서적 등에서 찾게 된다. 이때 내가 작성한 문서에 출처를 표시하지 않는다면 저작권 문제를 비롯한 작성된 문서의 신뢰도가 훼손될 수 있다. 찾은 자료에 대한 전문가의 의견이나 데이터의 출처를 명확히 하여 내가 작성하는 문서에 신뢰도를 높여야 한다. 이는 내가 앞으로 생산할 모든 문서가 해당하므로 꼭 신경을 쓰도록 하자.

문서를 출력해서 오탈자 확인을 해야 한다. 가장 기본적으로는 PC 화면에서 자신이 작성한 처음부터 끝까지 문서를 확인하는 습관이다. 경험상 PC 화면으로 검토해도 오탈자가 나타났다. 직접 출력해서 다시 읽어보면 다시 한번 확인할 수 있다. 오탈자나 기본적인 문서 작성법을 지키지 않는다면 문서도, 그것을 작성한 나에 대한 신뢰도가 떨어진다. 이를 위해서 문서작성 후 오탈자 등 수정 사항이 필요한 경우에는 출력하여 다시 확인하는 습관을 갖도록 하자.

문서 관리법

한 선배의 경험담을 들어 문서 관리가 왜 중요한지 설명하고자 한다. 회사에는 수많은 문서가 등기, 택배, 행랑 등 다양한 형태로 수발신을 한다. 당시 법원으로부터 법적 기한을 통보받은 문서가 있었으나 선배는 제대로 보관하지 못하였다. 이후 그 선배는 법적 다툼에서 문제가 발생하여 곤혹을 치렀다. 이처럼 법적인 사항이 아니더라도 모든 문서는 직장인이라면 잘 관리하도록 해야 한다. 개인 업무 수행 능력 중에 기본이니, 신뢰를 깎아내리는 실수를 하지 않도록 노력하자.

컴퓨터에 저장한 문서도 관리가 필요하다. 나는 우선 문서를 생산 연도별로 나눈다. 나중에 문서 보관 연도에 따라 종이 문서도 폐기하기 때문에 전자 문서도 관리를 해야 한다. 연도를 나눈 폴더는 다시 업무 분장표와 자신의 업무로 구분되는 문서 분류표를 보면서 폴더별로 만들어 본다. 그렇게 되면 종이 문서에 저장될 문서와 PC 파일로 저장할 문서가 겹

친다. 이렇게 관리를 하다 보면 PC 파일 문서, 종이 문서 그리고 연도별로 체계적으로 관리해 볼 수 있다. 추가로 업무가 마무리되면 PC 파일은 최종 생산된 문서만 보관하며, 중간 수정본은 삭제하는 것도 중요한 방법이다.

종이 문서를 관리하는 방법은 앞서 PC 파일 관리 방법과 유사하다. 다만 나는 종이 문서 중에서 극비문서나 대외비 문서는 따로 관리했다. 그리고 경험에 의하면 중요하거나 없어지면 곤란한 대외 공문 등은 스캔하여 PC 파일로도 복사본을 보관하였다. 당신도 종이 문서에 대해서는 문서 분류표에 따라 유지하며 중요 문서는 복사본을 PC 파일로 저장하는 습관을 갖도록 하자.

올바른 문서 폐기 방법은 당일 퇴근 시간 10분 전에는 자신의 책상을 정리하는 습관을 갖자. 폐기 시간도 이때 정리하면서 진행하자. 매일 하지 않는다면 문서는 쌓이게 되고 더 많은 시간을 할애하면서 처리해야 한다. 최근에는 개인정보, 회사 중요정보 취급에 관한 보안 정책이 강화되고 있다. 또한 이에 RISK가 확대되는 만큼 각 회사에서도 신경을 쓰고 있는 만큼 문서를 폐기할 때는 한 장씩 살펴보면서 진짜 폐기해야 하는지 살펴보며 폐기하도록 하자.

이메일 작성과 관리법

다음은 이메일을 작성하는 요령을 이야기해 보겠다. 직장인이라면 하루에도 수십 통 많게는 수백 통의 이메일을 받거나 보낸다. 그만큼 이메일은 직장인에게 필수적인 요소가 되었다. 이메일 작성의 핵심은 제목을 짧게 명사 위주로 한다는 것이다. 왜냐하면 수신받은 사람도 하루에 많은 양의 이메일을 수신하게 된다. 이때 바쁜 사람이 이메일 제목만 보고도 내용을 유추할 수 있도록 간결하게 작성되어야 한다. 또한 이메일을 열어 보았을 때 쉽게 이해할 수 있도록 육하원칙을 기준으로 작성해 보자.

이메일에도 사적 용도와 공적 용도를 구분하자. 공사 구분 없이 이메일 주소를 활용하면 개인이 주문한 물품 배송이나 결제 이력 등도 업무 시간에 살펴보게 된다. 공적인 업무 시간에는 업무에 집중해야 프로이다. 프로가 될 당신도 사적인 용도의 이메일은 따로 만들어 쉬는 시간, 점심시간 등에 사용하자. 그게 아니라면 업무용으로만 이메일을 활용하여 사용하자. 그래야 광고, 스팸 메일, 개인적으로 구매한 배송일이나 결제 내역들로 인해서 업무 시간에 방해받지 않고 집중할 수 있다.

폴더를 세부적으로 구분하여 보관하자. 위에서 언급했듯이 연도별로 문서 분류 목록과 같이 구분을 지어 관리하자. 또한 어떤 파일이 수정되거나 초안본이 따로 있는 경우가 많다. 그런 경우를 대비하여 나는 '문서 제목(rev. 1_23.01.01)'순으로 표시를 한다. 이는 '23년 1월 1일 첫 번째 수정본'이라는 뜻이다. 언제 보더라도 내가 이해할 수 있도록 통일된 기준을 수립하여 관리하자. 그리고 현재 사용하는 PC의 고장을 대비하여 하드디스크에만 관리하지 말고 외장하드나 서버가 있는 회사의 경우 문서를 서버에도 복사하여 관리하자.

문서 작성과 문서 관리법은 직장인으로서 기본으로 갖춰야 하는 능력이다. 그러나 문서를 잘못 작성하거나 문서 관리를 잘못하여 낭패를 보는 경우가 많다. 많은 사람이 애초에 문서 작성을 잘못하여 엉뚱한 방향으로 업무가 진행되어 고생만 하고 헛수고로 끝나는 경우가 많다. 또한 문서 관리를 잘못하여 법적 기한을 초과하여 행정 처분을 받은 경우도 보았다. 경험상 법적 기한을 놓쳐 행정 처분을 받게 된다면 제아무리 좋은 이미지를 갖고 있던 실무자라도 평소 관리를 못 하는 사람으로 낙인될 수 있다.

19.
장기적인 관점을 가지고
전략적으로 생각하고 행동하자

섀너제이 주립대학 교수인 스튜어트 웰스 저자는 『Choosing The Future 전략적 사고』에서 '전략적인 사고와 행동은 불확실성이 커지는 시대에 대처할 수 있는 능력이 된다.'고 했다. 스튜어트 교수는 '문제 해결 능력을 향상시키는 사고가 향후 미래를 선택하고 오늘의 방향을 제시한다.'고 주장한다. 오늘날 우리는 불확실성이 커지고 평생 직장이 없어진 시대에 살고 있다. 그러므로 직장 생활을 하면서 전략적으로 생각하고 행동하자. 대리나 사원일 때부터 전략적으로 생각하는 것의 중요성을 인식하고 기초적인 것부터 활용해 보자.

전략적 사고의 중요성

전략적 사고는 업무에 대한 문제 설정부터 시작된다. 와세다대 비즈니스 스쿨 객원교수인 히라이 다카시 저자는 『1등의 전략』에서 '최적의 답은 최적의 문제 설정에서 나오며 스스로 문제를 설정하고 답을 찾아내는 작업'이라고 언급한다. 우리가 평소 하는 일에 대해서 문제 의식이 없다면 전략적인 사고를 하기 어려워진다. 당신이 하는 일에 대해서 다시 한번 살펴보자. 근본적인 문제점을 발견하고 어떻게 문제를 해결할 것인가를 고민해 보자. 거기서부터 전략적인 사고가 시작될 것이다.

문제 해결을 하기 위해서는 자원에 관한 선택과 집중이 필요하다. 조직이나 개인에게도 자원은 유한하다. 일례로 A 설비를 수리할 때 필요한 1번 부품은 100만 원이 들지만 내구성이 떨어지고, 2번 부품은 200만 원이 들지만 내구성이 상대적으로 좋다고 하자. 분명한 건 모범 답안이 될 만한 선택은 없다는 것이다. 왜냐하면 때와 상황에 따라 자원이 유한한 정도가 다르기 때문이다. 당신도 매일 실무를 하면서 문제 해결을 하기 위해 무엇에 집중하고 선택해야 하는지 고민한다. 이제부터 선택할 때는 반드시 유한한 자원을 고려해 보자.

실무자로서 이상적인 모습은 전략적인 사고를 갖도록 노력하는 모습이다. '전략'이라고 하면 어려워 보이고 '전략 부서'가 해야 하는 일로 생각하기 쉽다. 그렇지 않다. 한 후배가 인간관계에서 어려움을 느낄 때 전략을 세웠다. 바로 인사였다. 선배들에게 눈을 마주치며 큰 목소리로 인사했다. 점차 인간관계가 개선되었고 지금까지도 선배들과 회사에서 적응하며 잘 지내고 있다. 이처럼 작은 행동도 인간관계의 어려움이라는 문제 의식을 통해 전략을 세우면 해결할 수 있다. 당신도 사소한 일이더라도 문제 의식을 갖춰 전략적으로 사고하는 법을 생활화하자.

개개인의 전략적 사고가 기업의 전략적 사고를 만든다. 조직의 성장은 개개인이 만든다. 개개인이 전략적 사고로 업무에 임해야 한다. 기업이라는 조직에서는 개인의 전략적 사고가 모여 기업의 전략을 끌어낸다. 기업이 전략적 사고를 하게 되면 조직이 성장하고 자신에게 새로운 기회가 될 수 있다. 기업이라는 조직은 살아 움직인다. 우리에게는 기업은 성장할 수 있는 무대이다. 개개인의 전략적 사고를 높이고 그것이 자신의 무대가 되는 기업과 자신이 성장하는 발판이 된다는 점을 명심하도록 하다.

전략적 사고자 바로 알기

전략도 성과가 뒷받침되어야 한다. 성과는 문제점을 발견하고 문제 해결을 하는 과정에서 이루어진 아웃풋이다. 직장은 문제 해결을 상시로 하는 집단이다. 문제 해결의 결과는 성과이기에 전략적인 자세가 뒷받침되어야 한다. (전략적 사고) → 문제점 도출 → (전략적 사고) → 문제 해결 → (전략적 사고) → 성과라는 프로세스로 이루어진다. 프로세스를 보면 전략적 사고는 문제점 도출부터 성과라는 아웃풋까지 순간마다 필요한 사고력이다. 당신도 업무의 성과를 내기 위해 전략적 사고자의 특성을 이해하자.

전략적 사고자는 자신의 주관이 뚜렷하다. 대기업에서 20여 년 마케팅, 영업전문가로 활동한 송창현 저자의『직장 내공』에서 전략이 있는 사람은 '생각과 주관이 뚜렷한 경우가 많다. 그래서 배울 점이 많다. 그들이 하는 사고는 경험과 지식, 그리고 감성적인 것의 총합으로 항상 정답일

순 없지만 대개 맞아떨어지고 그렇지 않더라도 큰 손해가 없다.'고 언급한다. 전략적 사고자는 평소의 일을 문제점을 지적하며 고민하는 습관을 가지고 있다. 당신도 주변에 전략적 사고를 가진 선배가 있다면 가까이에서 그들의 생각과 행동을 배워야 한다.

전략적 사고의 기본은 장기적인 안목으로 보는 것이다. 군 장교 시절과 현재 직장 생활을 돌아볼 때 길게 보지 않고 바로 앞날만 바라보며 사는 이가 많다. 처음에는 이익이 될지 모르나 훗날 큰 손해를 보는 일이 많다. 대표적으로 동료가 협조 요청하는데 귀찮다는 이유로 도와주지 않는다면 훗날 나에게도 똑같이 돌아온다. 분명한 건 그 동료만 내 행동을 보고 넘어가는 것이 아니라 조직 전체가 판단하고 있다는 점이다. 이후 승진이나 평가에서도 불이익을 받을 확률이 높다. 부디 전략적 사고를 세울 때는 장기적으로 조직이나 개인에게 어떤 영향이 있을지 고민해 보는 습관을 갖도록 하자.

전략적 사고를 하는 선배를 벤치마킹하자. 전략적 사고라 하면 뜬구름 잡는 것 같고 어떻게 해야 할지 모르는 경우가 많다. 전략적 사고가 어려울 때는 벤치마킹을 해 볼 필요가 있다. 장기적인 관점에서 문제를 해결하며 성과를 내는 사람은 누구일까. 그리고 조직에서 인정받아 검증된 사람은 누구일까. 그 사람은 바로 당신의 임원이나 팀장이다. 어느 회사라도 팀장이 근속했다는 이유로 직책을 선임하지는 않는다. 보편적으로 회사는 리더 후보군을 대상으로 지식과 기술을 통해 전략적 사고를 하는지 판단한다. 대리나 사원인 당신은 상급자를 보며 행동하라. 그것이 가장 빠르게 전략적 사고를 습득할 수 있는 방법이다.

전략적 사고 활용하기

평소 전략적 사고를 활용하는 방법 중에서 근본적인 문제를 파악하고 해결하기 위한 질문을 던져 보자. 근본적인 문제가 무엇인지 고민하고 구체적으로 어떻게 할지 정리하는 과정이 필요하다. 예를 들어 사무실 프린트가 작동하지 않는다고 해 보자. 프린트 잉크, 기능의 문제인지, PC와의 네트워크 문제인지 우리는 증상을 보며 근본적인 원인을 찾아 해결한다. 프린트 잉크가 없다면 채우면 되고 인터넷이 연결이 문제라면 통신을 점검하여 문제를 해결하기 때문이다. 당신도 맡은 업무에서 무엇이 문제인지 고민해 보고 해결하려는 노력을 기울이자.

의사 결정권자가 궁금한 것이 무엇인지 고민해 보자. 대리나 사원들이 흔히 하는 실수가 자기 중심적으로 의사 결정을 한다는 것이다. 회사는 내가 아닌 별개의 의사 결정권자를 두고 조직적으로 운영된다. 당신이 대리나 사원이라면 반드시 의사 결정권자가 갖는 의문에 대해 그리고 문제를 해결할 방안에 대해 의사 결정할 수 있도록 전략적인 접근을 통해 안(案)을 도출해야 한다. 결국 의사 결정권자를 이해시키고 설득하는 과정으로 전략적인 사고로 의사 결정권자와 관점을 갖고 임해야 한다.

해결 방안을 구체적으로 수립해야 한다. 나도 신입 사원 시절에 실수한 경험이 있다. A 프로그램을 직원들의 가족들을 대상으로 운영할 때였다. 당시 직원들의 가족을 초청하여 판문점을 방문할 예정이었다. 판문점은 국정원 등 정보기관에서 사전 승인이 필요했다. 그러나 나는 사전 승인을 허락받지 못하여 준비했던 행사가 취소 위기에 놓였다. 고민 끝에 유사한 장소로 제3땅굴이나 전망대를 둘러보는 것으로 대체해서 진행했다. 이같이 계획을 실제로 진행하다 보면 문제가 발생하기도 하고 급하게 대안을 마련하여 소기의 성과를 달성하도록 노력해야 한다.

전략적 사고라고 해서 막연할 것이다. 상대적으로 손쉬운 실천 방법으로 사소한 업무부터 연습해 보자. 예를 들어 문서를 문서고에 보관한다고 하자. 자신이 취급하는 문서들이 여러 종류가 있겠지만 향후 자주 사용할지, 또 다른 업무에 활용할 수 있는 자료일지를 보며 표시를 해 둔다면 어떨까. 수많은 자료 중에서 쉽게 찾을 수 있다. 단순히 문서를 정리하고 보관하는 개념이 아니라 전략적 사고에서 비롯하여 장기적인 관점을 가지고 보관하는 사람이 된다. 전략적으로 생각하는 방법은 가까이에서 찾을 수 있다. 그러므로 항상 문제를 해결하는 방법을 고민하자.

전략적인 사고와 행동은 쉽게 나오지 않는다. 많은 고민과 생각을 통해 행동으로 나오게 된다. 부디 '전략'이라는 단어가 어렵게 느껴진다고 해서 특별한 사람만이 가능한 일이 아니라는 점을 명심하자. 그러므로 당신은 성공적인 직장 생활을 하기 위해서 평소 사소한 일이라도 고민과 생각을 통해 문제 해결을 하도록 노력하자. 당장 지금부터라도 당신이 하는 일을 보며 문제 의식을 갖고 고민해 보자. 문제점과 답은 당신에게 있음을 명심하자.

삼성SDI에서 근무 중인 장현석 사원이 '장가이버'로 '제안왕'에 선정된 기사를 본 적이 있다. 그는 입사 이래 10년 동안 개선 사항을 1,000여 건이나 제안했다. 한 해에 110건을 제안한 것인데, 그로 인한 개선 효과가 17억에 달한다고 한다. 그는 개선을 열심히 하는 이유가 "불편하게 일하면 모두가 스트레스를 받기 때문"이라고 했다. 개선은 직장 생활에서 직장인으로서 숙명적인 과제이다. 첫술에 배부르는 새로운 것을 만드는 혁명이 아닌 개선을 통해 나가려는 것이 중요하다. 대리와 사원이 가져야할 자세이다.

개선의 자세가 중요한 이유

일에 임하는 자세의 중요성과 필요성에 대해서 애경그룹 최초 여성 임원 출신으로 화제에 오른 유세미 작가는 저서 『오늘도 출근하는 김대리에게』에서 '회사에서 부서 발령을 받은 신입 사원을 예로 들어 보면, 어떤 부서로 발령을 받았든 중요하지 않다. 제일 중요한 것은 새로 발령받은 그 부서의 아주 사소하고 작은 일에도 관심을 가지고 끊임없이 연구하는 자세를 기본으로 갖춰야 한다는 점이다.'라고 언급한다. 일을 대하는 자세부터 다르다면 개선은 어려운 과제가 아닐 것이다. 당신이 어느 부서, 어느 담당이건 중요하지 않다. 당신의 마음가짐부터 작은 것에 대한 개선할 의지가 중요하다.

내 일 중에서도 사소한 일에 관심을 가져야 한다. 유세미 작가는 저서 『오늘도 출근하는 김대리에게』에서 구글의 한 임원의 이야기를 소개한다. 구글의 임원은 "남들이 가기 싫어하는 전산실에서 그는 복사하는 일도 성실하게 최선을 다했다. 남들이 모두 맡고 싶어 하는 미국이나 유럽 지사가 아닌 이스라엘 지사를 맡게 되어 신입 사원이지만 비중 있는 역할을 빨리 경험할 수 있었다."고 말했다. 이 사례에서 보듯이 내 일을 어떻게 대하느냐에 따라 직장 생활의 성패가 나뉜다. 사소한 일도 개선하려는 의지를 가지고 임해 보자.

모두 그리고 나를 위해 개선을 고민해 보자. 조직 차원에서 접근하는 것보다는 대리, 사원이라면 우선 자신의 업무를 중심으로 개선하려고 고민해야 한다. 앞서 언급한 구글의 임원 사례처럼 자신의 업무를 되돌아보고 사소한 일이지만 불필요하거나 개선이 필요한 것부터 시작하자. 그래야 훗날 큰 개선을 할 수 있다. 인생에 한 방보다 차곡차곡 쌓는 마일리지를 만드는 자세가 중요하다. 작은 개선의 시작으로 자신의 업무를 명확하게 무엇을 해야 하는지 고민해 보고 목표를 그려 보자.

아웃풋도 중요하다 업무 개선에 대해 정량적으로 효과 분석을 고민하자. 무조건 개선이 좋다는 식으로 접근하는 것은 지양해야 한다. 회사는 성과 창출이라는 아웃풋이 있어야 한다. 그러므로 업무 개선을 계획하는 단계에서는 정량적인 평가를 통해 효과를 분석해야 한다. 예를 들면 A사의 테이프 1천 원짜리를 하루 10개를 사용한다. 이를 개선하기 위해 B사 테이프 5백 원짜리로 똑같이 사용했다고 하자. 개선 금액은 하루 5천 원이 된다. 되도록 정량적인 평가 지표로서 개선 효과를 산출하는 습관을 가져야 한다.

업무 개선 접근 방식

자신의 업무 시간은 부가가치를 만드는 시간이다. 단순한 업무 처리가 필요한 할애된 시간이 아니다. 그러므로 자신의 성과를 만드는 시간이 근무 시간이다. 투입되는 자원과 대비하여 얻은 성과를 생산성이며 부가가치라고 할 수 있다. 똑같은 8시간을 근무하더라도 개인마다 성과가 다르며 부가가치가 다르다. 성공적인 직장인이 되려면 성과에 대한 이해가 필요하다. 성공해야 하는 당신에게 부가가치가 있는 일에 집중할 수 있도록 절대적인 시간을 마련해야 한다.

업무 시간 개선 방안이 중요하다. 이는 중요한 일에 집중할 수 있는 시간을 만들어야 한다. 자신이 하는 8시간 중에서 적어도 1~2시간은 확보해야 한다. 이때에는 회의나 다른 업무에 신경을 쓰지 않고 집중하기로 한 일에만 전념한다. 그래야 자신의 업무 시간 8시간 동안 부가가치를 만들 수 있는 절대적인 시간을 확보할 수 있다. 필자의 경험으로는 10시~12시가 제일 적절한 것 같다. 오전 10시 전에는 하루 업무를 시작 단계이며, 오후 시간에는 사소한 업무를 수행하거나 오전에 못한 미진한 일을 계속할 수 있기 때문이다.

필자의 경험에 따르면 사용 원리, 절차에 대한 개선 방안을 고민했다. 왜 이렇게 사용하고 있는지, 왜 이렇게 운영되고 있는지에 대해서 고민해야 한다. 전임자가 했던 방식이 무조건 맞는 것은 아니기 때문이다. 다만 처음부터 바꾸려 하기보다는 일을 해 보면서 자연스럽게 개선한다는 생각으로 접근하자. 혁명은 0에서 1을 만들지만 개선은 1에서 2를 만드는 것이다. 그러므로 기존의 것을 유념하여 살펴보고 1에서 2로 만드는 습관을 가져보자.

고객의 부가가치를 고려한 개선 방안을 마련해야 한다. 1에서 2로 개선하더라도 내게 고객이라는 접점에 있는 사람들에게 편의를 제공해야 한다. 그렇지 않으면 개선이라고 할 수 없다. 결국 개선은 고객에게 이익이 되는 행동이어야 한다. 적어도 자신의 업무에 효율성을 극대화되어야 한다. 이제는 프로 직장인으로서 비즈니스의 달인이 되어야 하기 때문이다. 우선 당신의 접점에 있는 외부 고객이나 내부 고객 또는 관계인을 생각해 보고 무엇을 그들에게 기여할 수 있을지 고민하자. 이는 비즈니스에서 반드시 해야 하는 고민이기 때문이다.

불필요한 일 걸러 내는 방법

가장 먼저 불필요한 일을 걸러 내려면 업무를 방해하는 항목들을 제거해야 한다. 대표적으로 잡담, 회의 시간, 우선순위, 책상 정리 등이 해당한다. 잡담이라 하면 불필요한 이야기는 업무 효율을 떨어뜨리고 다른 동료에게 좋지 않은 인상을 준다. 잡담하고 싶다면 점심시간을 활용하자. 회의는 꼭 참석하지 않아도 되는 회의가 있는지 미리 파악하자. 불필요한 회의가 있다면 조정하도록 요청해 보자. 다음으로는 우선순위를 무시하고 무작정 업무를 하는 경우이다. 이는 효율이 떨어지며 긴급도, 중요도를 고려하지 않는다면 성과 측면에서도 비효율적으로 업무를 하는 것이다. 마지막으로 책상 정리를 해야 한다. 책상이 지저분하면 내 머릿속도 어지럽혀져 있을 가능성이 높다. 매일 퇴근 시간 10분 전에는 책상을 정리하는 습관을 가져보자.

회의 시간을 줄이는 방법은 다른 책에서도 많이 언급하고 있다. 효율적인 회의는 따로 있다. 첫 번째로는 회의 주재자가 회의 소집 시에 자료를 공유하여 회의 결론이 어떻게 될지 짐작할 수 있게 해야 한다. 그래야 참석자들은 회의 전에 미리 결론을 낼 방안을 생각해 본다. 두 번째는 회의 결론은 그 자리에서 내려고 노력해야 한다. 다음 회의를 또 계획을 하게 되면 지체될 가능성이 높다. 마지막으로는 회의 주재자가 사전에 안(案)을 준비하여 참석자들이 빠르게 결정할 수 있도록 하자. 위 3가지를 기준으로 회의 시간을 줄여 보자.

불필요한 업무 또는 부가가치가 낮은 업무는 제거해야 한다. 굳이 안 해도 되는 일이거나 하더라도 부가가치가 낮아 상대적으로 지금 안 해도 되는 경우가 많다. 지금 당신이 하고 있는 업무 분장표를 꺼내 들고 본인이 하는 일을 점검해 보자. 의외로 불필요한 일이나 회의 그리고 부가가치가 낮은 일을 집중적으로 하는 경우가 많다. 아직은 대리, 사원이지만 고부가가치 업무를 할 수 있도록 지금부터 차근차근 준비해 나가야 한다. 그리고 부가가치가 있는 일들을 찾아서 진행해 보자.

지금 하는 일에 대한 효율적인 방법 찾아보자. 효율적인 방법을 찾으려면 우선 그 일에 대해서 이해하고 있어야 한다. 제대로 알고 있어야 개선을 할 수 있기 때문이다. 개선을 잘못하면 오히려 퇴보되거나 예상치 못한 문제가 발생할 수 있기 때문이다. 다음으로는 효율적인 방법으로 동종사 또는 관련 업종에서 개선했던 사항을 인터넷이나 지인을 통해서 습득하자. 지식과 기술을 습득할수록 여러 가지 문제를 개선할 수 있는 기본기가 생겨나기 때문이다.

신입 사원은 정해진 업무만 하는 경향이 있는데, 실제로 회사에서는 조직의 필요에 따라 발령을 낸다. 그렇다 보니 일부는 퇴사 등 극단적인 선택을 하는데 누구나 폼 나는 일을 하고 싶어 한다. 그러나 중요한 것은 사소한 일이라고 할지라도 개선하려는 자세를 보인다면 훗날 좋은 태도로 인정받아 요직에 나아갈 수 있다. 성공적인 직장인이 되기 위해서 지금의 보직에 안주하지 말고 개선하려는 생각과 실행이 중요하다. 항상 현재 맡은 일을 개선하기 위해 묵묵히 노력하자.

21.
작은 도전을 통해 성취감을 얻고
자신감을 쌓아 나가야 한다

영어강사이자 동기 부여 멘토인 라수진 저자는 『아주 작은 도전의 힘』에서 '작은 것이라도 시작해 보는 것이 중요하다. 많은 경험과 시도를 통해서 좌충우돌하면서 배워야 한다. 잘되면 성공하는 것이고, 설사 잘 안되더라도 실패가 아니라 성공에 대한 제대로 된 방법을 발견하지 못하는 과정이었을 뿐이라고 생각하면 된다. 그 실패를 교훈 삼아 나아가지 못할 때가 진정한 실패다.'라고 언급한다. 작은 도전부터 실행해 보며 성장 동력으로 삼자.

도전하지 않는 사람의 특징

도전하지 않는 사람은 안정된 것을 찾는다. 신입 사원들은 보통 선배들이 해 오던 방식을 답습한다. 답습은 지속으로 이루어지며 결국은 성장이 멈춘다. 그러나 도전하는 사람은 선배들이 해 오던 방식에 대해서 고민한다. 비즈니스에서 안정된 것은 도전하지 않는다는 것을 에둘러 이 야기하는 것과 같다. 우리는 직장인이다. 프로는 항상 도전하고 노력하 여 성과를 만들어 내야 한다. 당신도 기존에 해 오던 방식에서 벗어나 도 전적인 사고를 통해 성과를 만들어 낼 수 있도록 하자.

도전하지 않는 사람의 또 다른 특징은 정석만 고집한다. 흔히 '일 못하 는 사람'들이 만사에 정석을 기준으로 생각한다. 일에서 정석은 참고서 로 활용해야 한다. 그러나 비즈니스는 매순간 시시각각으로 상황이 변모 한다. 항상 유연한 사고가 필요하다. 정석을 벗어나 생각하지 않고 도전 하지 않는다면 당신에게는 아무 일도 일어나지 않는다. 도전하는 자세는 성공으로 가는 열쇠이자, 모든 성과에 대한 근원이 된다.

우리나라 직장인은 대부분 실패를 두려워한다. 실패를 수용하는 조직 문화가 필요하다. 도전적인 업무를 수행했던 팀원이 실패하더라도 나무 라지 않고 응원하는 문화가 필요하다. 당신이 선배가 되더라도 팀원이 의욕적으로 실행했던 업무가 실패하더라도 응원하자. 도전적인 업무를 수행한 후배를 대상으로 맹목적인 비난은 금물이다. 그래야 실패한 경험 을 반면교사로 삼고 더 나아가 성공할 수 있게 된다. 비록 우리나라 문화 는 '경쟁 사회'이다. 당신에게 조직 내 대리나 사원으로서 후배가 있다면 잘 가르치고 응원하는 것도 도전하는 사람의 밑거름이다.

도전하지 않는 사람의 특징은 무엇일까. 그들은 새로운 것에 적응하거 나 수용하는 것을 두려워하고 불편해하며 잘 도전하지 않는다. 늘 하던 것을 반복하고 답습하지, 새로운 제도나 지식, 일을 배우려 하지 않습니다. 직장인들은 너도나도 경력을 쌓기 위해 부단히 자기 계발에 시간과 돈을 쓴다. 그러나 맡은 직무를 저 알고 배우려고는 하지 않는다. 이들 역시 도전하지 않는 사람들이다. 많은 직장인이 하는 착각 중 하나가 단순히 자격증을 취득하고 어학을 공부하는 것을 자기 계발이라고 생각하는 것이다. 물론 일부는 맞다. 그러나 직무에 대한 전문성이 확보되었을 때, 준비해 둔 자기 계발과 관련된 이력이 꽃필 수 있다. 그러므로 직무에 대해 새로운 방식이나 제도를 도입하고 시도하는 것을 불편하게 받아들이지 말자.

작은 도전의 중요성

작은 도전은 자신감을 쌓는다. 업무를 수행하면서 사내외에서 진행하는 작은 공모대회에 응모해서 자신감을 키워라. 필자의 경험으로는 인사 업무를 하면서 고용노동부, 지자체, 관계 기관 등에서 주관하는 대회를 통해 입상하였다. 물론 입상에 실패하여 준비했던 수고가 수포로 돌아간 적도 많다. 수상을 하더라도 개인적인 포상도 없고 단순히 회사 홍보 차원이었다. 그러나 개인적으로는 업무에 임할 때, 작은 도전도 자신감을 키우는 데 도움이 되었다. 처음에는 입상도 어려웠으나 지금은 회사 이름으로 국무총리표창, 장관표창 등 수상을 하게 되었다. 어느덧 내가 성장한 것을 느끼고, 자신감도 높이는 좋은 계기가 되었다.

도전은 동기 부여가 중요하다. 동기 부여가 되지 않았다면 도전할 수 없다. 동기 부여를 통해 자신감을 올려야 한다. 동기 부여 전문가인 브라이언 트레이시는 저서 『겟 스마트』에서 '내면에서 이루지 못하면 밖에서 어떠한 것도 이룰 수 없다. 겉으로 부유하려면 내면에서 부자처럼 생각해야 한다. 다른 방법은 없다.'고 주장한다. 동기 부여는 자기 스스로 최면을 걸어야 한다. 나도 새로운 일에 도전할 때, '나는 할 수 있다. 실패하더라도 다시 하면 된다.'는 생각을 주문처럼 한다. 당신도 스스로 동기 부여되는 명언이나 글귀를 자주 떠올리거나 자기 최면법을 통해 도전하는 사람이 되자.

도전의 최종 목표를 생각해 본다. 자신이 하는 일에 대해서 가치를 생각해 본다. 전에 모시던 임원은 "박 대리는 인사 담당자로서 어떻게 최종적인 조직을 만들 것인지 생각해 보았나?"라고 물으신 적이 있다. 그 순간 맹목적으로 그저 열심히 했던 자신에게 후회되었다. 그 이후 업무 비전을 '직원 그리고 가족이 행복한 회사'로 스스로 설정하게 되었다. 당신도 업무에 임할 때는 도전에 대한 최종적인 목표를 지향하자. 그래야만 당신이 노력한 결과가 성공의 과실로 연결될 수 있다.

작은 도전을 위한 실행력이 중요하다. 작은 도전은 우선 거창하게 할 필요가 없다. 영업 사원이라면 일주일에 한 곳 이상 신규 거래처를 방문하기. 조직 문화 담당자라면 최근 MZ세대를 대상으로 조직 문화를 개선하는 방법을 1건 이상 제도를 마련하고 도입하기 등 담당자로서 충분히 실현이 가능한 수준으로 꾸준히 할 수 있는 일들에 도전해 보자. 작은 도전은 큰 부담 없이 꾸준히 실천할 수 있다. 지속하는 건 나의 장기적이고 큰 도전에 밑거름이 된다. 더불어 자신감도 올려 줌으로써 다음 목표를 향해 움직이게 한다.

도전을 통해 업무 경력 쌓기

도전적인 일을 실행하기 위해서는 최종 목표에 대한 계획부터 세워야 한다. 예를 들어 보자. 인사 담당자로서 소통이 필요한 조직 문화를 개선한다고 하자. 담당자로서 조직 진단을 통해 소통에 대한 문제점을 발굴하고, 개선하는 작업이 필요하다. 이때 문제점을 발굴하는 단계, 개선하는 단계에서도 제도 도입을 검토, 의견 청취 등을 통해 개선에 관한 목표를 수립한다. 마지막으로 실행을 통한 조직 구성원의 반응을 모니터링하여 최종 목표가 잘 도입이 되도록 확인한다. 당신도 도전적인 업무를 실행하기에 앞서 최종 목표부터 세우고 진행하도록 하자.

세부 추진 계획을 수립해야 한다. 어떻게 하면 될까? 어떻게 하면 빠르게 할 수 있을까? 스스로 물어야 한다. 막연하게 목표를 정해 놓고 무작정 실행부터 하면 어떻게 해야 할지 막히는 때가 많다. 당신도 도전적인 과업에 대해서 세부 추진 계획을 단계별로 수립하자. 최종 목표에 도달하기 위한 단계별 과업을 만들면 진도율, 달성률 등 중간 점검을 할 수 있는 통계가 나온다. 만약 중간 점검 과정에서 미진하면 바로 보완하여 최종 목표에 다다를 수 있도록 대응한다.

실패했을 때 나를 위로하는 방법도 중요하다. 나는 도전적인 과업을 진행하다가 실패했을 때 심적으로 허탈감을 느끼고 자신감도 많이 떨어진다. 이럴 때를 대비하여 그래도 열심히 한 나에게 무엇을 보상할지 미리 생각해 두자. 실패했을 때도 스스로 "그래, 열심히 했어."라 말해 주는 것만으로 힘을 얻는다. 꼭 일을 성공하지 못했더라도 재도약을 위해 나만의 여행을 떠나거나 맛집을 다녀 보는 것도 좋은 보상책이 될 수 있다. 실패했을 때도 충분한 보상이 있어야 다시 점프업을 할 수 있는 계기와 힘이 생긴다.

실패한 경험을 반면교사로 삼아야 한다. 도전적인 과업을 하다가 실패하더라도 '무엇 때문에 실패했고 무엇을 보완해야 하는지'를 분석하고 명확하게 이해해야 한다. 그렇지 않으면 실패를 반복할 수 있다. 성공한 사람들의 일화를 보면 많은 실패를 겪고도 마지막에 성공할 수 있었던 것은 실패한 경험을 토대로 보완하여 재도전했기 때문이다. 당신도 무슨 이유로 실패했고, 어떻게 해결하여 재도전할지를 고민해야 한다. 그래야 성공할 수 있는 계기가 된다.

큰 도전은 작은 도전에서 시작된다. 옛말에 첫술에 배부를 수 없는 것처럼 처음부터 과한 목표를 설정하기보다는 직무에서 달성하기 쉬운 작은 도전부터 시작해 보자. 작은 도전은 대리와 사원 시절에 자신을 성장시켜 주는 좋은 자양분과 같다. 미래의 자신에게 작은 도전을 통해 큰 도전을 이룰 수 있는 계기가 되기에 자신감을 갖자. 당신에게 가장 중요한 것은 동기 부여를 통한 자신감과 추진하고자 하는 도전적인 자세이다. 도전하지 못하는 사람처럼 못 하는 이유를 찾기보다는 먼저 나아가는 자세가 필요하다. 그래야 성공적인 직장 생활을 할 수 있으며 훗날 프로 직업인이 될 수 있다.

Part 3

일 잘하는 사람이
되기 위한 역량 강화법

'1만 시간의 법칙'을 처음 주장한 사람은 미국 콜로라도 주립대학교의 앤더스 에릭슨 심리학 교수이다. 에릭슨 교수는 "1만 시간이라는 양적인 노력을 한다고 전문가가 되는 것은 아니고 노력의 '질'이 중요하다."고 주장했다. 관용구로 사용하는 1만 시간에 대해서 절대적인 1만 시간보다 그만큼 적절한 방향 설정과 노력이 중요하다는 것이다. 전문가는 수많은 시간을 통한 노력과 성과로써 만들어진다. 자신의 업무 분야에서 전문성을 확보를 위해 철저한 노력과 전략을 수립해야 한다.

전문성의 중요성과 고민해야 할 사항

전문성을 확보하기 전에 가장 중요한 것은 자신이다. 다음과 같이 물어야 한다. 자신을 믿고 이 직무를 계속할 것인가? 나는 인사 담당이라는 직무의 전문성을 확보했을 때 이 직무가 향후 나에게 어떤 경력이 되어

돌아올 것인지 고민했다. 고민 끝에 내린 생각은 전문성을 확보해서 현재 직장을 퇴직하더라도 전문가로서 다른 사람들에게 좋은 영향을 나누기로 했다. 그러나 만일 내가 이 직무를 계속하기 어렵다고 판단하는 때가 온다면 다른 직무에 대해서도 탐색해야 할 것이다.

이 직무가 자신과 맞는 것인지 고민해 보자. 직무에 대해서 아무리 비전이 있더라도 자신과 맞는지 고민해야 한다. 비전이 있다고 무턱대고 뛰어들지 말자. 먼저 스스로 잘 해낼 수 있고 즐겁게 할 수 있는 일인지 고민해야 한다. 그래야 직무에 전문성을 높이는 과정에서 어렵고 힘들 때 버티고 성장할 수 있는 동기 부여가 된다. 아무리 비전이 있더라도 즐겁지 않고 해낼 자신이 없다면 다른 직무를 빨리 알아보아야 한다. 그래야 하루라도 빨리 자리를 잡아 전문성을 키우는 데 심혈을 기울일 수 있다.

전문성이 중요한 사례가 있다. 전문성이 중요한 이유를 설명할 때 '게임 폐인이 될 것인가. 프로게이머가 될 것인가.' 하는 비유를 들어도 좋을 것 같다. 게임을 좋아하는 두 사람이 똑같이 게임을 하더라도 게임 폐인은 단순히 게임을 하는 즐거움에만 몰입한다. 그러나 프로게이머는 게임을 하는 동안 개선을 통한 실력 향상에 초점을 둔다. 시간이 지나 이 둘은 전문가 집단과 그렇지 못한 보통의 집단 속의 한 명이 된다. 프로는 게임을 하더라도 다르다. 자신의 수준을 진단하고 개선을 통해 나아가야 할 방향을 설정하여 꾸준히 노력한다. 그러므로 온전히 게임을 즐기는 게임 폐인이 되어서는 안 된다. 자기 수준을 진단하고 개선하려는 노력이 프로가 되는 지름길이다.

전문가로 성장하기 위해서는 해당 분야에서 롤모델을 찾아보자. 한 분야에서 오랜 시간 노력한 전문가를 찾아서 롤모델로 삼아야 한다. 전문가는 수십 년간 숱한 실패와 성공을 반복해 온 사람이다. 그들을 통해 빠르게 노하우를 습득한다면 당신이 고민하는 문제들도 해결하는 기회가될 수 있다. 그들을 찾는 손쉬운 방법은 당신이 재직하고 있는 회사의 상사나 책을 통해 전문성이 검증된 전문가, SNS나 유튜브를 통해 직무에 전문성이 있는 사람을 찾아보는 것도 좋은 방법이 된다.

전문성을 확보하는 방법

좋아하는 일과 잘하는 일을 찾아서 하는 것을 구분해야 한다. 물론 좋아하는 일과 잘하는 일이 겹친다면 그보다 좋은 일은 없다. 그러나 현실에서는 둘 중 하나를 선택해야 한다. 그렇다면 직장인으로서 성공하고자하는 사람에게는 어떤 선택이 더 합리적일까? 나의 경험으로는 좋아하는일보다는 잘하는 일을 특화하는 게 좋다. 비즈니스에서는 좋아하는 일보다는 잘하는 일을 잘 살려 활용하는 것이 좋다. 그러므로 좋아하는 일은취미로 삼고 잘하는 일은 꾸준히 계발하도록 구분하여 직장 생활을 영위하자.

잘하는 일에 몰입하여 즐겁게 하자. 어느 분야의 일을 잘하는 사람들은 잘 몰입한다는 공통점이 있다. 몰입은 성과를 내기 위한 태도이다. 내가 높은 성과를 내는 사람들을 살펴봐도 공통점이 있다. 바로 한 가지의일에 집중해서 끝내려는 태도이다. 몰입을 통해 끝을 보는 습관은 성과로 이어진다. 이것저것 업무를 하다 보면 흐지부지하는 경우가 비일비재하다. 그러므로 여러 가지 업무를 하더라도 중심 업무 하나부터 마무리하는 습관을 가져야 한다.

전문성을 위해서 목표 달성에 관한 성취감이 필요하다. 성취감을 위해서는 구체적이고 도전적인 목표를 수립해야 한다. 기아의 박광주 영업이사는 매일 새벽 3시에 일어나 영업 노트를 작성하며 하루 일정과 고객의 취향, 고객 경조사를 확인하는 등 노하우를 쌓았다. 숱한 어려움을 겪었지만 그는 담담히 목표 달성을 위해 고객과 소통하며 영업 직무에 전문성을 확보해 나갔다. 그 결과 영업 임원이자 세계 1위 자동차 판매왕으로 21년 기준 1만 3500여 대를 판매했다. 그는 두둑한 포상금과 함께 조기 승진했고 회사에서는 영업 전문가로 손꼽히고 있다. 이처럼 목표 달성에 대해서 성취감을 확보할 수 있도록 자기 계발이나 업무 실적에 목표를 구체적으로 설정해야 한다.

여러 가지의 성과보다 하나의 방점을 찍어 보자. 전문가라는 것은 특정 분야에 차별화된 능력을 가진 사람을 말한다. 당신도 하고자 하는 직무에서 또는 특정 분야 업무에서 방점을 찍어 보자. 안전 관리 직무에는 PSM(공정 안전 관리)라고 하는 업무가 있다. 흔히 안전 업무를 하는 사람들은 PSM을 '안전의 꽃'이라고 말한다. 만약 PSM만 특화해서 방점을 찍기로 결심했다고 하자. PSM 전문가로서 사내에서 입지는 군건해질 것이며, 컨설턴트로도 역량을 확대해 나갈 수 있다. 이처럼 당신이 하는 일 중에서 하나의 업무를 특화해서 방점을 찍는다면 전문성 있는 전문가가 될 수 있다.

단단하게 실행하는 방법

전문성을 갖추기 위해서는 일단 조직 내에서 직무 전문가라는 평을 받아야 한다. 그러므로 한 분야에서 전문성을 갖춰야 한다. 1만 시간 이론과 같이 특정 업무에 대해서 집중력 있는 시간과 노력을 기울여야 한다. 그래야만 해당 분야에서 전문성을 확보했다고 볼 수 있다. 또한, 전문 자격증이나 학위 취득, 교육 과정 이수, 전문가 멘토링을 하는 것도 좋은 방법이다. 당신이 할 수 있는 모든 역량을 하나에 집중해야 한다. 그래야 전문성이 확보되며 발휘할 수 있다. 이것저것을 챙기다 보면 이도 저도 아니게 되는 경우가 많다. 비록 당신이 대리, 사원일지라도 시간이 많지 않다.

성공한 사람은 똑똑한 사람이 아니라 꾸준한 사람이 대다수이다. 한번은 TV 방송에서 서민 갑부의 이야기를 보게 되었다. 출연자는 자신이 부자인 내용보다 부자가 되기까지의 과정을 보여 주었다. 그는 똑똑해서 사장으로서 성공한 것이 아니다. 노력이라고 하는 꾸준함과 개선이라는 차별화를 가지고 끊임없이 도전했기에 성공했다. 나도 서민 갑부를 보면서 많이 느끼고 또 감탄한다. 그 생각과 행동이야말로 만고의 진리이기 때문이다. 세상의 이치는 변하지 않는다. 지금은 실패해도 꾸준함과 차별화는 성공적인 직장 생활에도 적용할 수 있다.

일정 시점이 지나면 연습을 반복하기보다는 차별화된 전략을 생각해야 한다. 어떤 두 사람이 직무 전문가로 성장하기 위해서 하루 3시간씩 10년을 노력했다고 가정해 보자. 열심히만 노력했던 사람과 그렇지 않고 성과를 올려 나가는 사람은 어떤 차이가 있는 걸까? 단순히 많이 하는 '양' 차원의 학습은 어느 시점이 되면 한계가 있다. 더 이상 하더라도 발전적인 변화를 느낄 수 없다는 이야기이다. 그러나 차별화를 가지고 행동을 하는 사람은 '양'을 줄여도 '질'이 탄탄하여 계속 성과를 키울 수 있다. 이처럼 일정 시점이 지나면 업무도 연습한 만큼 성장하지 않게 된다. 그때에는 차별화를 고민해서 접근해야 한다.

전문성의 요건에는 조직 내에 직무 전문가로서 평이 나야 한다. 직장에선 어떤 사람이 전문가로서 인정받을까. 박사 학위를 받은 사람일까? 근속이 긴 사람일까? 둘 다 아니다. 바로 '특정 직무'하면 곧바로 떠오르는 사람이 전문성이 있는 전문가이다. 예를 들면 '안전'이라는 직무에서 안전 관리자는 단순히 산업안전기사를 취득한 사람이 아니라, 꾸준히 안전 문화를 개선하고 안전 관리 시스템을 효율적으로 운영하는 사람이다. 바로 그것이 모두가 인정하는 전문성이 확보되었다 할 수 있는 것이다. 여러분도 전문성을 확보하기 위해 자연스럽게 연차가 높아지는 것을 경계하고 한 해가 지날 때마다 성장할 수 있는 계기를 만들어야 한다.

'1만 시간 투자'라는 것이 상징적인 의미로 보일지도 모른다. 그러나 자신이 하는 직무에서 전문성을 드러내야 한다. 적어도 대리나 사원일 때부터 전문성을 쌓기 위한 시도를 해야 한다. 그래야 성공할 수 있다. 요즘은 평생 직장인이라는 용어가 없어지고 '평생 직업인'이라는 개념이 통용

되고 있다. '평생 직업인'으로 살기 위해서는 20~30대를 보내는 지금이 당신에게 중요한 시기이다. 당신도 1만 시간이라는 숫자를 상징적으로만 보지 말고 꾸준히 실천하고 검증해 나아가 보자.

23.
일 잘하는 사람은
문제 해결의 달인이다

사람인을 통해 기업 인사 담당자가 1위로 뽑은 위기 상황에 적합한 핵심 인재란 '아무리 어려운 문제도 해결해 내는 해결사형'이 차지했다. 조직에서는 다양한 핵심 인재가 있지만 그중에서도 문제를 잘 해결하는 직원이 인재로서 인정받는 추세이다. 불확실하고 제한되는 요소가 다분한 현대 사회에 필요한 역량인 것이다. 그러므로 성공하고 싶은 직장인에게는 문제 해결 능력에 대해서 성찰해 보아야 한다.

문제 해결로 본 문제

먼저 문제를 잘 해결하지 못하는 유형을 살펴보자. 첫 번째로는 문제 해결보다는 문제의 원인만 찾고 질책하는 유형이다. 문제가 발생하면 동료, 후배나 관련자를 대상으로 질책하는 사람이다. 문제는 해결하지 않고 탓하기 바쁘다. 이 유형은 문제해결에는 도움이 안 되는 감정적인 소모가 많아 문제가 된다. 그래서 일은 물론 인간관계가 오히려 악화되기도 한다. 그러므로 당신은 발견된 문제에 대해 후배, 동료 또는 관계자에게 질책하기보다는 감정을 다스리고 원인을 찾는 데 집중하자.

두 번째 유형은 문제 해결보다는 해결되지 않는 이유를 들며 미루는 유형이다. 예를 들어 근무 중에 사무실에서 전기가 안 들어온다고 하자. 급하게 처리해야 할 일인데 정전이라서 일을 할 수가 없다고 말하는 사람들이 있다. 상대가 아무리 일을 재촉해도 "전기가 들어오지 않으니까."로 답을 일관한다. 비즈니스 관계에서는 무책임한 태도로 보일 수 있다. 반면 문제 해결형은 외부에서 인터넷을 이용하거나 사전에 전달받을 사람에게 양해를 구하는 등 적극적으로 후속 계획을 수립하여 대응한다.

세 번째는 문제가 발생해도 회피하거나 떠넘기는 유형이다. 문제가 발생하면 다른 사람 때문에 발생했다는 식으로 회피하는 경우가 해당한다. 또 발행한 문제를 후배나 관계가 조금이라도 있는 사람에게 모두 책임을 떠넘기는 식이다. 이 유형의 사람은 업무를 떠나서 인간관계에서 신망까지도 잃어버린다. 내가 지인들에게 물어봐도 가장 싫어하는 유형으로 '공은 자신에게, 실은 후배에게 넘기는 사람'이라고 한다. 문제가 발생하면 뒤로 물러서지 말고 나서서 해결하려는 습관을 가져야 한다.

마지막 유형은 문제를 해결할 때 뜬구름식으로 접근하는 유형이다. 문제를 도출하는 과정에서 허무맹랑한 해결책을 제시하는 경우이다. 실천 계획이나 목표를 달성할 수 없을 만큼 기대치를 높게 세우는 사람들이 해당한다. 이들의 제안하는 해결 방법은 실질적으로는 전혀 도움이 안 된다. 오히려 문제 해결을 하는 데 방해가 될 뿐이다. 문제 해결은 결코 뜬구름이 아니라 구체적인 계획과 목표를 통해 실행하는 과정이다. 그러므로 달성할 수 있는 기대치와 계획 그리고 실행을 통해 문제를 해결하자.

문제 해결형 인재의 특징

당신은 문제에 대해서 얼마나 능동적으로 행동하는가? 문제 해결형 인재는 능동적으로 사고하고 행동한다. 간혹 문제가 표면적으로 나타나지 않는 경우가 많다. 보이지 않으니 실무자가 발견하고 고민하지 않는다면 드러나지 않는다. 진짜 문제가 무엇인지 고민하려고 노력하는 사람이 문제 해결형 인재가 된다. 해결에 앞서 진정한 문제의 원인이 무엇인지 찾아낼 줄 아는 사람이다. 그러므로 문제 해결은 표면적인 원인보다 수면 아래에 놓여 있는 문제를 찾는 능력이 필요한 것이다.

PDCA를 통한 전 과정에 대한 문제를 해결해야 한다. 업무 개선 프로세스로 유명한 PDCA 기법(Plan-Do-Check-Act)을 통한 문제 해결이 필요하다. 문제가 발생했을 때 기획 단계(P), 개선 사항을 정리(A)하는 것까지 문제점을 도출하고 해결하는 전 과정을 고려해야 한다. PDCA라는 업무 프로세스에서 하나만 빠뜨리더라도 문제가 발생하면 해결하기가 쉽지 않다. 그러므로 모든 프로세스를 고려하여 추가로 도출될 수 있는 문제점이 있는지 고민하고 접근하자.

해결책을 찾을 때는 문제의 원인에 초점을 맞춰야 한다. 일본의 대표 기업인 도요타의 사례이다. 낭비를 줄이고 생산성을 극대화한 생산 시스템은 도요타 생산 방식(TPS, Toyota product system)에서 문제가 발생하면 '5-Why' 기법을 통해서 문제의 근본 원인을 해결하는 것을 목표로 삼는 것이 핵심이다. 이처럼 문제의 원인에 원인을 물고 늘어질 때 근본 원인이 도출되고 해결책을 찾는 데 용이하다. 당신도 실무를 하면서 문제가 발생하면 도요타의 문제 해결 방식을 생각해 보고 근본적인 원인을 찾아보려고 시도를 해야 한다.

사고의 전환은 문제 해결 능력을 극대화한다. 위기를 기회로 전환할 수 있도록 사고의 전환이 중요하다. 예를 들면 과거 IMF나 금융 위기에 많은 기업이 어려움에 처했을 때 삼성전자, 현대자동차 등 국내 대표 기업은 적극적인 투자를 새로운 기회로 삼았다. 이런 일은 기업에서나 일어나는 것이 아니라 개인에게도 일어난다. 기업의 핵심 인재를 보면 발생한 문제에 역발상을 통해 접근한다. 그리고 그 일을 반드시 해결한다. 해결사형 인재는 분명 새로운 기회로 인식하고 그것을 잡아 낼 줄 안다.

팔로우 때부터 차근차근 준비하자

팔로우 중에서 리더가 가장 좋아하는 유형이 무엇일까? 경험상 많은 능력 중에서도 문제 해결 능력이 가장 중요하다고 생각한다. 업무를 수행하면서 수시로 발생하는 크고 작은 문제에 대해서 시기적절하게 대응하는 문제 해결형 인재가 가장 돋보이는 능력이며, 이는 회사가 위기일 때 더욱 돋보이는 능력이다. 조직은 시시각각 발생하는 문제에 대응할 수 있는 실무자가 필요하다. 당신도 신입 사원 시절부터 작은 문제부터 해결하기 위해 원인을 분석하고 개선하는 연습이 필요하다.

문제의 발생 원인을 전혀 다른 부분과 연관 지어 보자. 문제에 대한 해결책을 세울 때 문제점 주변의 상황과 맞물려 접목할 수 있는 상황을 고려해야 한다. 내가 총무 담당이었을 때 건물 지붕에 누수가 발생한 일이 있다. 당시 원인을 찾지 못해 무턱대고 방수 작업만 했더니 비만 오면 반복적으로 누수 문제가 터져 스트레스가 이만저만 아니었다. 나중에 근처에서 크렉이 발생하여 누수가 되는 지역으로 유입이 된 것으로 확인했다. 전혀 다른 곳에서 문제의 원인과 해결책을 찾은 것이다. 이처럼 문제의 원인으로 보이는 표면적인 곳보다 보이지 않는 곳에 있는 경우가 많다. 당신도 업무를 하면서 문제점과 관련이 직접적으로 없어 보여도 연결해 보려는 습관을 가져 보자.

문제 해결형 인재가 되기 위해서는 평소 인사이트를 많이 학습해야 한다. 최근 통섭형 인재, 융합형 인재 등 다양한 용어로 통합형 사고가 가능한 인재가 인정받고 있다. 이 시대가 필요로 하는 인재가 되기 위한 대표적인 방법은 책이나 신문을 포함한 SNS, 블로그 등 온라인 매체를 통해 다양한 시사 분야를 학습하는 태도를 갖도록 노력하는 것이다. 실무를 하다 보면 어떤 문제점에 대해서 해결책이 전혀 다른 곳에 있을 때가 많기 때문이다. 앞으로는 다양한 분야에 관심을 갖는 인재가 절실히 필요할 것이다.

'해결형' 인재가 되기 위해서는 신입 사원 시절부터 작은 일부터 차근차근 실행하자. 인재는 스스로 부단히 노력하고 조직환경에 내 능력이 맞아떨어질 때, 그리고 약간의 운이 따라 줄 때 탄생하기 때문이다. 당신도 기업 내에서 핵심 인재가 되기 위해서 문제를 회피하거나 남을 먼저 탓하기보다 부딪히며 성장하자. 실무를 하면서 문제를 의식하는 Why에서 출발하는 습관을 길러 보자.

24.
일의 우선순위는
중요도와 긴급도로 구분해야 한다

제2차 세계대전 연합군 사령관이었으며 제34대 미국 대통령이었던 아이젠하워는 중요도와 긴급도를 4개의 카테고리를 정해 우선순위를 찾는 '아이젠하워 매트릭스'를 제시했다. 중요하고 긴급한 일은 먼저 수행한다. 중요하지만 긴급하지 않은 일은 계획을 수립해 완료일을 정해 진행한다. 긴급하지만 중요하지 않은 일은 일을 축소하거나 위임을 통해 진행한다. 마지막으로 긴급하지도 중요하지도 않은 일은 해야 할 일의 목록에서 삭제한다는 것이다. 이처럼 중요도와 긴급도를 나눠 생산성을 극대화하는 것이 현대 사회의 직장인이 고려해야 할 역량이 되었다.

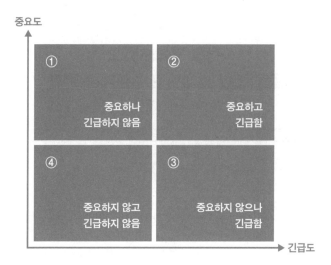

중요도와 긴급도를 고려한 일을 정리하지 않을 때 문제점

마구잡이식으로 일하면 생산성과 효율성이 저하된다. 주 52시간 제도가 도입되고부터 실무자는 근무 시간 안에 생산성을 최대한으로 끌어올려야 하는 시대를 맞았다. 자신에게 부여되는 업무를 실시간으로 처리하다 보면 중요도와 긴급도를 고려하지 않고 후 순위부터 처리하는 상황이 펼쳐진다. 그렇게 업무를 처리하다 보면 반드시 또는 급하게 해야 할 일을 놓치게 되고 생산성이 떨어지게 되어 근무 시간 안에 업무를 처리할 수 없게 된다. 당신은 실무자로서 마구잡이식으로 업무를 진행하지 않도록 주의해야 한다.

중요도가 있는 일을 놓치게 된다. 중요도와 긴급도를 고려하지 않을 때는 현안에 집중할 수 없게 된다. 그렇게 되면 중요도가 높은 업무를 하지 못하는 경우가 발생하여 '일 못하는 사람'으로 인식될 수 있다. 일을 잘하는 사람으로 평가받기 위해서는 담당하고 있는 현안을 잘 챙기자. 중요도를 고려하여 업무를 진행해야 하는 것이다. 중요도가 높은 일은 메모장이나 다이어리에 표시해 두고 지정된 일정에 맞춰 준비해야 한다.

책상을 정리하지 않으면 혼란이 가중된다. 필자의 경험에 따르면 책상이 잘 정리된 사람은 일을 체계적으로 잘한다. 책상이 정리되지 않은 사람은 두서없이 일하고 있다고 생각된다. 책상은 본인의 얼굴이 된다. 평소 퇴근 10분 전에는 매일 책상을 정리해 두는 습관을 갖도록 노력하자. 별것 아닌 것 같지만 일주일만 정리를 안 하면 꽤 많은 시간을 투자해서 책상을 정리해야 한다. 주변을 정리하면 직무에 몰입하기에 좋은 환경을 갖추게 되고, 새로운 일을 받을 준비까지 하는 셈이다.

중요도와 긴급도를 고려하지 않으면 품질과 납기에 적절히 대응하지 못하게 된다. 당장 중요하지 않은 일에 매달리느라 시간을 빼앗기게 된다. 나도 신입 사원 시절에 이곳저곳에서 업무 협조 요청으로 인해 중요한 일을 놓치는 경우가 많았다. 상사는 나를 일 못하는 사람으로 평가하기 시작했었다. 이후 맡은 업무를 중요도와 긴급도를 고려해서 우선순위를 정하고 업무를 했다. 이번 사례에서 중요한 것은 우선순위를 고려하지 않고 업무를 하면 자신이 준비한 업무에 대해서 고객에게 품질 문제나 납기가 늦어 자신의 이미지가 훼손될 수 있다.

일할 때 정리법

업무노트에 정리해 보자. 업무노트에는 프로젝트 업무, 일상적인 업무, 간단하게 처리할 수 있는 짧은 업무, 협조해야 할 업무 등을 작성한다. 그 이후에 업무의 우선순위를 중요도(파급력), 긴급도를 고려하여 머릿속에 있는 일들을 노트에 정리해야 한다. 때로 어떻게 해야 할지 정리가 잘 안 될 때는 업무노트에 업무의 우선순위를 나열해 보는 것도 좋은 방법이 된다. 중요도와 긴급도를 고려하여 업무노트에 일일 단위로 업무를 나열해 보자. 생각보다 꼼꼼하게 업무를 처리할 수 있는 정리법이 된다.

중요도와 긴급도를 고려하는 방법을 내 경험에 비추어 공유하고자 한다. 중요도를 선정할 때는 1. 상사의 지시 사항 → 2. 법적/사내 규정상 업무 → 3. 프로젝트 업무 → 4. 일상적인 업무 → 5. 안 해도 될 일순으로 정리한다. 수년간 업무를 해 보니 이렇게 5가지로 나눠 업무를 진행할 때 가장 효율적이었다. 당신도 이 점을 참고해서 중요도를 4~5가지로 나눠 선정해 보면 체계적으로 정리하기 쉬워진다.

긴급도에 따라 업무를 선정하는 방법은 1. 오늘 또는 당장 긴급을 요하는 경우 → 2. 기간이 정해져 있는 경우 → 3. 실무자의 선택에 따라 기간이 정할 수 있는 경우로 구분하여 진행했다. 일례로 긴급하게 오늘까지 또는 30분 이내로 요청하는 경우가 많다. 그런 경우에는 긴급도에서 우선순위에 놓고 선행적으로 처리한다. 그다음으로는 마감 기한이 정해져 있는 경우이다. 이때에는 보통 변수가 있는 경우가 많으니 1~2일 전에 제출하는 습관을 갖도록 하자. 만약 문제가 발생하더라도 대응할 수 있기 때문이다. 마지막으로 자신이 일정을 정해서 진행하는 일은 후 순위로 미뤄 진행할 수 있다.

해야 할 일인지, 하지 않아도 되는 일인지 결정하자. 필자의 경우 중요도와 긴급도를 결정하기에 앞서 업무노트에 적을 때에 해야 할 일인지, 군이 하지 않아도 되는 일인지 적는다. 군이 하지 않아도 되는 일은 관련자에게 위임이나 협조 요청을 하여 후 순위로 업무를 배정한다. 당신도 후 순위의 업무를 파악하는 것도 중요한 업무를 수행하기 위한 중요한 절차임을 명심하자. 당신은 중요하고 긴급한 업무를 수행하기 위해 우선순위를 두고 업무에 임하자.

생산성을 높일 수 있는 업무 처리 방법

긴급도와 중요도를 참고하여 생산성을 높일 수 있는 업무 처리 방법들을 소개하고자 한다. 먼저 이메일 또는 업무 폴더는 그룹화한다. 이메일과 업무 폴더에는 연도별, 업무별로 구분하여 표기한다면 쉽게 업무에 관련된 자료를 찾을 수 있다. 빠르게 찾는 방법은 생산성이 올라갈 수 있으며 긴급도와 중요도에 따라 우선순위를 정한 업무에 대해서도 신속하게 대응할 수 있다. 간단해 보이지만 후배들을 보면 은근히 이를 무시하고 업무에 임하는 사람들이 꽤 많다. 이제 폴더 정리를 잘해서 신속하게 업무를 처리하는 습관을 가져 보자.

프로세스에 대해서 이해하고 업무를 진행하는 것이다. 의외로 신입 사원은 업무를 진행할 때 전체적인 그림을 그리지 않고 눈앞의 일에만 열중하는 경우가 많다. 그러다 보면 업무를 하다가 문제가 발생하면 어쩔 줄 몰라 한다. 처음부터 프로세스를 이해하기 어렵다면 선배에게 전체적인 일의 순서를 물어보고 업무를 진행하자. 전체 그림을 알면 그 일에 대한 목적을 알고 문제가 생기면 생각을 통해 능동적으로 업무를 수행할 수 있게 된다. 만약 당신이 신입 사원이라면 선배에게 전체적인 일에 대한 프로세스를 적극적으로 물어보자.

또한 업무 프로세스에서 문제점이나 제한 사항이 무엇인지 고민해야 한다. 업무의 전체적인 흐름을 숙지하고 진행하다 보면 문제점이나 제한 사항이 도출될 것이다. 시작 전에 고민하는 습관을 갖도록 노력하자. 비록 경험이 부족하더라도 생각하는 습관을 신입 사원일 때부터 길러야 한다. 고급 관리자로 올라갈수록 문제점이나 제한 사항에 대해서 고민하고 진행하기 때문이다. 비록 신입 사원일지라도 성공적인 직장 생활을 위해 생각하며 고민하는 태도를 갖춰야 한다.

협조자가 필요하다면 미리 섭외해 두자. 전체적인 업무를 진행하면서 조직 내외부에서 협조자가 필요한 때가 있다. 협조자에게 미리 요청하여 만일을 대비할 수 있어야 한다. 한 예로 내가 총무 담당이었을 때였다. 내부 지원을 대상으로 행사 진행을 하는데 다과가 부족했다. 나는 떨어질 경우를 대비하여 주말임에도 불구하고 업체 관계자에게 협조 요청을 통하여 시간 내로 납품받고 원활히 행사를 진행할 수 있었다. 이처럼 예상되는 문제에 대해서는 미리 협조를 요청하여 상대방에게도 준비할 시간적인 여유를 주도록 해야 한다.

일에 우선순위를 정하는 것이야말로 능률을 높이는 초석이 된다. 똑같은 일을 어떤 이는 1시간에 10가지를 소화하고, 어떤 이는 똑같은 시간에 5가지만 소화하는 경우가 많다. 개인의 능력 차라고 치부해서는 안 된다. 최대한 5가지만 소화하는 사람은 노력을 통해 10가지를 소화하는 사람과 같아지도록 노력해야 한다. 그래야만 조직 사회에서 경쟁력이 생긴다. 당신의 성공적인 직장 생활에서 우선순위를 중요도와 긴급도를 고려하여 업무를 추진해 보자.

25.
지식과 기술이 부족하다면
현명한 성과 방법을 알아야 한다

류랑도 작가는 저서 『성과관리』에서 "성과관리를 왜 해야 할까? 눈앞의 현실도 중요하지만 중요한 미래 비전을 위해 지금 해야 할 일, 즉 인과적인 선행과제를 실천하는 것이 바로 성과관리이기 때문이다. 일 자체보다는 일의 목적과 목표인 '원하는 결과물'을 위해 일하는 것이고, 자기중심적으로 생각하기보다 고객을 먼저 생각하는 것이다."라고 언급하고 있다. 직장인으로서 출발하는 시점부터 '성과'는 늘 따라다닌다. 신입 사원이더라도 현명한 방법으로 성과를 내야 한다.

양과 질을 고민해야 한다

시간을 늘려야 한다. 지식과 기술이 상대적으로 부족한 대리와 사원 시절에는 시니어 레벨의 선배들과 같은 성과를 내기가 어렵다. 당연한 이치다. 짧은 시간 동안 쉽게 일해서 큰 성과를 얻으리라는 것은 어불성

설이다. 모든 업무에는 인풋인 시간과 노력이 투입되어 아웃풋인 결과물이 도출되기 때문이다. 당신이 맡은 업무 중에서 중요한 업무는 모든 가용 수단을 들여서라도 끝을 보아야 한다. 방법은 단순하다. 주니어 시절에는 시간을 많이 들여서 끝내야 한다.

질보다 양을 늘려 일하면 질이 높아진다. 미국의 하워드 휴스 의학연구소 연구원들의 사례를 소개한다. 그들은 질보다 양을 높여서 논문을 기술했는데 그러자 논문의 질도 높아졌다. 당시 인용 빈도가 2배나 많았고, 논문과 관련된 상도 상대적으로 많이 받았다. 반대로 인용이 안 되거나 실패한 연구도 많았다. 직장인의 업무도 마찬가지다. 뭘 잘 모를 때는 질보다 양을 높여서 일해야 한다. 물론 들인 시간에 비해 성과가 없을 수 있다. 그러나 실패가 두려워 주저하면 성공할 확률이 줄어든다. 양을 늘려 일하자. 점차 질적인 성과를 내고 긍정적인 평가를 받을 것이다.

지식과 기술을 축적해야 한다. 한국 산업의 미래를 조명한 서울대학교 공과대학 26명의 교수들이 집필한 『축적의 시간』에서는 한국 산업이 과거 응용 기술을 획득했고 그 기술이 세계적인 기업으로 성장하기 위한 주춧돌이 되었다고 주장한다. 직장인도 마찬가지다. 대리나 사원 때는 지식과 기술이 부족하다. 책의 제목 '축적의 시간'처럼 대리나 사원일 때는 직무에 관한 지식과 기술을 축적할 시간이다. 이때에는 반드시 전문성을 확보하거나 확보할 수 있는 토대를 갈고닦는 시기이다.

고객 관점에서 시각을 넓혀야 한다. 직장인에게 고객은 다양한 형태와 관계이다. 필자에게 지원 부서는 내부 고객이 될 것이며, 영업 사원의 경우에는 직접적인 고객이다. 따라서 성과 관리를 위해서는 여러 형태과 관계에 있는 고객들의 관점에서 성과 지표를 구성하고 시행해야 한다. 자신만의 생각으로 성과 지표를 설정하고 시행한다면 고객이 바라지 않는 방향으로 가고 있을 수 있다. 그렇게 되면 조직과 개인에게 불행한 결과를 낳는다. 당신은 고객의 소리를 잘 듣고 고객 관점에서 성과 지표를 설정하고 실행해 보자. 처음에는 어려울 수 있으나 가장 빠르고 현명한 성과를 창출하는 능력이 된다.

일은 열심히 하는데 성과를 못 내는 유형

주변 동료들이 내게 "일은 열심히 하는데 왜 성과를 못 낼까?" 하는 고민을 털어놓을 때 그 사람의 원인을 분석해 보았다. 첫 번째로는 일상적인 업무만 하고 있거나 그 일의 비율이 상대적으로 높다. 예를 들면 급여 담당자는 '급여'만 지급하고 있다. 급여 분석을 통한 변동 원인, 향후 법적인 이슈 사항 도출, 데이터 분석을 통한 다양한 시도 등이 가능하지만 급여만 계산하고 지급한다. 이런 유형은 새로운 시도를 하지 않고 일상적인 업무만 수행함으로써 새로운 성과를 창출하지 못하는 유형이다. 일상적인 업무에서 문제가 생기면 '일 못하는 사람'으로 평가받기 쉽다.

지시받은 업무만 한다. 예를 들면 주류 회사 영업 사원이 술을 10박스를 판매하라는 지시를 받았다고 치자. 일반적인 영업 사원은 10박스가 다 팔리면 복귀한다. 그러나 현명하게 성과를 내는 영업 사원은 11박스를 팔거나 구매한 거래처와의 재구매율을 높이기 위해 인간관계를 만든다. 그런 영업 사원이 성과를 만들어 내고 성장할 수 있다. 능동적인 사람은 어디에서나 인정받는다. 당신도 지시한 업무만 수행해서는 성공할 수 없다. 성공적인 직장인은 능동적인 사고를 통해 현명하게 성과를 만들어 내야 한다.

자기중심적인 관점에서 일한다. 회사는 조직이며 조직은 협업체계로 구성된 시스템이다. 그러나 우리 주변에는 자기중심적인 생각을 가지고 일하는 사람이 적지 않다. 예를 들면 내 일이 바쁘다는 이유로 합당한 사유 없이 동료의 업무 협조를 무시하거나 지연하는 등 갖가지 핑계를 대면 내 일만 하는 경우이다. 이는 조직을 이해하지 못한 사람이다. 자기중심적인 관점으로만 일한다면 큰 성과를 만들어 내는 것은 불가능하다. 그러므로 당신은 상대방과 협업 체계를 구축하고 조직 관점에서 생각하며 일해야 한다.

마지막 유형은 제한 요소를 대며 일하지 않는 사람이다. 많은 사람이 일을 진행하다가 상대방에게 "어떠한 이유로 제한되어 안 된다."는 식의 답변을 듣는다. 일하면서 문제가 없는 것은 이상한 것이다. 문제를 해결하면서 업무를 진행하는 게 일반적이기 때문이다. 제한 요소만 늘어놓고 해결할 생각이 없는 사람은 무책임한 사람으로밖에 보이지 않는다. 제한 요소를 어떻게 해결하고 진행하겠다는 식의 답변이 중요하다. 잊지 말라. 우리는 조직이라는 직장에서 문제를 해결하기 위해서 근무하는 사람들이다.

성과를 나타내는 방법

조직 단위에서 고민하여 성과를 측정해야 한다. 보통의 KPI(핵심 성과 지표)에서는 전사 차원 → 사업부 단위 → 팀 단위 → 개인별 단위로 성과 지표를 구성한다. 자신의 업무에 대해서는 성과지표를 개인이 아닌 상위 단위로 놓고 성과지표와 최대한 일치시키자. 성과는 조직의 목표와 같아야 극대화될 수 있다. 개인이 아무리 잘하더라도 조직과 가고자 하는 방향이 다르다면 개인의 성과가 의미 없어질 것이다. 그러므로 성과 달성을 위한 계획을 조직 목표를 보며 고민해 보자.

상사가 없다면 우리의 성과는 어떻게 될까? 성과는 반드시 상사가 있어야 이뤄진다. 상사는 코칭을 하며 조직의 방향을 잡아 주는 사람이다. 잘 모르는 사원들이 "상사가 없어도 성과를 만들 수 있다."며 오만한 소리를 한다. 상사가 없다면 조직에서 원하는 성과와 거리가 먼 결과물만 만들어 낼 것이다. 현명한 성과를 만들기 위해서는 상사와 소통하고 협업이 이뤄져야 한다. 성과는 개인의 것이 아닌 조직이 추구하는 방향대로 만들어져야 진정한 성과이기 때문이다.

성과는 기본적으로 정량적인 평가이다. 정량적인 평가는 재무적인 성과로 나타내야 한다. 흔히 "얼마의 비용을 절감했다. 매출의 효과는 얼마이다. 영업 이익은 얼마가 증가했다."는 식으로 성과 측정을 해야 한다. 이때 주의할 것이 있다. 단기 전략으로 재무 성과에 집착한다면 고객 지향적인 성과와 거리가 멀어진다. 이는 장기적으로 조직에 큰 위협이 될 수 있다. 고객에게 가치를 만들어 줄 수 있는 재무적인 성과도 고민하며 정량적인 평가를 진행해야 한다. 회사는 고객이 있어야 존재하는 집단이기 때문에 장기적인 재무적 평가 요소가 필요하다.

정성적인 평가는 고객 가치를 창출하는 데 중점을 두어야 한다. 정량적인 평가에서 나타낼 수 없는 사항이다. 예를 들면 휴대폰을 판매하는 데 고객이 원하는 디자인, 성능을 포함한 안정성, 내구성을 확보하는 방안을 평가지표로 삼는 것이다. 고객이 진정으로 원하는 방향대로 정성적인 평가를 하는 것이다. 흔히 회사에서는 정량적인 평가를 중심으로 생각한다. 그러나 고객 가치를 창출하는 데에는 정성적인 요소도 고려해야 한다. 그래야 고객과 접점을 찾을 수 있게 된다.

성과 관리는 직장인으로서는 스트레스의 원인이자 골치 아픈 일이다. 성과는 단순하게 접근해서는 큰 성과를 이룰 수 없다. 전략적인 생각과 현명한 성과 관리 방법을 터득해서 직장 생활을 하면서 얻을 수 있는 성과를 내야 한다. 성과를 극대화하기 위한 핵심은 조직 관점과 고객 지향적인 관점에서 접근하는 것이다. 단순히 과거에 선배들이 하던 방식을 벗어나 자신만의 성과 관리를 수립해 나아가자. 분명 차별화된 성과를 얻을 것이며 성공하는 직장인이 될 것이다.

26.
실무 지식도 쌓고
이론 지식도 쌓아야 한다

일본 대형 백화점인 다이마루백화점에서 18년간 근무했던 와다 이치로 작가는 저서 『18년이나 다닌 회사를 그만두고 후회한 12가지』에서 "자신이 익혀야 하는 분야를 정하고, '교과서'라고 할 수 있는 책을 제대로 선택하여 그것을 철저하게 반복해서 읽고 현장의 체험을 비추어 보아 심화시켜 가는 방법을 취해야 한다."고 주장한다. 실무 학습과 지식 학습을 병행해야 전문성을 발휘할 수 있다. 각 학습의 중요성을 인식하고 준비해 보자.

실무 학습의 중요성

실무 학습은 실제로 업무를 수행하면서 배우는 것이다. 실무 학습의 목적은 더 멀리 더 넓게 더 깊게 생각하는 방법을 공부해야 한다. 실무 학습을 하면서 기존에 하던 방식에서 장기적인 관점이나 다른 부서와 고객과 관계, 실행했을 때 파급력을 고려해야 한다. 많은 직장인이 실무 학습을 단순히 일하면서 배우는 것이라 생각한다. 그러나 엄연히 학습 차원에서 접근해야 한다. 왜 지금도 예전 방식으로 일을 처리하는지, 개선할 것은 없는지 고민해야 한다. 그래야 진정으로 실무 학습을 했다고 인정받을 수 있다.

성장하지 않는 직장인은 직장 수명이 단축된다. 당연한 이야기 같지만 성장하기 위한 노력을 하지 않는 직장인이 생각보다 많다. 취미 생활, 재테크에 관심을 경주하여 본업인 직장인으로서는 성장을 중요하게 여기지 않기 때문이다. 물론 취미 생활, 재테크도 중요한 삶의 일부이다. 그러나 직장인이 살길은 개인 역량을 키워 꾸준히 성장과 발전하는 것이다. 개인 능력이 곧 자산이 되는 시대에 우리는 살고 있다. 50대 초반만 하더라도 퇴출 대상 후보로 올라간다. 평생 현재의 회사에 급여를 받아 가며 살아갈 수 없다. 2030세대부터 미래를 준비하며 차근차근 개인의 역량을 성장해 나가자.

실무 학습과 지식 학습을 적절히 체험하고 공부해야 한다. 내가 아는 지인 중에서는 지식 학습을 등한시하는 사람이 있었다. 그는 이론은 실제 업무를 볼 때는 무의미하다고 생각했다. 물론 이론도 실생활에 100% 적용할 수는 없다. 그러나 지식 학습 영역인 이론을 바탕으로 실무에 접근하면 폭넓은 사고를 갖고 업무에 임할 수 있다. 실무 학습과 이론 학습은 공부하고 체득해야만 성공적인 직장 생활과 자신만의 커리어를 만들 수 있다. 어느 하나라도 부족하면 영양분이 부족한 영양 결핍 환자와 같다.

지식 학습을 등한시하고 실무만 하다 보면 생기는 문제점은 의외로 다양하다. 실제 기업의 임원들은 틈나는 대로 경영 트렌드를 다양한 방법으로 학습한다. 그 이유로는 관리자 계층이 올라가면 올라갈수록 지식 학습의 중요성이 증대된다. 현대 사회의 문제점과 해결 방안은 복합적인 요소로 발생한다. 실무만 강조해 온 사람들은 기존에 하던 방식을 답습하며 문제에 접근한다. 그러나 실무와 이론을 두루 학습한 사람은 다른 분야에서 힌트를 얻어 문제를 해결하기도 한다. 대리나 사원 시절부터 이론 지식을 틈틈히 쌓도록 하자. 하루에 단 10분만이라도 말이다.

실무 학습법

실무와 관련된 협회나 인적 네트워킹이 가능한 곳을 찾아가라. 당신과 비슷한 고민을 하는 사람들과 만나야 한다. 그래야 문제를 쉽게 찾을 수 있으며 해결할 수 있다. 실무자로서 접촉할 수 있는 협회, 교류회나 연구회 등 인적 네트워킹이 가능한 곳을 찾아 가자. 같은 고민을 하는 사람들과 교류하면서 생각을 공유하고 답을 찾는 연습을 할 수 있다. 예를 들면 안전 관리는 각종 안전 협회, 지역 내 교류회를 참석하거나 영업 직무라면 기술 영업 교류회, 동종사 세미나 등을 참석하는 것도 좋은 방법이다.

실무와 관련된 세계적인 기업들의 트렌드를 살펴보자. 나는 일하고 싶은 기업 1위인 구글을 보면서 트렌드를 살펴본다. 세계적인 기업은 직원들에게 어떤 동기를 부여하며 성과를 만들어 내는지 고민하며 접근한다. 당신이 만약 의류 회사 영업 사원이라면 세계적인 의류 업체들의 영업 전략이 무엇인지 살펴보아야 한다. 선두 주자들의 발 빠른 행동이 곧 최신 트렌드가 될 수 있다. 그러므로 실무자인 당신도 역량을 쌓기 위해서는 민감하게 반응해야 한다.

왜 이렇게 해 왔고, 왜 해야 하는지 이유를 생각하며 실무 학습을 하자. 후배들은 기존의 방식을 보면서 아무런 의심이나 의문도 없이 그저 똑같이 수행하는 경우가 많다. 성공하는 직장인은 '왜?'라는 질문을 한다. 문제점이나 개선점이 있다면 그것을 실행하는 것이 그들의 차별화된 전략이다. 당신도 실무 학습을 하면서 선배들이 해 오던 방식에 의구심을 갖고 문제점은 없는지 개선할 사항이 없는지 살펴보는 습관을 가져야 한다.

상사나 임원의 생각을 고민해 보자. 내 일만 잘하면 된다는 식으로 직장 생활을 하면 성공할 수 없다. 평소 내가 존경하는 한 선배가 있다. 그 선배는 항상 임원이나 팀장의 생각을 예측하며 근무했다. 조직은 시스템 체계이다. 당신의 상사도 조직 시스템 속에서 움직이는 것이다. 그리고 그 능력을 인정받았기에 그 위치에 있는 것이다. 당신도 직장 상사의 생각을 헤아리기 위해 노력하자. 조직은 시스템이기에 성공적인 직장 생활에 핵심 열쇠가 될 것이다.

지식 학습법

정기적으로 지식을 쌓을 수 있도록 채널을 확보하자. 가장 손쉬운 방법으로는 관련 서적을 구독하는 것이다. 2018년 잡코리아에서 공개한 독서 관련 설문 조사에 따르면 20~30대 성인남녀 2,952명 중 298명(10.1%)이 "귀하는 최근 1년간 독서를 한 적이 있나요?"라는 질문에 "아니오."라고 답했다. 이처럼 2030대가 점점 독서 생활에서 거리가 멀어지고 있다. 실무 학습을 할 수 있도록 책을 한 달에 한 권을 읽거나 강의를 수강하는 등 정기적으로 꾸준히 할 수 있는 목표를 세워 실행하자.

폭넓은 사고와 트렌드를 알도록 잡지나 신문도 읽어 보자. 직접적인 실무가 아니더라도 복합적인 사고를 위해서 하루에 10분씩만 투자하여 잡지나 신문을 읽자. 나는 아침에 출근하면서 10분 정도 신문을 구독한다. 작은 것 같지만 1주일이면 50분이 된다. 이런 습관이 쌓이면 어느새 새로운 식견과 시각을 가지고 업무에 임하게 된다. 자신에게 맞는 시간대를 설정하여 꾸준하게 할 수 있는 시간대를 설정해 보자. 나는 점심 식사 후, 출근 시간, 아침 업무를 시작하기 전 등 많은 시간을 할애하지 않아도 읽을 수 있는 시간대를 추천한다.

실무에서 권위자를 선정해 자신의 롤모델을 삼아 학습해 보자. 나는 전에 모시던 인사 담당 임원과 인사 전문가이자 현재 롯데엑셀러레이터 대표이사로 근무 중인 전영민 작가를 멘토로 삼고 있다. 두 분은 공통점이 있다. 프로 의식을 가지고 일한다는 점이다. 난 항상 그들의 말에 귀 기울이며 나에게 접목할 방법을 찾곤 한다. 당신도 직무와 관련해서 본받을 롤모델을 찾아보자. 그래야만 정확하고 빠르게 직무 전문가로서 성장할 수 있다.

지식 학습을 위해서 비용과 시간을 기꺼이 사용하자. 직장인이라서 회삿돈이 아니면 직무에 관련된 학습을 안 하는 경우가 많다. 현재 직장이 아니더라도 직장인으로 프로가 되기 위해서는 근무 시간이 아니더라도 비용과 시간을 사용해야 한다. 노력이 들어가면 동기 부여가 되는 법이다. 동기가 있다면 어떤 학습도 스펀지처럼 흡수하게 된다. 나는 직무 전문가를 찾아서 세미나를 듣거나 직업인으로서 방향성에 대한 고민을 들어 줄 수 있는 멘토를 찾아 나선다. 당신도 기꺼이 노력하자. 그래야 지식 학습 효과가 극대화된다.

실무 학습 70%, 지식 학습 30%의 비율로 현장을 체험하며 공부해야 한다. 이는 향후 내가 성장하고자 하는 분야에서 전문가가 되는 자양분이 된다. 실무 학습과 지식 학습을 병행한다면 훨씬 더 성장할 수 있는 발판이 될 것이다. 어느 하나도 등한시하거나 게을리해서는 안 된다. 빠르고 정확하게 성장하기 위해서는 각 분야의 전문가를 찾아 나서자. 그리고 시간과 비용을 아낌없이 투자하자. 당신이 하루라도 빠르게 움직인다면 그동안 들였던 시간과 비용을 보상받는 시점은 빨라지게 마련이다.

Part 4.

회사 생활이
풍요로운 인간관계법

27.
경조사를 챙기고 티타임을 가지며
동료에게 도움을 주자

성공한 직장인들은 인간관계를 중요하게 생각하며 행동한다. 『회사가 붙잡는 사람들의 1% 비밀』의 저자인 신현만 작가는 반드시 확보해야 할 인재의 10가지 특징 중에서 '사람이 모여드는 사람으로 유능한 인재, 조직에 필요한 인재는 주변에 사람이 많이 모인다. 선수는 선수를 알아보고 프로는 프로를 알아본다. 그 사람이 특별한 목적 의식을 갖고 사람을 모으는 것도 아닌데 항상 사람이 모여 있다. 그에게 인덕이 있다는 얘기다.'라고 언급한다. 당신이 인재가 되기 위해서는 인간관계에 중요성을 인식하고 행동해야 한다. 인간관계로 풀지 못할 것 같은 일을 해결하는 경우가 적지 않다.

직장에서는 인간관계가 기본이다

업무도 사람의 의사소통에서 시작된다. 의사소통은 인간관계에 따라 결과가 달라진다. 사람이 잘 맞으면 일을 해도 신바람이 난다. 그러나 반대의 경우도 적지 않다. 그만큼 직장 생활에서는 인간관계가 성공의 기본이자 핵심 요소이다. 더불어 내부 직원들과의 관계에서 고객이나 납품업체 담당자 등 이해관계자도 인간관계의 중요한 인물이 된다. 이제부터라도 직장 생활을 성공적으로 보내기 위해 인간관계의 중요성을 인지하자. 사람들을 대하는 적극적인 태도를 가져 보자.

회식을 업무의 연장으로 인식하자. 최근 MZ세대로 인한 사회적 인식의 변화로 회식을 안 하는 문화가 확산되고 있다. 그러나 예나 지금이나 회식은 평소 팀원 간에 업무 이외의 사적인 부분에서 공유할 수 있는 시간이다. 보통 회식 장소에서는 업무 이야기보다는 시시콜콜한 이야기를 많이 하게 된다. 물론 회식을 자주 하라는 이야기가 아니다. 줄어든 회식만큼 술은 안 마시더라도 되도록 회식은 참여하는 습관을 갖도록 하자. 사람들과 관계에서 업무적인 이야기를 벗어나 자연스레 개인적인 일도 얘기할 수 있는 채널이다. 개인적인 일을 나누는 것은 친밀도를 높이는 방법이다. 회식을 통해 사람들과 고민을 나누고 공감하는 기회의 영역을 넓혀 보자.

직장 생활에서 함께 점심 식사하는 시간도 중요한 인간관계를 만들어 준다. 회식이 부담스럽다면 적어도 점심 식사를 하며 네트워킹을 하는 계기로 삼자. 점심시간이 되면 같은 팀원뿐만 아니라 다른 부서나 사외 직원들과 식사하면서 인간관계를 넓혀 보자. 사회적으로 고위직에 있는 분들의 경우 하루 24시간이 부족하기에 조찬, 오찬, 만찬을 활용하며 인간관계를 유지한다. 당신도 회식이 어렵다면 점심시간을 적극적으로 활용해 인간관계 확대에 저변으로 삼아라.

기버(Giver)의 생각과 자세를 가져야 한다. 인간관계는 기브 앤드 테이크라는 관계에서 시작한다. 그러나 성공한 사람들은 우선은 주는 것만 생각한다. 나만 해도 사회 경험이 쌓이다 보니 상대방이 계산적으로 나를 대하는지, 진정으로 나를 대하는지 바로 알아챈다. 평소 업무적인 일이나 개인적인 일에 대해서도 지금 당장 손해를 보더라도 주려는 습관을 갖자. 비록 내가 베풀기만 하고 상대방에게 되돌려 받는 것이 없더라도 나를 지켜보는 주변의 많은 사람이 나의 인덕을 알아보고 결국에는 내가 더 좋은 영향을 받게 된다.

경조사는 인간관계의 출발점이다

애사는 빼먹지 않고 챙기자. 필자가 장교로 복무하던 시절의 일이다. 부친상을 치르며 슬퍼하고 있을 때 부고 소식을 전하지도 않은 지인과 해외에 있어 국내에 있는 친구를 대신 보낸 지인도 있었다. 향후 둘의 관계는 어떻게 되었을까. 당연히 전자는 지금 연락을 안 하고 지내고 후자는 발전적인 관계로 성장해 서로에게 긍정적인 시너지를 주며 살아가고 있다. 애사는 그만큼 상을 치르는 사람에게는 평생 기억에 남을 만큼 큰 행사이다. 슬플 때 같이 나누는 사람이 기억에 남는다. 아무리 멀더라도 애사는 꼭 참여한다. 애사를 통해 기쁨과 슬픔을 함께하는 친밀한 관계로 발전시켜 보자.

직장인은 경조사에 대한 예의를 지켜야 한다. 경조사는 크게 결혼식, 상갓집, 돌잔치가 있다. 첫 번째로는 옷차림이다. 결혼식은 깔끔한 캐쥬얼 정장을 입고 가면 되나 상갓집의 경우에는 검은 양복에 검은 양말이 필수다. 운동복, 골프 웨어 등 너무 편한 복장은 삼가자. 옷은 시기, 때와 장소에 맞춰 적절하게 입는 것이 중요하다. 또한 상갓집에서는 분향할 때 위로하는 말이나 분향 방법에 대해서 한 번쯤 생각하고 입장하자. 또한 돌잔치인 경우에는 식전에 미리 식사하고 돌잔치 행사가 진행될 때는 행사에 집중하는 모습으로 응대하자. 별거 아닌 거 같지만 방심하다간 실수하는 일이 생기니, 항상 준비하는 자세를 갖자.

경조사는 기브 앤드 테이크라는 관계를 벗어나자. 물론 비즈니스 관계에서는 기브 앤드 테이크가 기본적인 관계임이 틀림없다. 그러나 한국에서 경조사는 상대방에 인간적인 예우를 갖출뿐더러 좀 더 발전적인 관계를 설정하고 싶다는 의사를 간접적으로 표현하는 계기가 된다. 이 사람은 나한테 안 해 줬으니 나도 안 한다는 생각으로 행동하면 자신이 상대방과 똑같이 된다. 당신은 성공해야 하는 사람이다. 그러므로 상대방이 비록 당신의 경조사를 안 챙겼더라도 먼저 손을 내밀자. 오히려 그 계기로 발전적인 관계로 도약할 수 있는 단초가 될 수 있다.

적극적인 경조사 참여는 조직에서 열정과 Loyalty를 보여 주는 대표적인 방법이다. 회사는 아무리 멀어도 궂은일을 마다하지 않고 경조사에 열심히 참여하는 직원에게 조직에 대한 열정과 Loyalty를 느낀다. 이는 앞서 언급한 개인적으로 인간적인 관계를 만드는 것을 떠나 회사라는 조직에도 긍정적인 이미지를 심을 수 있는 계기가 된다. 한국 사회에서 경조사는 중요한 행사이다. 직장 생활을 성공적으로 하기 위해 경조사에 적극적으로 참여하여 조직에 대한 열정을 보여라.

동료애를 다지는 방법

동료애는 개인 간에 감정이 교류하며 인간적인 관계가 성립할 때 만들어진다. 동료애를 다지고 싶다면 점심 식사나 티타임을 활용하자. 티타임이라면 점심시간 이후나 쉬는 시간을 활용해 짬짬이 시간을 만들어 보자. 또래라면 의외로 공감하는 부분이 있고 함께하거나 생각해 볼 수 있는 일들이 있다. 티타임은 5~10분 정도 짧지만 자주 가질 수 있는 시간이므로 적극적으로 활용해 보자. 신입일 때 티타임만 잘 활용해도 인간관계의 많은 부분을 해결할 수 있다.

같이할 수 있는 역동적인 활동도 추천한다. 회사에서 MZ세대가 주력 세대가 되는 분위기라면 회식을 술을 마시며 보내기보다 같이 즐기며 할 수 있는 문화 활동을 찾아보자. 예를 들면 공연을 같이 보고 맛집에서 식사를 하거나 최근에 생긴 레스토랑에 가서 품평을 하며 자연스레 공감대를 형성할 수 있는 활동을 하는 것이다. 자연스럽게 회식이 술을 먹으며 이야기를 나누는 것에서 모든 세대가 공감할 수 있는 채널로 활용될 수 있다. 직원이 당신에게 어떤 회식을 제안한다면 적극적으로 받아들여 문화 회식을 추진해 보자.

업무 처리가 어려운 후배들을 선뜻 도와주자. 업무에 있어서는 오지랖 있게 굴자. 개인적인 만남에서 오지랖을 떠는 건 부정적인 이미지를 심을 수 있지만 직장에서 후배가 업무를 보다 어려움에 처했다면 적극적으로 나서서 해결해 주자. "내 일도 많고 바쁩니다."라고 이야기할 수 있다. 물론 내 일도 중요하다. 그러나 훗날 리더가 될 사람은 달라야 한다. 미리 리더 연습을 한다 생각하고 후배를 성의껏 코칭해 주자. 당신이 리더가될 때 후배는 당신의 든든한 우군이 되어 줄 것이다. 미래의 우군을 잘 챙기는 습관을 갖도록 하자.

후배들에게 이유 있는 칭찬과 격려를 해 주자. 직장 생활에서 가장 흔하게 듣는 말은 "수고했어."라는 말이다. 형식적인 인사말이 될 수 있다. 그러나 후배들에게는 이유가 있는 칭찬과 격려를 해 주자. 어떤 이유로 당신이 칭찬받을 만한지 또는 격려를 받아 마땅한지 구체적으로 설명하자. 그래야 당신이 이야기하고 있는 칭찬이나 격려에 대해 듣는 사람도 감사함을 느낀다. 더불어 꼭 후배가 아니더라도 선배에게 감사할 일이 있으면 '감사하는 이유'에 대해서도 언급하며 감사함을 표현하자. 표현하는 사람이 곧 진정한 위너이다.

성공적인 직장인이 되고자 하는 사람은 경조사나 회식 등 각종 행사를 능숙하게 챙긴다. 조직과 개인적인 인간관계에서 애정과 열정을 보여 주는 좋은 기회일 수도 있다. 노력한 만큼 발로 뛴 만큼 얻어 간다. 비록 성과가 지금 당장 눈에 보이지 않더라도 성실하게 사람들과 개인적으로 접촉할 기회를 만들자. 당신이 언젠가 리더가 되었을 때 그들이 당신을 단단히 지지해 줄 것이다. 직장 생활은 성과를 낼 때 의미가 있다. 그리고 성과는 그동안 내가 인간관계를 얼마나 잘 만들었느냐에 따라 차이가 난다.

28.
직장 동료들에게는
받은 것보다 좀 더 주도록 한다

미국 브리검영대학교 조직행동 교수인 스티븐 코비의 『성공하는 사람들의 7가지 습관』을 보면 "사람과 사람이 만나면서 서로의 마음속에 있는 상대방 명의의 계좌가 개설된다. 즉, 내가 누군가를 만나면 내 명의의 계좌가 개설되는 것이다."라고 한다. 만남은 즉시 상대방에게 자신의 이름이 새겨지는 것이다. 직장 동료와 관계에서 업무적으로 부딪히다 보면 인간관계에서 중요한 주거니 받거니 하는 사이가 된다. 결론부터 말하자면 테이커보다 기버가 되도록 노력하면 성공적인 직장 생활을 할 수 있다.

기버(베푸는 사람)의 특징

기버는 직장 생활에서 성공한 사람들이 공통으로 가진 특성 중 하나이다. 기버는 기브 앤드 테이크에서 주는 입장이다. 먼저 정보, 지식 그리고 도움을 주면서 인간관계를 확대해 나간다. 그들은 그것을 방점으로 관계가 직접적으로 있건 없건 개의치 않는다. 그런 부류의 사람들이 직장에서 성공하는 것이다. 도움을 요청하는 사람에게 거절보다 먼저 다가가 도움을 주며 건설적인 관계를 지향한다. 당신도 성공적인 직장 생활을 위해서는 기버로서 기브 앤드 테이크에 얽매이지 말고 기버로서 적극적으로 다가가자.

기버의 또 다른 특징은 장기적인 관점에서 생각한다. 직장 생활에서 만난 인간관계를 그저 업무 관계로만 있지 않고 개인적인 사이로 발전시킨다. 한국과 같이 인연을 소중히 생각하는 사회에서는 더욱 중요하다. 직장 생활을 하다 보면 해당 실무를 할 때는 친했다가 그 업무가 끝나면 관계를 단절하는 사람들이 참 많다. 그런 관계는 진정한 인간관계가 아니다. 설령 그 실무가 종료되었더라도 꾸준히 연락하며 관계를 이어 나가자. 그런 행동들이 기버로서 장기적인 관점에서의 인간관계를 맺는 법이다.

기버는 비즈니스에서 인간관계를 중시한다. 성공적인 직장인은 비즈니스라는 특성을 잘 이해하며 인간관계를 중요하게 생각한다. 자신이 흔히 '갑'이더라도 '을'에게 친절하다. 기버는 주는 것을 기뻐한다. '갑을' 관계와 같이 비즈니스에는 엄연히 존재하지만 사람과 사람이 만나는 것을 중요하게 생각하자. 평소 사무실을 청소해 주시는 분들이나 경비실에서 근무하시는 분들께 하는 따뜻한 인사 한마디가 당신의 인간관계를 따뜻하게 연결해 줄 수 있다.

기버는 폭넓게 생각한다. 기버는 상대방과 자신과의 관계를 벗어나 생각한다. 일례로 상대방에게 어떤 것을 내어 줄 때 보통의 사람들은 그 상대방에게 받을 생각을 하게 된다. 그러나 세상 이치는 다르다. 그 상대방이 안 주는 경우가 더 많다. 그런 경우에는 자신이 스트레스를 받아 상처로 남는다. 그러나 기버는 생각이 다르다. 그 사람에게 안 받더라도 돌고 돌아 다른 이가 자신에게 복을 가져다주는 것을 잘 알고 있다. 그런 믿음의 확신이 행복한 기버로 발돋움을 하게 한다.

테이커의 특징

조직에 10~20%는 테이커다. 나는 테이커가 느끼는 여러 가지 생각을 공유했는데, 그때 느낀 점을 정리해 보겠다. 첫 번째로 테이커는 모든 일을 두고 사람의 관계는 기브 앤드 테이크라고 착각한다. 그러나 정작 테이커는 상대방에게 주는 것을 꺼린다. 설령 주었다 하더라도 그것을 어떻게 해서든 다시 받거나 그 이상의 것을 요구한다. 내가 테이커로서 행동한다면 상대방은 나와 기브 앤드 테이크 이상의 관계를 원하지 않을 것이다. 나와 상대방의 인간관계는 딱 거기까지다. 직장 생활에는 당연히 업무적으로 기브 앤드 테이크가 있긴 하나 매사 돌려 받을 것을 바라며 내어 주지는 말자.

두 번째 특징이다. 테이커는 현재의 관점에서만 생각한다. 테이커들은 대부분 단기적인 관점에서 인간관계를 만들어 나가려고 한다. 관계가 장기적으로 이어지면 자신이 일부 손해를 보는 것에 대해서 불안하거나 불만이 쌓인다. 그렇게 불만이 쌓이다가 감정을 통제하지 못해 상대방과 마찰이 생기는 것이 보통이다. 테이커가 하는 행동을 상대방은 물론 함께 근무하는 직장 동료들도 잘 알고 있다. 그런 이미지는 한 번 굳어지면 바꾸기 어렵다.

테이커는 비즈니스에서 단기적인 성과를 중시한다. 테이커는 비즈니스에서 인간관계를 성과에 치중해서 관계를 맺는다. 성과 중심으로 사람과 일을 판단하다 보면 훗날 문제가 생겼을 때 동료들의 도움을 받기 어렵다. 어려운 상황에 나서서 나를 도와주는 사람은 내 기억에는 없더라도 언젠가는 내가 도왔던 사람이다. 그러나 테이커는 이런 도움도 받기 어려워 곤경에 처해 문제 수습이 안 되는 경우가 많다. 부디 당신은 단기적인 성과를 위해 사람과 관계를 망치지 말도록 하자.

테이커는 주변에 사람이 없다. 사전적인 용어인 사람이 없다는 것보다 진정한 내 사람이 없다는 것이다. 10년 이상 직장 생활을 해 본 경험상 테이커는 기브 앤드 테이크의 관계에서 벗어나지 못한다. 그렇다 보니 상대방도 테이커의 성향을 잘 알고 있다. 상대방도 비즈니스 이외에 개인적인 관계를 맺고 싶어 하지 않는다. 당신이 만약 테이커라면 내 사람이 있는지 곰곰이 생각해 보자. 그게 아니라면 고민을 해 보아야 한다. 내 사람을 어떻게 만들어 나갈 것인가를 말이다.

기버가 되는 방법

오늘 하루 상대방에게 도움 주는 행동을 하나씩 해 보자. 직장 동료에게 따뜻한 말 한마디, 작은 도움 그리고 작은 관심이 그것이다. "오늘 옷을 멋지게 입고 오셨네요.", "감기에 걸리신 것 같은데 비타민 드시고 힘내세요." 등 일상적인 관심을 가지고 동료를 대하자. 따뜻하고 상대에게 관심을 표현하는 말 한마디는 당신의 이미지를 긍정적으로 만드는 데 큰 도움이 된다. 착각하면 안 된다. 관심을 표현하는 것은 상대방에게 아부하는 것이 아니라 인간적인 '관심'으로서 관계를 돈독게 해 준다.

작은 기부나 봉사 활동을 시작해 보자. 삶을 돌아볼 때 동기 부여는 무엇보다 중요하다. 나는 매년 영아원에 작지만 기부금 전달을 하거나 회사에서 진행하는 봉사 활동에 적극적으로 참여한다. 나의 삶을 전반적으로 생각할 때 값지고 보람이 있는 행동이기 때문이다. 이런 행동은 자신에게 동기 부여가 되며 기버로서 자기 자신에게 행복감을 줄 수 있기에 적극적으로 작은 행동부터 실천해 보자.

상대방에게 줄 때는 다른 생각을 안 해야 한다. 생일인 사람에게 기프티콘을 선물하고는 내 생일이 되었을 때 선물을 안 보내 준다고 서운해한 적이 있는가. 그렇다면 그런 것을 내려놓고 주는 것에 익숙해지자. 바보 같다고 생각할 수 있다. 그러나 기버로서 주는 행복과 받는 사람이 고마움을 표현할 때를 기억하며 동기 부여를 하자. 준 걸 일일이 기억하고 받을 것을 따지면 나만 스트레스 받는다. 전혀 득될 것이 없다.

받은 것이 있다면 꼭 기억해서 그 이상으로 되돌려 주자. 기버는 100을 받았다면 100 이상을 주려는 생각을 늘 가지고 있어야 한다. 그래야 상대 방은 고마움을 알고 관계를 이어 나가려고 한다. 당신이 100을 받았다고 당신이 그대로 100을 주면 그건 기브 앤드 테이크 관계이다. 먼저 나서서 100 이상을 주려고 할 때 당신이 행복감이 높아지고 궁극적으로 관계를 확대 해 나가 성공적인 직장 생활을 영위할 수가 있다. 퇴직하신 선배들을 보면 관계를 지속적으로 유지하신 분들이 제2의 직업을 찾을 때 도움을 받는다고 한다.

인간관계의 기본은 기브 앤드 테이크라는 생각을 가져야 한다. 그러나 먼저 상대에게 주는 습관과 생각을 가져야 한다. 꼭 그 사람에게 안 받더라도 베푸는 삶을 살다 보면 다른 사람에게 받게 된다. 그러나 자연스럽게 상대방에 주는 습관을 가져보자. 돌고 돌아 결국은 내가 베푼 대로 다시 내가 받게 된다는 본질을 아는 사람들이 성공한 사람들이다. 성공한 사람이 가진 여유는 사실 전략적이고 장기적인 관점에서 인간관계를 만든 덕분에 가질 수 있는 것이다. 그들만의 성공 방식을 답습하여 따라 행동하자.

29.
X세대의 상황과 입장을
잘 헤아리며 일해야 한다

강원도 정무부지사를 역임했던 조관일 작가는『회사는 유치원이 아니다』에서 '신세대를 이해하고 수용하는 것도 좋지만, 그전에 먼저 그들이 회사와 상사를 이해하고 수용해 스스로 잘 따르는 것이 중요하다.'고 했다. 직장은 이제 X세대와 MZ세대로 양분되어 구성되었다. 세대 간 갈등이 아니고 협업하며 최고의 성과를 만들어야 하는 비즈니스 파트너이다. 그러므로 이번 장에서는 세대 간에 서로를 이해하는 방법과 특징을 살펴보자. 또한 어떻게 소통할지도 함께 고민해 봐야 한다.

서로를 이해하기

최근 한국시엑스(CXO) 연구소가 발표한 '국내 주요 55개 기업 임직원 연령대 현황 분석' 결과를 보면 MZ세대 직원 비율이 30% 이상인 국내 기업은 삼성바이오로직스 58.3%, 삼성전기 50.9%, CJ제일제당 37.6% 등

기업 내 MZ세대 구성 비율이 상당히 높은 편에 속하고 있다. 이러한 구성 비율의 증가 추세는 계속해서 높아질 것으로 예상된다. 이처럼 기존 직장 상사의 역할을 하는 X세대(1964년생~1979년생)와 신입 사원이거나 초급 관리자 역할을 하는 MZ세대(1980년생~2000년생) 간에 서로를 이해하는 데 더욱 중요해지고 있다.

직장 생활을 시작하는 MZ세대의 특징은 무엇일까. 하드웨어적으로는 바로 스마트 기기를 잘 활용할 줄 안다는 것이다. 그들은 어렸을 때부터 PC이나 스마트폰을 이용하면서 자연스럽게 받아들인다. 또한 조직을 위한 희생보다는 개인의 행복을 우선시하는 경향이 있다. 그래서 조직의 성장보다는 개인의 행복에 관해 관심이 많다. 또한 3만 불 시대를 사는 첫 선진국 국민에 해당하는 세대이기도 하다. 이러한 X세대의 성장 배경과 생각의 차이는 이 시대의 기업이 세대 간 갈등으로 고민하는 부분이다.

직장 생활을 하는 X세대의 특징에 어떤 것들이 있을까. X세대는 사회가 급격히 발전하는 단계에서 성장한 세대이다. 이들은 전쟁 세대인 베이비붐 다음 세대로서 컬러 매체, 프로야구, 드라마, 영화, 올림픽 등 처음으로 즐길 거리를 누린 세대이기도 하다. 현재 우리나라의 40대~50대를 책임지고 있는 세대로서 기업에서는 상사로서 역할을 수행하고 있다. 이들은 1만 불 시대를 비롯해 개발도상국의 시대를 살아오며 치열하게 살아왔다. X세대는 과거에 '신세대'로 불리며, 기성세대와 치열하게 부대끼며 직장 생활을 하는 세대이다.

서로에 대한 세대 공감의 필요성이 대두되고 있다. 기성세대는 MZ세대를 이해할 수 없다며 피하거나 MZ세대는 꼰대 문화라면서 일단 피하는 경우가 너무 많다. 직장인으로서 성공하기 위해서는 피할 수 없으면 즐겨야 한다. 피한다고 답이 나오는 게 아니다. 조직 내에서 갈등만 쌓여 곪아 터지기만 기다릴 뿐이다. 이 책을 구독하고 있는 당신은 세대 갈등을 넘어 성공적인 직장인으로서 성장하기 위해서는 먼저 다가가 손을 내밀자. 그래야만 갈등의 간극이 좁혀질 수 있다.

세대 간에 소통이 필요하다

예전에는 회식을 직원 간에 소통하는 취지로 추진하고는 했다. '술'이라는 매개체로 쉽게 일치단결하는 것이 일반적인 모습이었다. 그러나 지금은 개인의 취향과 생각이 중요해지고 있다. 소통하기 위해서는 차를 마시거나 간담회 자리를 만들고, 영화나 공연을 관람하는 등 문화 회식을 하는 형태로 MZ세대와 X세대 간에 소통하는 채널을 확보해 나가자. 실제 식품 회사 모 대기업에서는 팀 회식을 할 때 팀원들의 의견을 받아 팀활동을 한다. 반응도 좋고 세대 간에 이해하며 공감대를 쌓는 계기가 되었다고 한다. 다른 세대를 공감하는 능력도 필요한 것이다.

나이가 많거나 상사라고 무작정 꼰대라고 부정적으로 평가하기보다 동행하는 세대라는 의식을 갖자. 젊은 세대인 우리도 언젠간 꼰대 소리를 들을 때가 온다. 그들이 왜 꼰대가 되었는지 생각해 본 적이 있는가. 고대 이집트의 벽화에도 '요즘 젊은 것들은 버릇이 없다.'고 적혀 있다고 한다. 사실상 꼰대라고 부르는 문화는 고대부터 현재 그리고 앞으로도 있을 거란 말이다. 성공할 직장인이라면 서로의 경험과 살아온 시대 환경, 생각의 차이를 인정하고 포용하는 능력이 필요하다. 그래야 성공할 수 있다. 남들이 모두 꼰대라고 피할 때 진정으로 다가서서 알기 위해 노력하는 행동이야말로 용기 있고 남들과 차별화된 능력이 된다.

후배를 대할 때는 공정하게 평가하는 습관을 갖자. 당신이 만약 후배가 2명 이상이 있다면 되도록 공정하게 평가하는 습관을 가져야 한다. 그렇지 않고 편애하는 느낌을 후배가 받는다면 당신을 젊은 꼰대로 평가할 수 있다. 꼰대는 자신이 생각하는 것이 무조건 맞다며 막무가내로 후배를 가르치려 드는 사람이다. 그러므로 후배들에게 왜 그렇게 업무를 해야 하는지 이유를 들어 가르치고, 내 판단이 틀렸을 때는 순순히 인정하는 태도가 필요하다. 왜냐하면 선배도 직장인으로서 아직 미완성이기 때문이다.

사적인 일과 업무적인 일을 구분하여 직장 내 거리두기가 필요하다. MZ세대는 일과 개인의 삶을 구분하려고 한다. 그러므로 사적인 일에 조언이랍시고 나서지 않도록 해야 한다. 일에 대한 오지랖은 인정될 수 있으나, 사적인 일에까지 나선다면 꼰대가 되기 쉽다. 당신이 선배라면 후배가 물어보기 전에는 사적인 일에 관여하지 말자. 어느 정도의 개인 영역을 보장해 주는 이른바 '직장 내 거리두기'도 필요하다.

젊은 꼰대의 특징

꼰대는 나이의 문제가 아니라 공감 능력이 부족한 사람에게 붙는 별명이다. 흔히 꼰대라고 하면 나이 든 상사로 인식하기 쉽다. 그러나 나이가 젊더라도 꼰대 소리를 듣는 사람들을 살펴보면 공감 능력이 부족한 경우가 많다. 매사 자기 위주로 생각하며 상대방의 의견은 무시하는 유형이다. 그러므로 당신이 대리나 사원으로서 후배를 가르칠 때는 상대방의 의견을 무시하지 않고 공감하는 능력을 갖춰야 한다. 그래야 요즘 이슈인 젊은 꼰대에서 해방될 것이다.

젊은 꼰대는 이쪽에서 궁금하지 않은데도 '아는 척'을 하기 바쁘다. 젊은 꼰대의 특징 중 하나는 모든 것을 다 아는 것처럼 말한다는 것이다. 그런 사람은 회사일 뿐만 아니라 경영, 경제, 시사상식 분야에서도 해박한 척을 한다. 처음에는 그에게 호감을 갖고 지식이 많은 사람으로 생각할 수 있다. 그러나 과유불급이라고 했다. 시간이 지나면 밑천이 드러난다. 점차 별 볼 일 없으면서 '아는 척'하는 사람으로 이미지가 굳어진다. 되도록 상대방이 묻지 않으면 먼저 아는 척을 하지 않는 지혜와 겸손을 갖추자.

자신이 하고자 하는 이야기가 무조건 옳다고 믿는다. 그런 사람들은 보통, "내가 그거 해 봐서 아는데.", "네가 몰라서 그래." 이런 말버릇을 일삼는다. 겸손한 사람은 내 생각과 하고자 하는 말이 옳더라도 "그래? 그렇게 생각할 수도 있겠네." 하며 열린 사고로 대화를 이어 간다. 나이 차이가 별로 나지 않더라도 소통과 공감 능력이 없으면 요즘은 젊은 꼰대가 될 수 있다. 그러므로 당신은 열린 사고로 대화할 때 상대방의 말을 잘 들어주고, 충분히 공감을 해 준 뒤에 내 생각을 말하자. 부드러운 분위기에서 소통과 공감의 대화를 이어 갈 수 있을 것이다.

상대방을 배려할 때 '젊은 꼰대' 소리를 듣지 않는다. 젊은 꼰대는 선배로서 상대방(후배)을 배려하지 않을 때 발생한다. 그러므로 선배의 입장이 된다면 상대방을 배려하자. 예를 들어 "회식 참석해."보다는 "오늘 회사 참석할 수 있니?"라고 물어 후배가 스스로 선택할 수 있도록 의사를 묻자. 그리고 만약 당신이 의사를 밝혀야 하는 후배 입장이라면 예의 있게 사양하자. 단순하게 "일이 있어서."라고 대충 얼버무리지 말고 "이번에는 어떤 일로 참석이 어려울 것 같습니다. 다음에는 꼭 참석하겠습니다."라며 구체적인 사유를 들어 말하자.

MZ세대는 회사와 상사가 본인을 이해해 주길 원하지만, X세대도 회사와 상사 입장을 MZ세대 직원이 이해해 주길 원한다. 국민소득 3만 불시대의 MZ 신입 사원과 X세대의 5천 불~1만 불 시절의 신입 사원은 직장 생활이 당연히 다르다. 그러니 다른 세대를 살아온 서로를 틀렸다고 판단하지 말고 환경이 달랐음을 인정하고 이해하자. 그래야 현명한 젊은 직장인으로서 생활할 수 있다. 무조건 피한다고 답이 아니다. 꼰대라고 욕할 것도 아니다. 어차피 공존해야 하는 직장 생활이라면 같이 현명하게 극복하는 것이 중요하다.

30.
대리급·과장급 사원은
의무적으로 후배를 코칭해야 한다

〈유퀴즈 온 더 블록〉에서 전국 주류 업계 최초의 여성 영업팀장인 유꽃비 저자는 『프로 일잘러』에서 "가뜩이나 무능한 팀장님 때문에 죽어 나는 후배들을 두고 중간 직급인 사람들까지 손을 놓게 되면 상황은 2배로 힘들어진다. 일 잘하는 후배가 이직하거나 퇴사하면 힘든 건 팀장이 아니라 바로 '나'라는 것을 항상 명심해야 한다."고 언급한다. 이는 후배를 챙기는 책임이 팀장뿐만 아니라 대리나 과장에게도 있음을 의미한다. 그러나 코칭을 잘못하면 MZ세대에게 이른바 '젊은 꼰대'로 낙인 될 수 있다. 올바른 코칭을 위한 방법들을 살펴보자.

매뉴얼의 중요성

신입 사원에게 매뉴얼이란 무엇일까. 이 질문에 필자가 재직 중인 회사에 최근 입사한 신입 사원들을 10여 명을 대상으로 물어보았다. 직무와 관련 없이 매뉴얼은 어떤 업무를 하는 것에 대해서 접근하는 방식을 쉽게 정리한 지침이라고 생각한다. 대부분 신입 사원은 선배 사원이 바쁘다 보니 혼자 해결하려고 한다. 업무 순서가 정리된 매뉴얼을 보면 혼자서 문제를 해결할 수 있다고 생각하는 것이다. 신입 사원은 아무래도 조직에 아직 적응이 안 되어 있다. 그러므로 신입 사원이 알기 쉽게 매뉴얼을 제작해야 한다.

실제로 신입 사원은 혼자서 업무를 진행해야 하는 경우가 많다. 그러나 일부 회사가 체계적이지 못한 프로세스로 인해 매뉴얼보다는 구두로 인수인계나 교육을 병행한다. 그렇다 보니 바쁘다는 이유로 매뉴얼을 만들지 못해 체계적인 OJT를 못 하는 경우가 많다. 매뉴얼은 실질적인 업무 프로세스가 한눈에 보여야 한다. 그래야 신입 사원은 물론 전 구성원이 사용할 수 있는 실질적인 매뉴얼이 된다. 당신도 선배가 작성했던 매뉴얼을 살펴보라.

MZ세대에게 알기 쉽게 정리한 매뉴얼을 주는 세련된 꼰대가 되어 보자. 한번은 〈대학 내일〉의 김영훈 대표이사의 강연을 들은 적이 있다. 그는 꼰대와 그렇지 않은 사람과의 차이를 구분했다. 그는 "꼰대는 상대방이 궁금하지 않은 것을 알려 주는 것이다. 그렇지 않은 사람은 궁금한 것만 알려 주는 것이라."고 주장했다. 맞는 말이다. 당신은 세련된 꼰대가 되기 위해서는 매뉴얼이 상세히 적혀 있는 문서로 상대방을 가르쳐 보자. 그리고 거기에서 궁금한 것을 물어보면 답변하는 세련된 선배가 되어 보자.

매뉴얼은 주기적으로 업데이트하자. 업데이트가 안 되는 매뉴얼은 그 가치가 많이 퇴색된다. 그렇다면 어떤 식으로 매뉴얼 업데이트를 해야 할까. 먼저 업무 프로세스 순서로 목차를 정리하고 성과에 대한 목표를 설정하고 주요 과정을 나열하도록 한다. 이때 중요한 것은 업무 진행 과정에서 필요한 PC 화면을 캡처해서 매뉴얼에 담아 놓는다면 더욱 효과가 좋다. 그리고 강조할 문구나 이 시점에서 어떤 일을 중요하게 생각해야 하는 것도 표기하면 더욱 유용한 매뉴얼이 될 것이다.

선배로서 코칭의 의무

선배라면 후배들을 코칭해야 한다. 『이그제큐티브 코칭의 이론과 실제』의 저자 김현정 작가는 '세상은 더 좋아져야 한다. 그러기 위해서는 훌륭한 리더가 필요하다. 훌륭한 리더 옆에는 좋은 코치가 있어야 한다. 그리고 좋은 코치가 되려면 그 전에 코칭의 효과를 스스로 느껴 봐야 한다.'고 주장한다. 당신은 팀장이 아니더라도 선배로서 후배를 코칭해야 한다. 그래야 훗날 좋은 코치로 성장할 수 있다. 직장 생활에서 훌륭한 리더가 되는 것은 필수 덕목이다. 그러므로 의무감을 가지고 후배를 코칭하자.

코칭은 업무에 빠르게 적응하고 성과를 내는 방법을 알려 주는 것이다. 다분히 업무 프로세스만 알려 주는 것이 코칭이 아니다. 신입 사원이라면 빨리 조직에 적응할 수 있도록 조직문화를 알려 주는 것도 코칭이다. 추가로 성과를 내는 방법에 대한 노하우도 전수해야 한다. 나만의 비밀이라고 생각하고 감추고 있다면 그것은 하수일 뿐이다. 당신은 성공적인 직장인이 되어야 한다. 담대한 꿈을 꾸는 직장인으로서 자신이 고민하고 실행했던 노하우를 기꺼이 알려 주자. 가르치면서 덩달아 더욱 성장하는 자신을 발견할 것이다.

매뉴얼은 쉽게 읽히고 쉽게 행동할 수 있도록 정리한다. 매뉴얼 작성에서 가장 쉽게 하는 실수는 글쓴이 중심으로 작성한다는 점이다. 수년간 근무했던 경험과 지식을 통해 작성한 매뉴얼은 이제 막 들어온 신입 사원이나 전보 발령으로 인해 처음 업무를 수행하는 사람에게는 여간 어려운 일이 아니다. 그러므로 신입 사원이 읽어도 이해가 될 것으로 관점을 바꿔 작성하자. 매뉴얼상에서 그림, 사진, 글쓴이의 의견도 같이 포함해서 작성하자. 그렇게 하면 매뉴얼을 쉽게 이해하고 바로 행동으로 옮기는 실질적인 매뉴얼이 된다.

후배의 고민을 들어 줄 수 있는 채널이 되어 보자. 선배는 코칭할 때 업무 이외의 면까지 챙기는 책임을 가져야 한다. 후배의 고민을 들어 줄 수 있는 상담자 역할도 수행해야 한다. 업무를 수행하는 후배에게 막히는 부분은 없는지 수시로 물어보자. 후배들은 일이 잘 안 되면서도 선배들이 바쁜 것 같아 말도 못 꺼내고 끙끙 앓는 경우가 많다. 그러므로 선배라면 수시로 후배에게 막히는 일은 없는지, 업무적으로 고민되는 것은 없는지 습관적으로 물어보는 것도 좋은 방법이다.

선배로서 코칭하는 방법

흔히 "라떼는 말이야."보다는 "이런 식으로 해 보면 어때?"하고 선택하도록 코칭하자. 언제부턴가 "라떼는 말이야."는 꼰대의 대표 언어로 치부되었다. 자기주장만 내세우며 상대방의 생각은 존중하지 않는 사람의 입에서 나오기 쉬운 말이다. 그러므로 후배가 당신에게 의견을 말할 때는 "좋은 생각이다. 이렇게도 생각해 보면 어떨까?"하며 존중과 함께 의견을 제시하는 습관을 가져 보자. 의외로 후배들도 선배를 존중하고 좋아할 것이다. 상호 존중을 하는 태도는 같은 MZ세대와 업무를 수행할 때 꼭 필요하며, 잘 실천한다면 나만의 노하우가 될 것이다.

작은 것에도 칭찬하며 코칭하자. 나는 일본인 직장인을 볼 때 놀라곤 한다. 일본인은 세계적으로도 이미 친절하다는 이미지를 갖고 있다. 그들은 '감사하다.', '죄송하다.'는 표현을 자주 사용한다. 워낙 친절함이 일상이다 보니 전 세계인들에게 친절하고 매너 있는 나라로 평가를 받는다. 나도 후배에게 진심을 담아 작은 것에도 고마움을 표현하고 칭찬하며 코칭하자. 사소한 일이라도 당신의 칭찬 한마디가 코칭에 성패를 좌우할 수 있다.

선배로서 코칭하는 경험은 리더십을 연습하는 계기이다. 훗날 리더가 되는 연습이다. 리더는 하루아침에 만들어지지 않는다. 단순하게 업무만 잘하고 성실해서는 리더가 될 수 없다. 리더는 사람과의 관계를 통해 성과를 만들어 내야 한다. 평소 후배를 진심 어리게 코칭하여 리더십을 연습하도록 하자. 업무와 업무 이외의 것들을 통해 직장 동료와 인간관계를 배우는 계기로 삼자. 조직에서도 코칭을 잘하는 사람을 리더로 세우고 싶어 한다. 왜냐하면 코칭을 잘하는 사람이 조직의 성과에도 크게 기여할 수 있기 때문이다.

힘든 후배가 있다면 먼저 다가가 커피 한잔, 밥 한 끼를 사주자. 선배가 되면 어려움을 겪는 후배들이 잘 적응할 수 있도록 코칭해 줘야 한다. 일 잘하는 후배가 이직하거나 퇴사하게 된다면 당신이 별로 도움이 되지 않는다는 뜻이기도 하다. 힘든 후배가 있다면 방치하거나 방관하지 말자. 먼저 다가가 커피 한잔, 밥 한 끼 먼저 청하며 고충을 상담할 수 있는 채널이 되어 보자. 훗날 직장 동료로서 관계를 지속하기 위해서도 어려울 때 힘이 되는 선배는 진정으로 따르게 되는 법이다. 그러므로 20~30대 직장인으로서 돈을 아까워하기보다 사람과 진정한 소통을 소중히 여기자.

최근 많은 회사에서는 MZ세대가 주력이 되고 있다. 시간이 흐르면 흐를수록 MZ세대의 비율은 점차 확대될 것이다. 당신도 어쩌면 MZ세대일 것이다. 필자도 마찬가지다. 그러나 같은 세대여도 수년간 근무하면서 하게 된 생각과 신입 사원의 생각은 다를 수밖에 없다. 오죽하면 '젊은 꼰대'라는 용어가 생겼겠는가. 언젠가는 성공하는 직장인으로서 우리도 선배가 되고 리더가 된다. 최근에 들어온 신입 사원을 보면 다양성이 존중되는 시대를 살아왔다. 지금부터는 새로운 사고를 이해하고 포용하는 능력이 꼭 필요하게 된 것이다.

31.
회사에서 진실로 고민을 나눌 수 있는 소울 메이트를 만들어야 한다

유재석과 조세호가 사람들의 일상 속으로 직접 찾아가 담소를 나누고 퀴즈를 내는 길거리 토크쇼 프로그램 〈유퀴즈 온 더 블록〉에 전국 주류 업계 최초의 여성 영업 팀장인 유꽃비 저자가 출현했다. 그는 『프로 일잘러』에서도 '각자의 입장이 있는 회사에서 모두에게 '좋은 사람' 소리를 들을 순 없다는 걸 이제 우리는 인정해야 한다. 그렇다고 속상해하기는 이르다. 업무적인 관계로 시작했어도 개인적인 고민과 어려움, 기쁨을 함께 나눌 수 있는 진실된 관계의 사람들도 있다. 같은 회사에게 일하니 공감이 깊고, 조언도 보다 실질적이다. 이런 건강한 관계에서는 서로를 응원하고, 지지하고, 돕는다. 이러한 관계는 상대방이 회사를 떠난 뒤에 더욱 단단해질 수 있다.'는 생각을 말했다.

회사에 우군이 필요한 이유

회사 생활은 마라톤과 같다. 그러므로 동반자가 필요하다. 마라톤 선수는 홀로 42.195km을 뛴다. 직장인도 직장 생활이라는 마라톤을 하면서 숱한 어려움과 도전적인 상황에 직면하게 된다. 그럴 때일수록 같이 협력하여 도움을 주는 사람이 필요하다. 그래야 장기전에 대비할 수 있다. 지쳐 쓰러져도 "힘내자.", "같이해 보자."는 응원 한마디가 또 한 걸음을 내딛게 하는 계기가 되기 때문이다. 당신도 동반자 같은 우군을 만들어 보자. 앞으로 오랜 직장 생활에서 반드시 필요한 존재이다.

우군은 사내에서 정치 파벌을 만들 때 도움을 주는 것과 다른 개념이다. 보통은 우군을 만든다고 하면 사내 정치를 하기 위한 조직을 떠올린다. 그러나 그런 개념이 아니다. 우군은 가치를 나누고 손해를 보더라도 함께 나아가는 사람을 일컫는다. 반대로 사내 정치는 이해관계를 시작으로 자신의 이익을 위해서 뭉쳐진 관계이다. 또 하나의 특징은 사내 정치는 특정 인물이 무너지면 전체 조직이 무너진다. 그러나 동반자적 관계는 1:1의 관계이다. 그러므로 동반자적 관계로서 우군을 확보해야 한다.

인기 투표가 아니다. 우군이 많을수록 직장 생활에서 많은 도움을 받을 수 있다. 우군이 많으면 좋겠으나 단 한 명이라도 집중하자. 옛말에 '진정한 친구 한 명만 있더라도 성공한 삶'이라고 이야기하지 않는가. 자신과 생각과 뜻이 비슷한 사람이 단 한 명만 있더라도 직장 생활에서 성공했다고 이야기할 수 있다. 당신도 돌이켜 생각해 보라. 진정한 직장 동료로서 회사를 퇴직하더라도 꾸준히 연락하며 남은 삶을 함께 나눌 사람이 있는지 말이다. 그러므로 지금 당장의 인기 투표로 우군을 고를 것이 아니다.

회사를 떠나도 인간관계를 지속해야 한다. 이는 우군이어야 지속적인 인간관계가 유지된다. 나의 한 지인은 재직 당시에 개인적인 1:1 인간관계를 많이 만들었다고 한다. 보통 임원의 경우 퇴임 이후에는 차츰 연락이 닿지 않아 인간관계가 끊어지는 걸 당연하게 받아들인다. 그러나 이분의 경우 그런 1:1 인간관계로 인해 은퇴 후에 꾸준히 연락하는 것은 물론 은퇴 후 2막에 대한 비즈니스에도 인간관계를 활용하여 새로운 시작을 할 때도 여러 도움을 받았다고 한다. 이처럼 회사를 떠나도 지속적인 인간관계를 만들어야 한다. 그래야 직업인으로 또 다른 인생에도 든든한 우군이 된다.

우군의 특징

업무적인 관계에서 개인적인 관계로 확장되는 인물이다. 보통은 업무적인 관계로 시작하여 담당자에게 관심이 생겨 개인적인 관계로 확장되는 경우가 많다. 우군을 가까운 곳에서 찾아보자. 일을 할 때 자신과 뜻이 맞는 사람들의 면면과 생각을 살펴보자. 비슷한 생각과 가치관을 갖고 있다면 금방 가까워질 것이다. 그러므로 현재 당신이 하는 업무에서 함께 협조해 가며 일하는 사람을 생각해 보자.

사내 정치적인 이야기가 아닌 미래의 고민을 함께 나눌 수 있는 인물이 필요하다. 사내 정치적인 이야기보다 내 경력, 승진 같은 고민과 행복해지는 방법 같은 철학적인 이야기도 좋은 소재가 될 수 있다. 따분하게 생각할 수 있다. 그러나 이렇게 앞날을 준비하는 소재로 고민을 나눠야 한다. 훗날 당신의 경쟁력을 좌우할 수 있는 소재가 되기 때문이다. 그래야 서로가 좋은 관계가 된다. 직장 생활에서 다 겪는 일로 푸념이나 늘어놓으며 시간을 허비하는 술친구가 되지 말자.

개인의 선택을 지지해 주는 사람이 필요하다. 직장 생활을 하다 보면 자기 계발, 이직, 보직 변경 등 다양한 상황에 따라 선택해야 할 때가 있다. 그럴 때 당신이 고민하고 선택한 것에 대해서 비난이 아닌 격려와 응원을 할 수 있는 사람이 곁에 있어야 한다. 만약 당신의 선택을 무작정 비난한다면 우군이 아니라 적군이다. 마찬가지로 당신도 우군의 선택이 설령 틀려도 우선은 응원하자. 향후 잘못되었다고 걱정될 때 살며시 이야기해도 늦지 않다.

서로에게 시너지를 줄 수 있는 인물이어야 한다. 기본적으로 인간관계는 주고받는 관계이다. 직장 동료이지만 우군으로서 서로에게 긍정적인 에너지를 전달해야 한다. 그래야 지속적이고 오랫동안 좋은 관계를 유지할 수 있다. 서로가 가진 장점과 단점이 있다. 장점은 부각하도록 적극적으로 격려하고 단점은 보완하도록 길라잡이의 역할을 하자. 거기서 끝내지 말고 꾸준히 서로를 모니터링을 하자. 서로의 장점을 강화하고 단점을 보완하는 습관을 들이도록 도와주자.

든든한 우군을 만드는 방법

일단 우군의 경조사는 적극적으로 챙기도록 하자. 우군을 만들어서 스스럼없는 개인적인 관계로 발전했더라도 그렇기 때문에 우군의 경조사는 가벼이 넘기지 말고 반드시 챙겨야 한다. 특히 애사의 경우는 특별히 신경을 쓰자. 대표적인 방법은 다른 사람들보다 상대적으로 오랫동안 장례식장에 머물러 있자. 또는 우군의 경조사에는 다른 사람들에게 하는 것보다는 다소 부담스럽더라도 경조금을 많이 하자. 한국 사회에는 친한 정도에 따라 경조금의 액수가 다르다. 차라리 밥을 한 번 사는 것보다 이런 경조사에 조금 더 신경을 쓰는 것이 가성비가 좋다.

우군에게는 개인적으로 도움을 주거나 받는 사이가 되자. 개인적으로 궁금하거나 도움을 받을 때는 적극적으로 이야기해 보자. 나는 IT 기기를 잘 몰라 우군에게 물어보며 IT 기기를 고르고 구매한 적이 있다. 단순히 인터넷으로 검색을 통해 비교하면서 구매해도 되겠지만 IT 기기에 해박한 우군의 도움을 받았다. 나로서는 도움을 받는 일이지만 우군은 자기의 상식을 나와 나눔으로써 더 깊은 관계를 만들게 된다. 꼭 큰일이 아니더라도 작은 일도 상의해서 시너지가 있는 상황이라면 적극적으로 도움을 신청하고 받자.

같은 취미 활동이나 커플이 동반하는 개인적인 시간을 함께 나눠 보자. 나는 등산이 취미다 보니, 마음에 맞는 동기와 함께 산을 오르곤 한다. 동기와는 이번에는 어느 산으로 갈지, 어떤 코스가 좋을지, 밥은 어디서 먹을지 함께 의논하며 개인적인 친분을 만들어 나간다. 더불어 커플 동반으로 여행도 가면서 개인적인 관계의 폭을 넓히고 있다. 1:1 관계에서 개인적인 추억을 많이 만들어라. 그렇게 되면 든든한 우군이 당신 옆에 있을 것이다. 단순하게 노는 것 같지만 직장에서 당신의 우군을 만드는 방법이다.

어떤 일에 대해서 깊이 공감하자. 한마디로 공감 능력이 중요하다는 것이다. 상대방이 힘든 일이나 좋은 일에 대해 말하는데, 공감하지 못하는 경우가 많다. 그럴 때는 대화가 단절되고 '나와 생각이 다른 사람이야.', '많이 변했네.' 하는 생각이 들게 한다. 상대방의 생각이나 감정에 공감하는 능력이 필요하다. 고개를 끄덕이는 등 몸으로 하는 언어에도 신경을 쓰도록 하자. 그래야만 당신이 공감한다는 것을 상대방이 알 수 있기 때문이다.

마지막으로 우군을 만들고 관계를 확대하는 과정에서 다른 직장들의 평가로 자유로울 수 없다. 대통령도 100% 지지율을 얻을 수 없듯이 나를 싫어하는 사람이 있을 수밖에 없다. 특히 직장인들은 그에 대해서 눈치를 보거나 생각을 많이 하게 된다. 그러나 눈치를 보다가 애매한 관계만 맺기보다 든든한 우군을 만드는 데 노력해 보자. 회사를 떠나도 지속적인 관계로 발돋움을 할 수 있다. 단 한 명이더라도 우군과 친분을 두텁게 쌓자. 틀림없이 나에게 공감해 주고 격려해 주는 우군은 당신이 직장에서 성장할 수 있도록 큰 활력소가 될 것이다.

32.
동호회와 사내 행사에 참석하여
폭넓은 관계를 유지해야 한다

일본 대형 백화점에서 18년간 근무했던 와다 이치로 작가는 『18년이나 다닌 회사를 그만두고 후회한 12가지』에서 "회사 사람들을 알기 위해서는 상사나 선배가 권하는 술자리에서 여러 가지 이야기를 듣는 것이 중요한 기회임은 틀림이 없다. 근무 시간에는 업무와 직접적인 관계없는 이야기를 느긋하게 할 시간이 없다."고 언급한다. 사내 관계를 넓히는 건 개인적인 관계의 폭이 넓혀졌을 때 가능하다는 것이다. 당신도 직장 동료들과 친밀한 관계를 키워 보자.

관계의 폭을 확대해야 하는 이유

관계의 폭을 확대하면 직업인으로서 수명을 연장할 수 있다. 정리전문가 윤선현 작가는 '관계 수명'에 대해서 강조한다. 일을 갖기 이전 어린 시절에 맺는 관계 수명이 1기라면 일을 시작하고 퇴직하는 시기 이전의 관계는 2기 해당하며, 이후 평균적으로 근로 생애를 마감하는 관계 수명을 3기로 구분할 수 있다고 한다. 직장인에게 관계 수명은 퇴직을 하고 직업인으로서 향후 인생 2막을 시작할 때도 중요하다. 지금 만나는 당신의 동료가 새로운 기회를 제공할 수 있기 때문이다.

관계의 폭은 직장에서 승진과 직결된다. 승진은 역량과 성과를 기준으로 결정된다. 그러나 일정 직급이 넘어가면 성과로만 평가하지 않는다. 어느 정도로 영향력 있는 인간관계를 가졌는지에 따라 효율적인 업무 성과를 낼 수 있다고 평가하기 때문이다. 최근에는 외국계 기업을 비롯한 대기업에서도 다면평가를 하고 있다. 다면평가를 통해서 평소 그 사람이 가진 이미지와 대인관계를 알아보기 위함이다. 공식, 비공식적인 평가는 승진이라는 결정적인 순간에 작용하여 승진되기도 탈락하기도 하는 요소가 된다.

우호적으로 대하자. 데일 카네기는 『인간관계론』에서 "해가 바람보다 더 빨리 외투를 벗길 수 있다. 친절과 우호적 접근, 그리고 칭찬은 세상 어떤 비난과 질책보다도 더 쉽게 사람들의 마음을 바꾸어 놓을 수 있다." 고 주장한다. 비난하고 질책할 때 비록 그 내용이 타당하더라도 좋은 인간관계로 성장하는 데에는 걸림돌이 되었다. 세상 누가 자신을 비난하고 질책하면 좋아하는 사람이 있겠는가. 그런 사람이 있다면 그는 위인일 것이다.

직장 생활에서 오해와 협조는 빈번하게 발생하므로 평소에 직원 간에 자주 의견을 주고받아야 한다. 내가 업무 방향을 결정했으나 상대방은 다른 생각을 하는 경우가 적지 않다. 업무처리 있어 오해하지 않도록 왜 그렇게 업무를 처리했는지 의견을 교환하는 방법도 좋다. 평소 차를 마시거나 메신저 또는 이메일을 통해서 내 생각을 정리해서 표현하는 것도 상대방이 오해를 풀고 더불어 추가적인 협조를 구할 방법이 된다. 업무는 '자기중심'에서 '타인 중심'으로 바라보며 수행하자.

사내 관계를 망치는 행동들

개인 고민을 다른 사람에게 전파하는 행위는 좋지 않다. 직장 동료의 개인적인 고민을 다른 사람에게 소문내면 나나 이야기를 들을 사람 등 관계가 껄끄러워질 수 있다. 상당히 많은 사람이 이런 실수를 한다. 개인적인 관계 안에서도 무너진 신뢰감은 돌이킬 수 없는 치명적인 실수이다. 그러므로 개인의 고민을 절대로 다른 사람에게 옮기지 않도록 노력해야 한다. 평소 입이 무거운 이미지로 상대방이 다가서도록 해야 한다. 그래야 다른 사람들에게도 신뢰감을 주어 선순환이 된다. 실수했을 때는 빨리 실수를 인정하고 양해를 구하는 태도를 가져야 한다.

상대를 험담하거나 단점을 들추는 행위는 금물이다. 은근히 그런 비난의 말은 빠르게 입에서 입으로 전파된다. 이런 행동은 남 흉을 봤음에도 소문을 내는 내가 좋지 않은 평가를 받게 되는 역효과를 일으킨다. 추가로 험담한 대상은 당신의 적이 되기 시작한다. 비록 다른 사람이 상대방의 단점을 들추며 험담하더라도 수긍하지는 않도록 하자. 동조하는 것도 입에서 입으로 구전되면서 오해의 소지가 생길 수 있기 때문이다.

업무적인 대화만 유지하는 행위이다. 이는 개인주의적인 사람에게 두드러지게 나타나는 성향이다. 업무적으로만 이야기하고 개인 시간이나 휴식 시간에는 절대 개인 이야기를 하지 않은 선배가 있었다. 그가 사원이나 대리일 때는 '불편해서 그러려니.' 하고 생각하는 동료들이 많았다. 그런데 그가 팀장 후보군에 올랐을 때, 팀워크가 없고 개인주의적인 사람이라는 이미지때문에 결국 팀장 승진에서 탈락했다. 이처럼 동료에게 업무적으로만 대하는 것도 좋지 않은 영향을 미치게 된다. 휴식 시간이나 회식에서는 개인적인 교류도 필요하다.

일회성 사내 관계를 유지하는 타입이다. 친했던 직장 동료가 다른 지역으로 전보 또는 퇴사할 때, 언제 그랬냐는 듯이 연락 없이 지내는 경우다. 가까이에 있을 때는 친하게 지내다가 필요성이 떨어지자 단절하는 것이다. 그러나 인간관계는 언제 어떻게 될지 모른다. 비록 다른 지역으로 전보되더라도 꾸준히 안부 전화, 문자라도 하자. 언젠가는 다시 만날지 모른다. 꾸준함이어야 말로 당신에게 진실한 인간관계라는 점이 상대방에게 인식된다.

사내 관계의 폭을 넓히는 방법

입사한 지 얼마되지 않았다면 적극적으로 사내 동호회에 참석하자. 단, 주의할 점은 이곳저곳을 찾기보다는 1가지 동호회에 집중하자. 다수의 동호회에 가입하면 참석해야 하는 의무감 때문에 또 하나의 일로 받아들여 스트레스를 받을 수 있다. 한 동호회에 집중하여 사내 인간관계를 깊게 다루자. 동호회는 비슷한 취미를 공유하며 개인적인 친분을 쌓기에는 적합한 활동이다. 그러므로 되도록 참석하는 사람을 보지 말고, 나의 취미 생활과 맞춰 참여하자. 그래야 사내 관계를 깊게 맺을 수 있고 나에게도 의미 있는 활동이 된다.

가볍게 생각할 수도 있지만 기본적인 관계 형성은 '경조사 챙기기'이다. 특히 한국 사회에서는 경조사를 품앗이라고 생각한다. 또한 경조사에 드는 경조금의 액수를 통해 상대방과 나의 관계를 가늠하는 척도로 삼기도 한다. 적극적으로 회사 동료 경조사에 참석하여 인간관계의 폭을 넓혀 보자. 비록 개인적으로 중요한 일이 있는 경우 참석이 어려울 수 있다. 그런 경우에는 별도로 인사하여 양해를 구하는 것도 직장 생활에서 중요한 인간관계를 유지하는 핵심이다.

생일 축하 인사말과 기프티콘 선물을 해 보자. 나는 평소 챙겨야 할 사람의 생일이 되면 기프티콘 선물과 축하 인사를 건넨다. 작은 행동이지만 상대방도 감사함을 느끼곤 한다. 비록 기프티콘 선물을 구매하느라 돈이 들지만 부담되지 않는 선에서 표현하면서 사람을 챙겨 보자. 당장에는 돈이 들지만 길게 보면 인간관계에 투자하는 투자자가 되는 셈이다. 이를 아까워하면 한없이 아깝게 되는 것이다.

친해진 동료에게 개인적인 관심사를 물어보자. 나는 자녀는 잘 크고 있는지를 물어보는 등 일상적인 안부를 통해 개인적인 관심을 표현한다. 의례적으로 할 수 있는 표현이지만 구체적으로 "헤어 스타일이 바뀌었네. 어울린다.", "차를 바꿨네. 멋지다." 등 상대의 일상에 관심이 있어야 할 수 있는 표현을 하는 것이다. 그러나 이런 표현은 상대방이 관심이 있어야만 보이는 표현이다. 평소에 관심을 표현하여 상대방에게 당신이 항상 관심을 갖고 있다는 것을 알게 하자.

회사 사람들과 함께하는 술자리는 되도록 참석하자. 업무 시간에는 서로가 바쁘다 보니 업무 외적인 부분에 대해서는 이야기를 나눌 시간이 없다. 술자리를 통해서 어느 정도 마음을 내려놓고 이야기한다면 상대방의 본심이나 많은 정보를 얻을 수 있다. 앞서 언급했던 것 같이 사내 인간관계를 키울 수 있는 동호회, 경조사, 회식 등 채널에 많이 참석해 보자. 인간관계는 자기 하기 나름이라고 한다. 그렇다. 적극적인 자세로 사람들과 어울리는 태도야말로 직장 생활의 인간관계 성패를 가를 수 있다.

Part 5.

일 잘하는 사람이
되기 위한 자기 계발법

33.
롤모델을 선정하고 전문성을
확보하기 위해 노력해야 한다

25년간 기업의 인사 조직 실무와 이론적인 전문성을 키운 임병권 작가는 『8시간』에서 "인사 담당 임원, 최고재무책임자, 영업 담당 임원, 특정 분야 책임자 등은 모두 전문 기능 분야에서의 최고책임자들이다. 이런 임원들은 모두 회사에서 전문성이 정점에 있는 사람들이자, CEO를 제외하고는 역할이 제일 큰 지위에 있는 사람들이다."라고 언급하며 직무 전문성에 대한 중요성을 이야기한다. 직무 전문성은 짧은 시간 동안 만들어지지 않는다. 전략적이고 차별화된 직무 전문성을 확보하는 방법을 학습하여 당신도 전문 기능 분야에서 최고가 되어 보자.

직무 전문성의 중요성 인식

직무 전문성에 대한 오해부터 바로 알자. 단순히 오랫동안 근무하면서 회사와 업무를 알고 익숙해진 것을 능력으로 아는 사람이 있다. 마찬가지로 명함에 있는 회사명과 나의 직급, 직책을 당연하게 생각하는 사람들이 있다. 이는 직무 전문성과 거리가 있다. 직무 전문성을 확보한 사람이란 재직 중 많은 경험과 지식이 축적되고, 그 재능을 세상 밖으로 꺼내어 맘껏 활용할 수 있는 사람을 말한다. 당신은 직무 전문성을 확보하기 위해서 무엇을 하고 있는가. 지식을 축적하기 위한 노력은 직무 전문성 확보를 위한 시작일 것이다.

그렇다면 직무 전문성은 왜 확보해야 할까? 이는 직무 전문성을 확보하여 직업인으로 발돋움하기 위함이다. 성공적인 직장인이 되더라도 언젠가는 우리는 은퇴를 한다. 인생 제2막을 시작하기 위해서는 새로운 도전해야 한다. 이때 짧게는 수년부터 수십 년간 직무 노하우가 사장되는 경우가 비일비재하다. 당신은 제2의 인생을 살게 되었을 때 직무 전문성을 확보하여 진정한 직업인으로 살기를 바란다. 한평생 한 분야에서 전문가로서 사는 것도 멋진 삶 아니겠는가.

가장 손쉽게 직무 전문성을 확보하는 방법은 무엇일까. 바로 사내 외에서 직무 전문성을 갖춘 롤모델을 찾아야 한다. 나는 당시 인사 담당을 한 임원을 롤모델로 삼았다. 그가 직무에 있어 어떻게 목표를 설정하고 전략 방향을 세우는지, 그리고 각종 일을 처리하는 노하우를 곁에서 지켜보았다. 나는 그가 '인사'에 대해 세운 철학을 함께 공유하며 기준을 같이하게 되었다. 이후 막연했던 인사에 대한 철학을 정립하고 직무에 반영할 수 있는 직무 노트를 작성하는 등 실무적인 방법도 습관화할 수 있었다. 이렇듯 롤모델을 통해 자신의 성장을 한 단계 빠르고 정확하게 끌어

올릴 수 있다.

직무 전문성을 키우기 위해서는 '방향성'을 가져야 한다. 아무리 부산에서 서울 가는 방법이 많더라도 어떤 사람은 몇 시간 만에 가지만 어떤 사람은 한 달이 걸릴 수도 있다. 이처럼 직무 전문성을 확보하기 위해서 명확한 방향성을 확보해야 한다. 방향성을 확보하기 무엇을 해야 할까. 바로 목표로 지향하는 바가 무엇인지 고민해야 한다. 직무 전문성을 확보하고 무엇을 어떻게 할 것이며 무엇을 세상에 기여할 것인지. 그런 고민부터 해야 직무 전문성을 확보하는 과정에서 다소 시련이 있더라도 실패하지 않는다. 목표를 흔들리지 않는 뿌리처럼 확고하게 만들어 방향성이 뚜렷한 직무 전문성을 확보하자.

직무 전문성 확보 실패 사례

제너럴리스트로 성장하는 것이다. 대부분 신입 사원을 보면 목표가 대표이사, 임원인 사람이 많다. 그러나 이는 불분명한 목표이다. 더 최악은 그마저도 없는 신입 사원이겠다. 어떻게 대표이사와 임원이 될 것인지, 무슨 직무로 전문성을 키워 임원이 될 것인지 과정을 고민하지 않는다면 목표를 달성하기는 어렵다. 다분히 영업, 인사, 재무, 기획 등 다양한 업무를 하다 보면 제너럴리스트로 성장하여 CEO가 된다고 생각한다. 그러나 그렇지 않다. 한 분야에서 직무 전문성을 확보한 사람이 C 레벨에 오르고 그중에서 CEO가 된다. 대리나 사원 시절에는 제너럴리스트가 아니라 스페셜리스트로 성장하는 것을 목표로 해야 한다.

다음으로 실패하는 사람을 들자면 차별화 없는 자격증만 취득하는 경우다. 이는 방향성이 없는 사람들이 흔히 하는 실수다. 대충 직무 자격증이다 싶으면 취득하며 시간과 에너지를 낭비한다. 예를 들면 생산 관리를 수행하는 사람이 산업 안전 관련 자격증을 취득하거나, 영업 관리 직무를 수행하는 사람이 유통 관리사, 무역 영어를 취득하면 득이 될까? 물론 조금이나마 직무와 관련이 있더라도 특별히 남들과 '차별화'되지 않는다. 진정으로 고민해야 할 건 차별화되는 자격증이나 업무 경험을 쌓고, 프로젝트 업무를 수행하는 경력을 쌓는 것이다.

나의 강점을 키우지 않고 부족함을 채우기 위해 끊임없이 자기 계발에 매달리는 사람도 실패하는 사례에 해당한다. 대표적으로 지원 직무에 있는 사람이 관련 직무 전문성을 키우지 않고 평소 어학 능력이 취약한 사람이기에 어학 공부를 하는 것이다. 우리에겐 시간과 돈이라는 유한한 자원이 존재하고 있다. 당신이 가지고 있는 유한한 자원을 다른 사람들이 하고 있다는 이유로 같은 분야에 시간과 노력을 쏟으며 약점을 보완하는 것보다 차별된 자신만의 강점을 키우는 데 집중하자. 유한한 자원으로 강점을 전략적으로 개발하여 최대의 효율을 보여도 전문가로 성장하기에도 갈 길이 멀다.

시간이 흐른다고 역량이 늘어나지 않는다. 보통 경력이 많으면 전문성이 확보된 사람이라고 믿음을 갖는 사람이 많다. 그러나 그렇지 않다. 생각해 보면 우리 주변에도 수십 년을 해당 직무를 수행했음에도 은퇴하고 다른 일을 하는 사람이 많다. 사회는 단순히 오래 일했다고 해서 해당 직무에서 전문가로 평가하지 않는다. 당신도 마냥 하루하루 살다 보면 직무 전문가 소리를 듣게 될 거라고 착각하면 안 된다. 전문가는 차별화된 직무 전문성 확보를 통해 만들어지는 것이다.

직무 전문성 확보하는 방법

목표는 최고 경영자가 아닌 최고 직무 전문가로 정하자. 직무 전문성을 확보하기 위해서는 가장 잘할 수 있는 직무에서 전문가로 성장하는 것이다. 보통은 CEO를 목표로 정하지만 구체적이지 않은 경우가 많다. 구체적으로 직무 전문성을 높여나가는 방법을 수립하여 먼저 최고 직무 전문가로 커리어 패스를 진행하자. 만약 당신이 최고 직무 전문가로 성장한다면 다음 목표인 최고 경영자에도 한 걸음 다가설 수 있을 것이다.

평생 직업인이 되는 생각을 갖도록 노력하자. 우리의 직장 생활은 언젠간 끝이 있는 시점이 있다. 그러므로 평생의 직업을 만들 수 있도록 경력을 쌓아 가자. 그렇다면 어떻게 해야 평생 직업인이 될 수 있을까. 가장 쉽게 따라할 수 있는 것은 주변 또는 유튜브나 SNS에서 직무 전문가를 보며 그들의 경력을 살펴보자. 그들이 치열하게 살아온 프로필을 보면서 나도 경력을 어떤 방향으로 쌓을지 생각해 보자. 좋은 정보를 얻을 수 있다.

전문성 향상을 위해 꾸준히 준비해야 한다. 대다수 사람은 목표를 정해도 꾸준히 노력하지 않는다. 작심삼일이라고 할 정도로 쉽게 포기한다. 어제의 결심이 오늘의 꿈처럼 사라지는 현실을 주변에서도 쉽게 볼 수 있다. 전문성의 방향을 정했고 지속성을 갖출 수 있는 시간과 필요하다면 돈도 준비해야 한다. 예를 들어 직무 관련된 책을 일주일에 1권 이상 읽겠다고 다짐했다면 하루에 일정한 시간과 책을 살 수 있는 돈을 확보해야 좋은 실천 방법의 예라고 할 수 있다.

"악마는 '디테일'에 있다." 이는 봉준호 감독의 별칭이다. 당신도 디테일에 승부를 걸어야 한다. 직무 전문성에 대해 목표와 방향성 그리고 지속성을 확보했더라도 디테일한 부분에서 차별화를 갖도록 노력해야 한다. 나만의 직무 전문성을 높일 수 있는 차별화를 적어도 1가지 이상은 가져야 한다. 예를 들면 가정주부가 '정리 전문가'로 대박이 나거나, 중소기업을 다니며 중소기업 직장인들의 공감대를 만드는 유튜버 등 차별화된 능력을 통해 세상에 입증하도록 노력하자. 그래야만 당신이 봉준호처럼 그 분야에서 전문성을 확보할 수 있다.

전문가로 성장하기 위해서는 직무 전문성을 확보해야 한다. 가장 빠르고 정확하게 따라 할 수 있는 방법은 먼저 그 직무 전문가로서 성공한 분들을 롤모델을 찾는 것이다. 롤모델로 삼은 분들을 살펴보면 목표와 지속성 그리고 차별화를 가지고 꾸준히 전문성을 높여 나간 분들이다. 그들을 따라해 보자. "나는 할 수 없다."고 하기보다는 고난이 있더라도 끝내 성공해 내고야 말겠다는 의지와 지속적으로 실행할 수 있는 실행력이 필요하다. 당신은 그것을 가지고 성공적인 직장 생활에 임하자.

34.
신입 사원 때
나만의 브랜드를 만들어야 한다

25년간 글로벌 기업의 인사 조직 전문가인 임병권 저자는 『8시간』에서 "기본적으로 직장 내에서 협력하여 일하고 있지만 개인적으로 인정받기 위한 경쟁도 해야 한다. 그런 경쟁에서 이기기 위한 가장 중요한 요소는 '실력'이다. 하지만 실력만으로는 부족하다. 나만의 '브랜드 가치'를 올려야 한다. 나만의 강점과 차별화된 경쟁력을 알리지 않으면 나의 브랜드 가치는 떨어진다."고 언급한다. 우리는 직장 생활을 하면서 충분한 퍼스널 브랜딩을 해야 한다. 신입 사원일 때부터 시작해야 하며 전략적으로 나만의 브랜드를 만들어 나가야 한다.

퍼스널 브랜딩의 중요성

나만의 브랜드를 만들어야 하는 이유는 무엇일까. 직장에서는 승진이나 이직을 할 것이며, 직장 밖에서는 1인 기업 등 창업을 목표로 브랜드를 만들 수도 있기 때문이다. 그런데도 많은 직장인은 바쁘다는 이유로 나만의 브랜드 만드는 것을 멀리하고 있다. 퍼스널 브랜딩은 특별한 사람만이 가지고 있는 것이 아니다. 당신이 하는 직무에 대해서 전문성을 가지고 세상 밖으로 표현하면 거기서부터 퍼스널 브랜딩이 시작되는 것이다. 성공적인 직장 생활을 위해 저 사람은 영업 전문가, 마케팅 전문가, 재무 전문가라는 타이틀이 따라야 한다. 단언컨대 지금 하는 직무에서 퍼스널 브랜딩을 시작해야 한다.

퍼스널 브랜딩을 만드는 원천은 '실력'과 '공감대 형성'이다. 앞서 임병원 작가도 언급했지만 기본적인 퍼스널 브랜딩의 근원은 실력이다. 경험에 따르면 1인 기업을 하고자 가장 먼저 실력을 쌓지 않고 유튜브나 블로그를 시작하는 경우가 상당히 많다. 결과는 대부분 실패로 끝난다. 당신은 한 직무에서 승부를 보며 전문가로 성장해라. 그래야 승진 대상자일 때 차별화된 경력과 요소들이 돋보일 것이고, 이직하거나 1인 기업으로 창업을 하더라도 안정적으로 시작할 수 있다. 다음으로는 공감대 형성이다. 제아무리 실력이 뛰어나다 하더라도 시대적인 관심 사항이 아니라면 사람들은 공감하기 어렵다. 그러므로 자신이 하는 직무에서 공감이 되는 부문을 공략하자.

직장인이 아니라 직업인이 되어야 하는 이유는 무엇일까. 성공하는 직장인을 보면 대부분 은퇴 이후 인생 2막을 살 때 기존에 하던 직무를 연결하여 활용한다. 수십 년간 농협중앙회 인사 임원, 강원도 부지사 등 인사 부문에서 전문성을 쌓은 조관일 작가님을 예로 들 수 있다. 그는 직장 생활을 하면서도 직업인이 되기 위해 직무 전문성을 확보하였다. 전문성을 확보하기 위해 박사 학위 취득을 비롯한 50여 권의 직장 생활과 관련 책을 집필하였다. 그뿐 아니라 유튜브 방송을 통해 구독자 10만 명을 넘긴 크리에이터로 성장하게 되었다. 이같이 당신의 퍼스널 브랜딩 목표는 직업인이 되기 위한 발판을 만드는 것이다.

조직 내 적절한 보상과 다양한 기회를 잡을 수 있다. 나의 지인은 국내 대형 병원에서 행정직으로 근무하고 있다. 그는 평범한 학력으로 병원 내 사내 강사로 활동하면서 '칭찬과 행복'이라는 주제로 많은 강의를 했다. 그로 인해 병원에서 그를 행복 전도사로 평가하기 시작했고 그 일이 그에게는 퍼스널 브랜딩을 만들기 시작하는 계기가 되었다. 향후 그는 퇴직을 염두하고 교육 강사직을 생각하고 부단히 노력하고 있다. 다양한 사람들이 평범하지만 나름대로 경험과 직무 지식을 통해 퍼스널 브랜딩을 구축하기 위한 노력을 하고 있다.

퍼스널 브랜딩의 성공 사례

퍼스널 브랜딩으로 성공한 사례로 사내에서 승진한 영업 관리 담당자를 손꼽고 싶다. 영업 관리 직무를 수행하면서 동종사 전략을 신문, 뉴스는 물론 차별화 전략으로 경쟁사 영업 담당자들과 시시각각 논의하였다. 경쟁사들의 영업 전략을 치열하게 학습한 영업 팀장은 회의나 발표 자리에서 그 지식을 유감없이 드러냈다. 사람들은 그를 '전문성과 전략적인 팀장'으로 회자하기 시작했다. 그러던 중 평소 생각하고 있는 영업 전략을 통해 성공적으로 실적을 달성하게 되었다. 이듬해 임원으로 승진하더니 현재 승승장구하고 있다. 이처럼 평범하지만 꾸준히 자신의 직무 전문성을 높이기 위해 노력해야 기회를 잡을 수 있다.

다음으로 기술사 3개를 취득하여 안전 전문 컨설턴트로 활약한 직장인이다. 안전공학을 전공한 그는 재직하면서 기술사 3개를 취득하기 위해 아침에는 2시간, 점심시간에는 식사를 건너뛰고, 저녁에는 새벽까지 공부했다고 한다. 일반적인 수험생이라면 난이도를 고려했을 때 전업으로 해도 어려운 기술사 자격증을 취득한 것이다. 그는 첫 기술사를 취득한 날 아내와 펑펑 울면서 밥을 먹었다고 한다. 지금은 퇴사하고 여러 명을 거느린 회사의 대표가 되었다. 기술사 3개를 취득하며 명실상부 대한민국 최고의 안전 분야 컨설턴트로 성장한 것이다. 그의 삶에서 기술사라는 전문 자격증은 퍼스널 브랜딩을 구축하기 위한 수단이었고 새로운 삶을 영위하는 계기가 되었다.

사내 강사로 시작하여 새롭게 교육 강사로 출발한 교육 담당자의 이야기도 있다. 그는 교육 업무를 하면서 직원들에게 '기업의 핵심 가치'를 전담으로 그룹 내 계열사 직원들에게 강의 활동을 했다. 시간이 가고 경험이 쌓일수록 그는 수강생들로부터 "교육을 잘한다.", "귀에 쏙쏙 들어온다."며 칭찬을 들었다. 그 칭찬들이 더욱 열심히 하게 된 계기가 되었다. 그는 퇴사를 하고 기업의 핵심 가치를 정립하여 교육하는 교육 전문가로 활동하고 있다.

마지막 사례로는 전문적인 과외 수강을 통해 기술과 지식을 습득한 컨설턴트이다. 직장 생활을 하면서 받은 급여를 스피치 수업에 투자하게 되었다. 그의 꿈은 스피치 전문 강사였다. 1인 기업이 되고자 퇴근하면 레슨을 받으며 목소리나 말에 대해서 교정을 받았다. 세월이 흘러 그는 수많은 전문가의 코칭 덕분에 전문성을 인정받게 되었다. 이후 퇴사를 하고 견습 강사를 거쳐 지금은 국내에 유명한 스피치 전문 강사로 활동하고 있다.

퍼스널 브랜딩의 실천 방법

나는 많은 직장인 중에서 퍼스널 브랜딩을 만드는 과정에 대한 공통점을 발견하였다. 첫 번째로는 사내 직장 동료들에게 직무 전문성을 노출했다. 퍼스널 브랜딩에 성공했던 사람들은 직장 내에서 해당 직무에 전문성을 갖고 일명 '좋은 소문'이 돌았다. 그들은 직무에 대한 열정과 도전으로 발전해 왔다. 영업 직무라면 거래처 발굴에서 신기록을 달성한다. 안전 직무라면 재해가 발생하지 않는 것이 가장 큰일이자 달성하기 어려운 일인데, 관련 업종에서 무재해 3,000일을 달성하는 것이다. 이처럼 기록을 토대로 자신만의 퍼스널 브랜딩을 계획하고 꾸준히 전문성을 확보해 나가는 사람들이 성공하였다.

직무에서 습득한 정보는 축적하는 사람들이다. 필자의 경험은 한 임원분의 경우 직무 노트를 만들었다. 그는 책이나 신문 그리고 다양한 사람들과 소통하며 얻은 정보 중 직무에 적용할 점을 노트에 옮겨 놓았다. 그

축적된 양이 무려 대학노트 10권에 이른다. 물론 수많은 아이디어 중에서 사장되어 버린 것들도 있다. 그러나 중요한 것은 그 노트에 옮겨 담을 때마다 남들과 달리 차별화된 전략으로 자신이 생각하고 있는 직무 수행에 대해서 끊임없이 고민했다는 점이다. 그는 임원으로 승진했고 지금은 은퇴 이후 후배 직장인들을 대상으로 교육하고 있다.

신뢰할 만한 직무 관련 학위나 자격증을 취득하자. 앞서 언급한 기술사를 취득한 직장인과 결을 같다. 당신이 직무에 대해 전문성을 갖추고 있다는 것을 증명할 공신력 있는 학위나 자격증을 취득해 보자. 그것이 부담스럽고 어렵다면 많은 양의 독서를 통해서 비공식적으로 전문성을 표현해 보자. 지금은 신뢰할 만한 능력을 갖추어야 내부의 직장이나 외부 시장에 성공할 수 있다. 지금부터 당신은 신뢰할 만한 무언가를 찾아야 한다. 비록 학위나 자격증이 퇴색하고 있으나 그래도 아직은 공신력이 있는 제도이므로 고민해 보자.

나만의 콘텐츠를 만들어야 한다. 교육 담당 업무를 수행했던 사람이라면 동기 부여, 직무 교육, 법정 교육 등 다양한 분야에서 자신만의 특화된 콘텐츠를 구축할 수 있다. 당연히 콘텐츠를 특화하기 위해서는 해당 분야에 집요할 정도로 공부하며 기술과 지식을 습득해야 한다. 그리고 나만의 콘텐츠를 적절히 표현할 수 있는 채널도 갖춰야 한다. 예를 들면 사내에서는 사내 강사 활동이나 멘토링 제도에 참여하고 사외에서는 재능기부, 유튜버 활동 등 다양한 활동을 통해 나만의 콘텐츠를 만들 수 있을 것이다.

당신은 퍼스널 브랜드에 관심을 갖고 고민해야 한다. 자기 계발도 퍼스널 브랜딩을 하는 방향으로 발전을 모색해야 한다. 차별화된 경쟁력을 알리고 나의 브랜드를 높이는 결정적인 요소이기 때문이다. 최근에는 책 쓰는 직장인이나 전문 지식을 공유하는 유튜버 그리고 전문 강의를 하는 직장인 등 많은 이들이 퍼스널 브랜딩에 신경을 쓰고 있다. 당신도 특화된 콘텐츠를 만들기 위해서 나만의 이야기를 만들어야 한다. 멀지 않았다. 지금 하는 직무로 승부를 보아야 한다.

35.
도전을 습관화함으로써
성장해야 한다

25년 이상 자기 계발과 스포츠 선수의 심리상담가로 일해 온 고다마 미쓰오 저자는 『아주 작은 목표의 힘』에서 "유능한 직장인과 학교 성적이 좋은 아이들의 공통점은 하기 싫은 작업이라도 그것을 해냄으로써 성취 감을 느끼고, 그 느낌이 새로운 도전 의식을 만들어 낸다."고 했다. 이처 럼 남들이 하기 싫은 일을 하면서 새로운 도전을 즐기는 사람이 성공할 수 있다. 도전을 싫어하면 새로운 가치는 만들어지지 않고 자신도 더 이 상 발전하지 못한다.

도전 의식은 왜?

자기 발전을 위해서 도전 의식이 중요하다. 도전 의식은 명확한 목표 의식과 동기 부여가 만든다. 이루고자 하는 목표와 행동에 필요한 동기 부여가 도전 의식을 만드는 기초가 된다. 예를 들면 팀원들과 학창 시절

아이디어 공모대회 입상을 목표로 한다고 하자. 아이디어를 도출하기 전에 앞서 '입상'이라는 목표를 가지고 준비한다. 입상을 위해서는 팀원들과 합의점을 통해 아이디어를 내고 그것을 실행하는 능력, 곧 도전 의식이 필요하다. 설령 입상을 못 하더라도 도전이라는 멋진 경험이 남아 있는 것이다. 비록 좌절하더라도 다시 도전하자. 반드시 성공의 열쇠는 도전하는 사람에게 돌아오게 되어 있다.

새로운 것에 대한 지적 호기심에서 출발해야 한다. 새로운 것에 대한 막연한 두려움이나 그러려니 하는 안일한 생각은 오히려 부작용을 일으킨다. 지적 호기심은 거창한 것이 아니다. 기존에 하던 방식에서 새롭게 개선하려는 태도가 지적 호기심을 만든다. 지금 자신이 하는 일에 대해서 개선하고자 고민해야 한다는 것이다. 그래야 새로운 것을 받아들이는 자세와 개선하고자 하는 욕구가 생긴다. 그러므로 현재 업무가 당연하다고 생각하면 안 된다.

풍부한 지식과 경험이 큰 도전과 성공을 만든다. 많은 경험과 풍부한 지식은 큰 도전을 할 때 가장 중요한 자양분이 된다. 갑자기 큰 프로젝트를 맡게 되었는데 준비가 안 되어 있다면 제대로 일을 할 수 없다. 준비되지 않는 나는 조직에 악영향을 끼칠 것이다. 그렇다면 무엇을 갖췄을 때 준비가 되었다고 할 수 있을까? 평소 학습을 통한 직무 지식을 익히고 다양한 실무 경험을 통해서 만들어진다. 다만, "어제도 그랬으니 오늘도 같겠지." 하며 과거를 답습할 것이 아니라 앞날에는 어떤 능력이 필요하게 될지 내다보고 필요한 전문 지식을 익히려는 태도를 가져야 한다.

할 수 없는 이유를 찾는 것보다 지금 일을 어떻게 할지를 고민하자. 어떤 일을 실행하는 과정에서 할 수 없는 것들을 나열하는 사람들이 상당히 많다. 그런 사람은 조직에 도움이 되지 않는다. 지금 일에 대한 문제를 어떻게 풀어 가며 수행할지를 고민하는 사람이 필요하다. 문제를 풀어 나가는 것이 도전 의식이며 조직에서도 능력을 인정받을 수 있다. 나는 우리가 받는 급여는 업무를 추진할 때 따르는 스트레스 값과 문제를 해결한 능력에 대한 값이라고 생각한다. 당신이 문제를 해결하며 나아가는 모습은 성공할 직장인이 갖춰야 할 덕목이다.

도전 의식을 방해하는 요소

도전 의식을 흐리게 하거나 방해하는 요소를 살펴보자. 첫 번째는 '그냥' 하는 것도 도전이라 생각하는 유형이다. 목표가 없는 도전은 곧 성장이 아니다. 예를 들어 부산에서 출발해야 하는데 어디까지 가야 할지, 무엇으로 가야 할지가 없으면 출발할 수 없다. 설령 출발하더라도 갈 길을 잃은 사람이 되고 만다. 도전 의식에 대해서 명확한 목표를 설정해야 한다. 막연하게 자기 계발하면 된다는 식이거나 실무를 몇 년을 더 해 본다는 식의 대응은 전혀 도움이 되지 않는다.

두 번째 유형은 타인과 나를 비교함에 따르는 두려움이다. A라는 직원이 10이라는 목표를 갖고 도전하는 것과 B라는 직원이 100이라는 목표를 갖고 도전한다고 하자. 개인별로 목표치와 도달할 수 있는 능력 수준이 다르다. 그러나 보통의 경우에는 A는 B라는 사람을 신경 쓰고 10이라는 도전을 하찮게 생각한다. 설령 10이라는 도전적인 목표를 달성하더라도 별것 아니라고 자신을 낮춘다. 그러나 A의 능력에 맞춰 10이라는 도전적인 목표를 달성했다면 스스로 동기 부여를 해 줘야 한다. 그래야 내 일에 자긍심과 행복감을 느낄 수 있다.

세 번째 유형으로는 개선보다 혁신에 집중하며 실패를 반복하는 경우이다. 자기 능력을 과신하는 유형인데 기존의 1에서 2로 개선하는 건 등한시하고 0에서 1로 '무'에서 '유'를 창조하려는 생각만 가지고 있는 사람들이다. 이런 유형은 도전적으로 접근하나 실패할 확률이 높다. 혁신적인 사고는 결국 기존에 하던 방식이나 기술을 개선하는 것부터 시작된다. 개선이라는 지적 또는 기술적 능력이 향상된 후 자연스럽게 혁신적인 사고가 생길 것이다. 첫술에 배부르지 마라. 1에서 2로 효과와 효율을 생각해 보자.

마지막으로는 불확실에 대해 막연히 확신하는 것이다. 제일 위험한 유형으로 불확실한 상황은 잠재적으로 위협이 되는데 막연히 확신하며 밀어붙이는 행위이다. 막연한 확신은 위험한 발상이다. 과거 이순신 장군도 싸워서 이길 수 있는 전장이나 시기, 병력 등 많은 요소에 대해서 고민과 검토 끝에 23전 23승이라는 대기록이 되었다. 막연하게 될 것이라는 생각은 대단히 위험하다. 불확실성이 많은 도전은 막연한 확신을 의식한 것이므로 그만큼 무모하고 위험하다.

도전 의식을 키우는 방법

도전 의식을 키우는 방법은 나의 경험을 토대로 언급해 보겠다. 먼저 자투리 시간에 작은 결과를 만들어 내자. 대표적인 것은 점심시간, 아침 시간 등이다. 점심시간 식사 후 30분 가량은 직무에 관한 책을 읽는다. 하루에 30분은 무엇이든지 작은 도전을 실행할 수 있는 시간이다. 커다란 목표를 거창하게 세우기보다 자투리 시간을 활용하여 작은 도전을 먼저 실행해 보자. 실제로 작은 도전에 성공한 경험이 습관이 되면 그만한 동기 부여가 없다.

다음으로는 업무가 작은 도전의 시작이다. 나는 인사 업무를 하는 동안 각종 공모대회에 응모해서 입상하는 것을 도전했다. 신입 사원 시절에도 지역 내에서 진행하는 공모대회 입상을 통해 자신감을 얻고 다음 공모전에도 도전하는 동기 부여가 되었다. 비록 응모할 대회가 없는 직무더라도 자신만이 도전할 수 있는 작은 목표를 세워 노력해 보자. 이처럼 작은 공모대회부터 작은 업무 단위에 도전하여 개선되거나 성과를 이루면 도전이라는 씨앗을 키워 가는 것과 같다.

큰 그림을 그리며 도전을 반복하자. 비록 현재는 대리나 사원으로 작은 도전을 준비하고 실행하더라도 앞날에 최종적으로 골을 넣을 골문을 생각하며 행동해야 한다. 큰 도전을 하려는 당신에게 회사는 더 큰 자리를 주려고 할 것이다. 당신은 미래의 팀장, 임원 그리고 CEO가 될 것이다. 그러므로 직무에 있어서 큰 도전이 무엇인지 그것을 어떻게 해결해 나가야 할지를 평소에 고민하자.

고 정주영 회장은 "새로운 일에는 '시련'은 있어도 '실패'는 없다."고 강조했다. 항상 직장인으로서 일상적인 업무를 하더라도 100% 똑같은 일은 없다. 아무리 똑같은 일이더라도 오늘하는 일과 내일 할 일은 엄연히 다를 수 있다. 그러니 비록 오늘 실패하더라도 실패한 경험이 내일은 성공할 수 있는 밑거름이 된다. 고 정주영 회장 이야기처럼 오늘의 실패가 시련이 될 수 있으나 영원한 실패는 없다는 것을 평소에 명심하며 업무에 임하자.

도전적인 사람이 도전적인 과제를 수행할 수 있다. '내가 해낼 수 있을까?'라는 생각을 하는 것은 조직에서도 부정적으로 평가하기 시작한다. 당신은 '어떻게 하면 성공할 수 있을까?'를 고민해야 하는 사람이다. 대리나 사원일 때는 자신감을 끌어올 수 있는 계기를 만들어 보자. 그렇게 하기 위해서는 평소 작은 습관을 만들기 위해서 작은 도전을 먼저 실행해 보자. 오늘부터라도 점심시간, 아침 출근길, 퇴근 후 저녁 시간을 살펴보고 무엇을 어느 정도로 도전할지 고민해 보자.

36.
입사 후 3년 직장인 능력의
80%는 독서로 만들어진다

26년간 삼성에서 인사전문가였던 조영환 저자는 『입사 1년차 직장 사용설명서』에서 "신입 사원 시절에는 일부러 시간을 내서라도 책을 더 가까이해야 한다. '지식도 늙는다.'는 말이 있다. 학교에서 배운 것으로 버틸 수 있는 기간은 길지 않다. 전혀 도움이 안 되는 경우도 허다하다. 그러나 책을 통하여 새로운 트렌드를 알고 자신의 영역이나 관련 영역에 대한 지식과 지혜를 익혀 놓으면 언젠가는 쓰임새가 있다."고 언급한다. 그만큼 우리에게 책이란 직장 생활에서 끊임없이 성장하기 위한 주식인 셈이다.

책에 대한 특징 알아보기

2018년 문화체육관광부에서 국민독서실태 조사 결과에 따르면 우리나라 성인 10명 중 4명은 1년에 책을 한 권도 읽지 않는다고 한다. 시간이 흐를수록 책을 멀리하는 세상이 되어 가고 있다. 그러나 미디어 매체가 담지 못한 책만의 장점이 있다. 책을 읽으면 입사 후 3년 동안 일하는 습관과 태도를 갖출 수 있다. 당신은 책을 많이 읽고 있는가. 분명한 것은 이 책을 읽고 있다면 당신은 독서가 부담스럽지는 않은 사람일 것이다. 지금부터 책을 통해 직장인으로서 전문성을 확보하는 방법을 소개하고자 한다.

전자책(E-BOOK)보다는 종이책을 구매하자. 아무리 스마트폰의 이용이 용이한 세대라 할지라도 종이책이 가진 장점이 많다. 예를 들면 종이책이 전자책으로는 출간되지 않은 경우가 많다. 또한 디지털 환경에서 모니터를 터치 형태로 책을 읽어야 한다. 그로 인해 눈의 피로나 집중도가 떨어지기 마련이다. 또한 책을 읽다 보면 표시하고 싶은 부분에 대해서도 불편하게 느껴질 때가 있다. 종이책도 물론 단점이 있다. 그러나 직장인으로서 직무 전문성을 키우기 위한 독서가 목적이라면 표시해야 할 부분이 많고, 집중해서 읽어야 하므로 되도록 종이책을 권한다.

책은 그 안에 정보나 지식을 나열하여 독자가 해석하거나 활용하는 등 생각하게 한다. 반면 미디어 매체는 전문가의 지식이 일방적으로 전달되는 방식, 즉 시청자에게 주입하는 방식으로 이루어진다. 책을 읽는 사람은 독해력과 창의력이 각자 다르기에 각양각색의 이야기로 각색하고 의견을 나눌 수 있다. 그러므로 전문가로 성장하기 위해서는 독서를 통해서 전문성을 높여 나가는 것이 좋다. 또한 독서의 경우 목차별로 문단, 문장으로 체계적으로 주장과 근거가 전개된다. 체계적인 생각을 정리하기 위해서는 미디어 매체보다는 책과 가까워지자.

도서와 미디어 매체가 혼용하는 시대이다. 물론 미디어 매체도 중요한 채널임에는 틀림 없다. 문제는 미디어 매체의 편중 현상이 강해지고 있다는 점이다. 점차 활자체로 구성된 독서는 정보 습득 채널로서 활용도가 떨어지고 있다. 그러나 독서는 당신이 직장 생활에서 직무 전문가를 미리 만나 볼 수 있는 수단이다. 단언컨대 책은 가장 쉽고 편리한 방법으로 전문가의 생각을 들여다볼 수 있는 채널이다. 독서를 입사 초기 3년 동안만 꾸준히 해 보라. 분명히 내 생각과 능력에 많은 변화가 있을 것이다.

도서를 통한 전문성 확대 방안

도서를 통해 전문성을 어떻게 확대할 것인가. 급여의 5%는 책을 사거나 저자의 강연을 수강하는 활동에 사용해 보자. 나는 급여에서 얼마쯤은 항상 책을 사거나 유료로 유명 강사의 강연을 수강한다. 내 시간과 비용을 투자한다면 책이나 수강한 강의에 대해서도 집중해서 듣게 된다. 무료 강의는 듣다가 포기하거나 안 해도 그만이라고 생각하기 쉽다. 당신도 월급에서 일정 금액을 책이나 강연을 수강할 수 있는 비용으로 할애하자. 그것도 번거로우면 월정액으로 핫한 책을 배달해 주는 서비스도 이용해 볼 만하다.

책은 직접 서점에 가서 읽어 보고 구매하자. 인터넷 서점의 발달로 목차와 댓글 평만 따지고 사는 경우가 있다. 그러나 앞으로는 책은 직접 서점에 가서 자신이 원하는 책인지 꼼꼼히 살펴보고 사자. 나는 인터넷 서점에서 '베스트셀러'라고 붙은 띠지만 보고 덥석 주문하거나 대충 목차만 훑고 구매했다가 낭패 본 적이 한두 번이 아니다. 가능하다면 매주 또는 매월 정해진 시간은 서점에 들러서 최근 화제이거나 내가 읽어 볼 만한 책을 둘러보자. 이른바 '책 쇼핑'을 시간 내서 해 보자.

역량 개발을 위해 한 분야에서 최소 30권을 구독하라. 모 기업의 인사 전문가께서 나에게 했던 이야기이다. 그는 "한 직무의 역량 개발을 위해서는 한 파트만 30권 이상 책을 구독하라."고 말했다. 맞는 이야기이다. 예전에 이것저것을 읽다 보면 흔히 '남는 것'이 별로 없었다. 전략을 바꿔 한 분야만 집중적으로 읽어 보니 여러 전문가가 동일하게 강조하는 의견들이 눈에 보이기 시작했다. 그렇게 얻은 사고는 자신의 식견이 된다. 당신도 전문가로서 성장하기 위해서는 짧은 기간에 한 분야에 관련된 책을 집중적으로 읽어 보자. 분명 새로운 시각을 갖는 데 도움이 될 것이다.

관심 있는 저자를 온라인을 통해서나 실제로 찾아가 보자. 일명 발품을 팔면서 전문가의 의견을 들으며 흡수하자는 것이다. 무료 강의나 유튜브 등은 고급 정보는 많지 않다. 실제 적용할 수 있거나 실무적인 이야기, 1:1 멘토링은 유료 콘텐츠가 대부분이다. 당신도 무료로 제공하는 강의가 전부라고 생각하지 마라. 유튜브 '노후', 부동산에 관한 전문 채널을 운영하는 '단희TV' 행복 주치의 단희쌤은 "강의를 위해 1:1로 전문 성우를 단 하루에 수백만 원을 주며 배웠다."고 이야기한다. 당신도 빠르고 정확하게 배우기 위해서는 돈이 아깝다는 생각보다는 시간과 노력을 아낄 수 있다는 생각으로 접근해야 한다.

직장인의 도서 투자 방법

직무 전문 서적은 가장 우선순위로 구매하여 전문가의 길로 들어서자. 서적은 다양한 분야가 있지만 직장인으로서 전문성을 확보하기 위해서는 직무 전문 서적에 끊임없이 투자해야 한다. 나도 인사 업무를 담당하면서 사비를 들여 비즈니스 잡지, 인사 직무 관련 잡지 등을 매월 구독하고 있다. 당신도 전문성을 확보하기 위해서는 당연히 투자해야 한다. 처음에는 비록 실력이 눈에 띄지 않지만 3년 정도 꾸준하다 보면 자신도 모르게 업그레이드가 되어 있는 것을 느낄 수 있다.

심리학 서적을 통해 인간관계와 행복에 대한 개념을 정립하자. 필자는 사원 시절에 인간관계와 행복에 대해 고민했다. 고민의 해결은 책에서 찾게 되었다. 행복 심리학, 인간 관계학 등 철학적인 책들을 보면서 개인의 가치관을 형성하게 되었다. 지금의 행복과 인간관계의 생각은 언제든지 변할 수 있으나 '정의'에 대한 부분은 가치관으로 정립되었다. 당신도 다양한 심리학 서적을 통해 인간의 본질과 행복의 욕구를 고민해 보고 나름대로 정의해 보자. 내가 나름대로 정의를 내리게 되면 열심히 일하는데 동기부여가 된다.

경제 및 회계와 관련된 서적은 상식을 뛰어넘어 비즈니스 세계를 이해하는 데 방점을 찍자. 보통의 경험에 의하면 흔히 "관련 전공이 아니라서.", "어려워서."라는 반응을 보인다. 그러나 어려운 전문 분야가 아닌 원리를 이해하는 수준은 갖추고 있어야 한다는 것이다. 왜냐하면 당신이 근무하는 곳은 비즈니스를 하고 있으며 대내외 경제 환경과 회계 원칙에 따라 재무제표가 작성되기 때문이다. 당신이 비록 지금은 대리나 사원이더라도 언젠간 고급 관리자가 되거나 창업을 할 수 있으므로 사전에 이런 학습은 반드시 하길 바란다.

세계사와 정치사 서적은 조직 관리와 미래를 볼 수 있는 통찰력을 키워 준다. 후배들을 보면 가끔 세계사와 정치사를 보면서 '복잡하고 어려운 이걸 왜 듣지?'라고 생각하곤 한다. 그러나 당신은 조직의 관리자로 성장해야 한다. 추가로 관리자는 미래를 볼 수 있는 혜안이 있어야 한다. 미래는 준비하는 사람이 차지한다. 당연한 세상의 이치이다. 그게 아니라면 도둑놈 심보이다. 당신은 미래를 준비하는 리더가 되어야 한다. 그러므로 앞으로 3년간 꾸준히 독서하는 습관을 기르자.

나는 입사 후 3년이 지났을 때 "내가 그동안 뭘 배웠지?", "전문성이 향상되고 있기는 하나?", "물 경력이 되는 건 아니겠지." 하는 생각을 많이 했다. 그때마다 책은 나에게 해답을 주며 위기로부터 돌파구를 찾게 해 주었다. 당신도 이제 입사한 지 얼마 되지 않았다면 위기 속에서 해답을 책으로 찾아보면 어떨까. 책은 전문가들이 집필했기에 저자와 직간접적으로 소통하면서 정확하고 빠르게 해결하고 싶은 문제를 해결하게 해 준다.

37.
10년 후 내 모습이 어떨지
그려 보며 나아가야 한다

국내 최대 헤드헌팅 회사인 커리어케어의 대표이사로 재직 중 신현만 저자는 『회사가 붙잡는 사람들의 1% 비밀』에서 "직장생활 10년을 넘어서면 직장인의 커리어는 중대한 전기를 맞이하게 된다. 지난 10년 동안 자신이 닦은 길에 의해 앞으로 내가 어디까지 올라갈 수 있을지는 이미 정해져 있다. 당연히 나에 대한 회사의 판단도 거의 끝나 있다. 이때 최소한 20년을 내다보고 경력 지도를 꺼내 들어야 한다."고 주장한다. 당신도 10년 후 내 미래를 그려 본 적이 있는가. 없다면 10년 후 내 모습을 그려 보자.

이미지 메이킹의 중요성

"과거의 결과는 현재이다. 현재는 미래의 원인이 된다."는 문장은 내가 가장 좋아하는 문장이다. 학창 시절에 공부했던 결과가 지금 당신의 사회적인 위치가 되었고, 앞날에 일어날 일들에 원인을 제공한 것은 지금의 당신이 만들고 선택한 것들이다. 아무것도 하지 않는다면 미래에는 아무 일도 일어나지 않는다. 현재의 나를 기준으로 삼아 이미지 메이킹을 준비하자. 미래의 '나'는 지금 최선을 다하는 내 모습으로 귀결된다. 과거가 후회되는가? 그렇다면 미래에는 지금을 후회하지 않도록 하자.

조직 내에서 나의 모습을 진단해 보자. 현재 기준에서 당신이 입사한 지 몇 달 안 된 신입 사원부터 CEO까지 조직 내에서는 당신을 평가하고 있다. 그렇다면 진지하게 당신에 대한 평가를 이미지화해 보자. 강점 위주로 이미지를 평가하자. 예를 들면 자신을 '정직한 스타일', '추진력이 있는 스타일', '발표를 잘한다'. '경청을 잘한다.' 등 사람들의 평가를 들어 보자. 주변 사람들에게 당신의 장점을 이야기해 달라고 하면 구체적으로 이야기해 줄 것이다. 조직 내에서 당신의 장점이 무엇인지 그리고 그것이 왜 그렇게 평가받게 되었는지를 살펴보자.

장점을 알게 된 다음에는 '자기 향상 계획서'를 작성해 보자. 자기 향상 계획서는 1년 단위, 5년 단위 그리고 10년 후 나의 모습을 그려 보는 것이다. 자기 향상 계획서의 핵심은 실현 가능한 목표이어야 한다. 뜬구름 잡기식의 목표는 달성하지 못하게 되고 결국은 흐지부지되고 만다. 그러므로 1년 단위에서 비교적 쉽게 달성할 수 있는 목표부터 설정하자. 자기 향상에는 크게 자신의 직무 역량과 기술과 지식 능력 향상에 대한 계획이 담겨 있어야 한다. 또한 기한을 정하고 중간에 확인할 수 있도록 6개월 단위로 자기 향상 계획서를 살펴보자.

스테이시 가델라는 대학 시절인 1994년 미국 애틀랜타 에모리대 부근에 있는 식당에서 아르바이트를 했다. 그녀는 접시를 하나 닦더라도 물기 없이 깨끗이 닦아 가지런히 정리해 놓으며 남다른 열정과 헌신을 보였다. 그녀가 보인 태도는 지배인에게 눈에 띄게 되었고 졸업 후 정식으로 입사하여 불과 5년 만에 본사의 마케팅 이사가 되었다. 그 업체는 미국 외식업계 4위인 아웃백 스테이크 하우스다. 그녀는 지금 상황이 아닌 미래에 희망을 품고 남다른 자세로 업무에 임했다. 당신도 10년 후에 무엇을 하고 있을지, 조직에 있다면 어느 위치에서 어떤 일에 이바지할지 고민해야 한다. 그래야 일하는 태도가 달라지며 성공하는 직장인이자 직업인이 될 수 있다.

10년 후 나의 모습 그려 보기

10년 후 나의 모습을 다양하게 그려볼 수 있을 것이다. 조직에서 리더, 가정에서 배우자 또는 부모 그리고 사회에서 자신을 그려 볼 수 있다. 조직에서 내가 어떤 역할로 이바지하고 있을지 고민해 보자. 보통은 팀장, 임원이 되어 있을 거라고 막연하게 생각한다. 그러나 내가 하고자 하는 말은 10년 후에 조직 내에서 어떤 직무로 사람들에게 무엇을 베풀며 생활하게 될지 고민해 보자는 것이다. 다시 말해 직책이 아니라 역할을 생각해 보자.

다음으로는 리더로서 나를 생각해 보자. 지금 대리나 사원이라면 10년 후에는 리더 역할을 하고 있을 것이다. 그러므로 자신은 어떤 리더가 될 것이며 부하들에게 어떤 가르침을 줄 것인지 고민해야 한다. 리더가 되는 순간 많은 결정과 책임을 지게 된다. 다분히 시간이 흐르고 연차가 되어 리더가 된다는 생각이 아닌 부하들에게 어떤 사람이 될지 자신만의 리더상을 그려 보자. 생각이 정리되었다면 선배, 동기, 후배를 기준으로 지금부터라도 어떤 식으로 그들을 대할지도 고민해 보자.

다음은 가정에서 '나'이다. 워라밸이 중요해지고 있다. 조직 내에서는 MZ세대의 비율이 늘어나고 있으니 무시할 수 없는 사회적 분위기다. 더불어 가정의 역할이 중요해지고 있다. 10년 후 당신은 가정을 이루었거나 한 가정의 자녀일지도 모른다. 가정에서 당신은 어떤 존재가 되어야겠는가 생각해 보자. 단순히 함께하는 것만으로 중요한 것이 아니다. 가족 구성원과 어떤 좋은 추억과 가치관을 공유하며 살아갈 것인지 구체적으로 생각해 봐야 한다. 필자도 "어떤 아빠가 되겠다.", "어떤 남편이 되겠다.", "어떤 아들이 되겠다."는 생각을 하면서 가정에서 나의 자리와 역할을 그려 보고는 했다.

마지막으로는 사회 속에서 '나'이다. 나는 결혼하고 자녀가 태어나서부터 사회에 기여를 하겠다고 다짐했다. 둘러보니 생각했던 것보다 영아원이 많았다. 그래서 해마다 영아원 아이들에게 필요한 물품이나 기부금을 전달하고 있다. 올해부터는 가족들과 함께 크리스마스나 연말에 아이들을 찾아가 함께 시간을 보내며 뜻깊은 시간을 보내려 한다. 기부가 아니더라도 당신도 사회에 베푸는 방법을 생각해 보고 실현해 보자. 10년 후 나는 마음이 행복하고 윤택할 것이다.

새로운 계획을 수립하기

내가 새로운 계획을 세울 때 경험을 들어 설명하겠다. 가장 먼저 이력서를 6개월마다 업데이트한다고 생각하라. 보통 이력서는 지난날 나의 행적이나 경험이나 보유한 기술, 지식 그리고 일에 대한 철학을 가지고 작성한다. 그러나 1년보다 6개월로 쪼개서 작성하면 중간에 한 번 더 점검할 수 있으며 설령 달성을 못 하더라도 빠르게 보완하여 다음 6개월을 알차게 보낼 수 있게 한다. 계획에는 업무 역량, 기술과 지식 향상 계획, 인간관계, 사회적 기여 활동, 가정에서의 나를 기준으로 구분한다.

다음으로는 매 1년 단위로 성장 상태를 평가해야 한다. 성장이 더디다면 왜 그랬는지. 성장이 다른 때보다 빨랐다면 이유가 무엇인지를 짚고 넘어가야 한다. 나는 회사에서 행하는 성과 평가와 내년도 성과 계획을 수립할 때 개인의 성과 평과와 내년도 업무성과 계획도 같이 하고 있다. 의외로 첫해에는 큰 의미를 몰랐으나 3년이 넘어가고 실적이 눈에 보이기 시작하자 더없는 동기 부여가 되고 있다. 지금도 직장 생활을 하며 책을 집필하고 있는 모습은 나에게 올해 성과 계획에 남길 주요한 실적이 될 것이다.

중장기 계획도 수립하자. 6개월마다 측정하고 1개월마다 계획을 수립하게 되면 자연스레 중장기 계획이 필요하다. 이에 대해서 중장기 계획은 비전을 설정하여 미래 목표, 지향점이 무엇인지 명문화할 필요가 있다. 비전을 향해 가기 위한 행동들이 1년마다 단기 계획으로 수립되기 때문이다. 중장기 계획은 3년, 5년 또는 10년으로 설정하자. 뜬구름 잡기식이 아닌 성공적으로 직장 생활을 하는 직업인이 되기 위해 미래에 세워야 할 목표와 가치관이다.

성장 가능성이 희박하다면 다음 계획도 수립해야 한다. 실제로 목표를 위해 나아가다 보면 상황이 예상과 다르게 바뀔 수 있고 그럴 때는 다른 계획을 세워야 한다. 예를 들어 재무 담당자가 전보를 받아 경영 전략 담당자가 되었다고 하자. 기존에 재무 전문가로 성장하기 위해서 노력했던 것을 일부 또는 전부를 수정해야 한다. 대리나 사원일 때 전보라면 재무 전문가로 성장하기에는 희박하기 때문이다. 이럴 때는 유연한 사고를 통해 경영 전략 전문가로 계획을 선회하여 준비하도록 하자.

10년의 직장 생활에서 내가 얼마나 성장했는지 돌아보며 앞으로 어디까지 올라갈 수 있을지를 판단해 보자. 나에 대한 회사의 판단도 끝났을 무렵이므로 성장 가능성이 희박하다면 다음 스텝을 신중히 생각해 볼 필요가 있다. 최근에는 이직이나 창업 등도 활발하게 시장이 커지고 있다. 10년 동안 성장의 기회가 없었다면 곰곰이 생각해 보아야 한다. 과거 고 김우중 회장은 "세상은 넓고 할 일은 많다."고 했다. 10년간 직무에 대해서 열심히 노력해도 경쟁력이 없다는 생각이 든다면 넓은 시야를 가지고 살펴보자.

38.
취미, 건강, 인간관계, 재테크 등에도 관심을 가져야 한다

내 삶에서 일 이외에 다른 것에도 관심을 가져야 한다. 일에 대한 배움으로부터 오는 기쁨은 길지 않다. 직장 생활에서 일이 반복적이어서 지겹거나 바쁜 가운데 지칠 때가 있다. 흔히 이직을 생각할 때인 3~4년 차부터 시작된다. 직장 생활은 마라톤과 같다. 다른 분야의 관심을 통해 새로운 기쁨과 활력소는 중요하다. 일을 할 수 있는 능력 이외에 다른 활력소를 더해 더욱 발전해 나가는 직업인이 되자. 그렇다면 활력소에는 무엇이 있을까. 관심사, 취미, 건강, 인간관계, 재테크 등이 대표적일 것이다.

다른 분야에 관심을 가져야 하는 이유

직무 이외에도 다양한 세상을 보는 눈이 중요하다. 고려사이버대학교 인재개발학부 교수인 염철현 저자의 『인문의 눈으로 세상을 보다』에서 '사람에 대한, 사람으로부터, 사람에 의한' 등 크게 3가지 영역의 주제를 다뤘다. 그만큼 세상을 보는 눈이 다양하며 시각에 따라 똑같은 사물도 다르게 보이는 것이다. 우리도 직장 생활을 하면서 다양한 각도로 사실을 판단해야 한다. 대리, 사원 시절에는 어렵겠지만 세상사 다양한 이치를 폭넓은 사고로 보려는 습관이 필요하다.

트렌드에 너무 민감하기보다 내가 정말로 하고 싶은 일을 찾아보자. MZ세대라면 최근 유행하는 사회 현상에 민감하다. 개인적인 가치관과 자유로운 생각 등 MZ세대를 대변해 주는 단어들이다. 그러나 MZ세대 모두가 개인적인 가치관이 뚜렷하거나 자유로운 생각을 하는 사람은 아니다. 최근 사회적으로 이슈가 되거나 유행인 현상들에 대해서 너무 고민하지 말자. 개인의 삶이 중요한 시대에 획일적인 트렌드는 오히려 자신의 경쟁력을 갉아먹는다. 자신만의 하고 싶은 일을 찾아보자. 예를 들어 휴가 기간에 판소리를 배운다든지 의상디자인을 배운다든지 말이다.

취미나 관심도 공부라고 생각해야 한다. 아는 지인의 사례를 들자면 그는 와인을 마시는 취미가 있다. 그는 와인의 브랜드, 맛있게 마시는 법, 분위기 있는 레스토랑 등 더욱 많은 정보를 알고 싶어 했다. 그는 매일같이 점심시간이면 남들이 다 쉴 때 와인과 관련된 도서, 유튜브, SNS 등 다양한 경로로 공부했다. 1년 이후 그는 와인 분야에 세미프로가 되었다. 와인 이야기만 나오면 사람들이 그의 말을 경청했고, 와인은 그에게 새로운 사회생활의 활력소로 자리 잡았다. 이 사례처럼 와인에 대해서도 비록 취미 생활이지만 공부하며 즐겨 보자. 윤택한 취미 생활이 될 것이다.

관심은 가지되 직장인의 본질은 잊지 말자. 특히 코로나 시대에 자산 가치가 급격하게 올랐다. 당시 직장인들은 영혼까지 끌어올려 자신의 모든 가용 자산을 주식, 부동산, 코인 등에 투자했다. 언젠가 본 다큐멘터리에는 안정된 대기업이나 공기업을 그만두고 주식에 쏟아붓는 사람들도 소개되었다. 내 주변에도 근무 시간에 수시로 시세를 확인하거나 휴가를 내고 부동산을 찾아다니며 부동산 삼매경을 하는 사람들이 많았다. 그들은 부자가 되었을까. 대부분 자산 가치가 떨어지는 시점에 고통을 맛본다. 직장인은 직장 생활에 충실한 것이 롱런하는 것이다. 오히려 많은 사람이 다른 길을 둘러볼 때 당신은 직업인으로 '정도(正道)'를 걷자. 물론 투자하는 것을 부정하는 것이 아니다. 투자도 가치 있는 장기적인 관점에서 투자하자. 투자와 투기는 다르기 때문이다. 당신의 투자 가치는 직장이라는 것을 명심하자.

최근 관심사와 화제

최근 관심사와 이슈를 살펴보며 우리가 참고할 것을 살펴보자. 첫 번째로는 많은 사람이 유행에 따르는 취미 생활을 하고 싶어 한다. 대표적으로 골프, 필라테스, 요가, 스킨스쿠버, 해외여행 등 다양해졌다. 이런 취미 활동이나 관심사를 알기는 하되 남들이 하니깐 나도 한다는 생각은 자제하도록 하자. 다만, 직무상 영업을 위해 동료나 거래 업체 관계자와 관심사를 같이 하는 경우도 있다. 그런 처지가 아니라면 유행을 떠나 나만의 관심사를 찾아보고 재능을 키워 보자.

건강 보조 식품의 건강 관리가 직장인들 사이에 관심이 높아지고 있다. 건강 관리는 체력 관리가 기본이 된다. 보통의 사람들은 운동을 통해 체력 관리를 하지 않고 건강 보조 식품에 의존해서 생활한다. 직장인들의 책상을 보면 1~2가지쯤은 건강 보조 식품을 놓고 있다. 당신도 주객이 전도되지 않도록 건강 보조 식품을 섭취하기보다 체력을 어떻게 키울 것인지 고민하자. 체력 단련이나 스트레스를 줄이며 정신 건강 증진을 위해서 노력해야 한다. 그래야 내 업무에 보면서도 체력전, 심리전 싸움에서 승리할 수 있다.

컨셉과 전망이 불분명한 SNS, 유튜브 채널을 무턱대고 운영하는 것이다. 많은 직장인이 인플루언서, 유튜버가 되기 위해서 다양한 채널로 자신을 홍보한다. 이를 위해 고가의 장비를 구매하고 영상 제작과 편집 공부에 많은 시간을 할애한다. 불분명한 구독자를 생각하고 "만들었으니 봐 주겠지." 하는 생각으로 일단 시작하고 본다. 그러나 대부분 99%는 실패하고 만다. 왜 그럴까. 직장인은 직장인이 가지고 있는 특징과 장점이 있다. 그 장점을 살려야 한다. 대표적으로 중소기업 재직자가 중소기업에 대한 주제로 유튜버 활동을 해서 성공적으로 정착한 사람이 있다. 중소기업 직장인의 일상이라는 컨셉이 다른 중소기업 재직자들의 공감을 샀기에 가능했다.

다음은 파이어족의 투자 열풍이다. 코인이나 주식 그리고 부동산에 대해서 한 방에 돈을 버는 것을 꿈꾸며 투자 형태를 추구하는 사람들이다. 가파른 아파트 가격 상승과 자산 가치는 날이 갈수록 올라가고 있기 때문이다. 그러나 주의할 것은 한 방을 노리는 투자는 실패할 가능성이 높다. 작게 실패하더라도 반등할 수 있는 여윳돈이 없기 때문이다. 우린 자금과 정보력이 많은 기관 투자자가 아니다. 우리는 개미이다. 힘들게 해서 번 돈이다. 현재의 시황에 일희일비하지 않고 장기적인 관점에서 가치를 투자하는 적절한 투자자가 되어 보길 바란다. 언제까지 자산 가치가 계속 오르거나 떨어지지 않는다.

관심을 적절하게 표현하기

사회적인 관심을 적절하게 활동하고 표현하는 법도 알아야 한다. 진정한 나만의 취미 생활을 해 보자. 나는 취미가 등산이다. 다이어트는 평생의 숙원 과제이기 때문이다. 등산은 혼자 하는 것보다 회사 내에 있는 동호회를 가입해서 같이 활동한다. 등산이라는 취미 활동도 하면서 회사 동료들과의 네트워킹을 할 수 있는 시간도 확보하는 셈이다. 당신도 관심 있는 취미 활동에 대해서 소수의 인원이라도 같이 해 보라. 같이 하는 직장 동료들과 네트워킹도 하고 취미 생활도 즐길 수 있을 것이다.

운동을 통한 체력과 건강 관리가 필수적이다. 내 주변의 20~30대는 대체로 운동하지 않거나 하더라도 쉽게 포기한다. 대부분 자신의 체력을 믿는다. 그러나 30대까지는 현재의 자신의 체력으로 인해 일할 수 있다. 그러나 40대가 넘어가면 자신의 체력을 맹신해서는 안 된다. 필자도 주말이 되면 2시간 정도 등산이나 산책한다. 땀을 흘리면 스트레스도 풀리고 기분도 좋아진다. 당신도 좋아하는 운동이 있다면 취미 생활로 매주

할 수 있도록 즐겨 보라.

자신이 잘하는 분야를 선택하여 전문성을 축적하자. 이는 자신이 직무에서 잘하는 분야에 특화해 보자는 것이다. 예를 들면 내 업무가 인사 업무에서 '채용'이라면 구직자 입장에서 인사 담당자에 관한 정보를 정리해 보는 것이다. 이는 향후 차별화된 개인의 능력으로 발현될 것이다. 개인의 능력은 많은 기술과 지식도 중요하나 축적된 노하우와 경험 그리고 자료가 필요하다. 그래야만 성공적인 직장 생활을 할 수 있다. 아무리 지금의 기술과 지식이 있더라도 축적된 자료가 없다면 오래가기 힘들기 때문이다.

직장인의 꿈이자 목표 중 하나는 경제적 여유를 얻는 것이다. 필자가 주장하는 것은 장기 성과 지향형 재테크를 공부하자는 것이다. 대리, 사원 시절부터 경제를 이해하고 투자 관점을 만들어야 한다. 그러므로 지금의 "~카더라." 통신으로 단기적으로 투자 성과가 있는 종목을 듣는 것보다 장기적인 유망한 산업을 전망해 보거나 투자 방법에 대해 공부하는 습관을 들이자. 장기 투자는 지금 시황에 일희일비하지 않는다. 그 투자 상품이 가치가 있다고 믿기 때문이다. 비록 당장은 느리거나 손해를 보더라도 장기 투자 관점을 가지고 꾸준히 재테크를 공부하며 성장하자.

직장인으로서 성장하기 위해서 반드시 해야 할 것은 취미 생활, 건강, 인간관계 그리고 재테크이다. 이것들에 관심을 갖고 신경을 썼냐 안 썼냐에 따른 결과는 40~50대가 지나면서 더욱 나타난다. 청년 시절에 미리 준비하여 행복한 장년 시절을 보내야 한다. 그러므로 한순간의 유행이나 유혹에 흔들리지 말아야 한다. 튼튼한 뿌리가 있는 나무는 어려운 환경에서도 굳건히 자란다. 당신도 직장 생활이라는 장기 코스를 뛰는 마라토너로서 건강한 관심사를 갖는 것을 적극적으로 추천한다.

Part 6.

일 잘하는 사람이 되기 위한
스트레스 관리법

39.
신입 사원 때부터 체력에 투자하여
롱런을 준비해야 한다

복지 서비스 전문 기업 이지웰페어가 2015년 직장인 1,146명에게 '운동 습관'을 주제로 실시한 설문조사 결과, 전체 응답자의 83.8%가 '운동 부족을 체감'하고 있는 것으로 조사되었다. 이에 '운동 부족을 느끼는 때가 언제인지'에 대한 질문에 '살이 쪘을 때'라고 44.8%가 답했고, '쉽게 피로해질 때' 32.4%, '조금만 걷거나 뛰어도 숨이 찰 때' 19.4%로 각각 답했다. 체력은 자기 계발의 하나로 반드시 투자해야 하는 항목이다. 지금의 나이가 20대~30대라고 해서 체력에 대해서 자만심을 가져서는 안 된다.

체력에 투자해야 하는 이유

직장 생활을 잘하려면 체력에 투자해야 한다. 『2030 직장생활 지침서』의 저자 김희영 작가는 "20대 다져진 체력으로 30대를 버티고, 30대에 운동해야 40대에 달릴 수 있다. 운동이든 보약이든 젊을 때 체력을 비축해 두자. 건강과 체력도 조직 생활에서는 차별점이 될 것이다."라고 주장한다. 20대부터 꾸준히 체력을 다진 사람들은 30대, 40대에도 남들과 다르다. 직장생활에서 다부진 체력은 모든 역량을 발휘하는 데 가장 밑거름이 된다. 지금부터라도 당신도 체력에 투자해야 한다.

일도 자기 계발도 체력도 '꾸준함'이 있어야 한다. 자기 계발이나 취미 활동에 대해서는 자신의 시간에 대해 일부를 할애한다. 자기 계발을 위해서 새벽에 학원에 가거나 퇴근 이후에 자기 계발 활동을 하는 사람들이 많다. 그러나 젊은 층일수록 정작 체력 증진을 위해서 시간을 마련해야 한다. '시간 없다.', '바쁘다.'는 이유로 미루다 보면 어느새 시간만 야속하게 지날 뿐이다. 당신도 취미 활동과 접목하여 체력을 만들어 보라. 정해진 시간을 일상적으로 활동해 보자.

어렵거나 힘든 운동보다는 무리하지 않는 운동부터 해야 한다. 장교 후보생을 준비하던 때 나는 평소 운동을 좋아하지 않던 사람이었다. 그런데도 장교가 되고 싶어서 응시 과목이었던 달리기와 팔 굽혀 펴기, 윗몸 일으키기를 무리하게 했다. 첫날부터 무리한 나머지 근육통으로 고생하고 다음 날부터 며칠 동안은 시험 준비를 전혀 할 수 없었다. 결국 후회만 남은 기억으로 남아 있다. 자신의 체력 수준을 고려해서 서서히 올리는 연습을 해야 한다. 오늘은 10개를 했다면 내일은 12개, 모레는 15개씩 서서히 올려 보자. 그래야 몸에 무리가 가지 않고 오랫동안 진정한 운동의 효과를 볼 수 있다.

체력에 투자하면 다이어트, 만성 피로를 한 방에 날릴 수 있는 중요한 무기가 된다. 나도 퇴근 후 매일 30분씩 달리거나 1시간씩 산책한다. 처음에는 피곤하고 힘들지만 꾸준함을 통해 효과를 보게 된다. 직장인의 고민인 뱃살도 빠지고 만성 피로에서도 해방될 수 있다. 당신도 다이어트나 만성 피로를 극복하기 위해 체력에 투자하여 개선하는 습관을 갖도록 노력하자. 체력이 안 되면 결국 성공적인 직장 생활을 위해 노력하려는 당신에게 적색등이 뜨기 때문이다.

직장인 운동 방법 1

직장인들이 할 수 있는 운동 방법은 매체들을 통해 많이 찾아볼 수 있다. 나는 손쉽게 따라 할 수 있는 운동을 소개한다. 첫 번째로는 소개할 홈트레이닝은 집에서 짐볼, 근력 밴드, 매트나 의자를 이용하는 운동이다. 운동에 필요한 물품은 저렴한 가격으로 쉽게 구입할 수 있다. 또한 무거운 기구를 들거나 옮기는 운동이 아니다 보니 다치는 위험이 적다. 최근에는 홈트레이닝이 사회적인 관심도가 높아져 유튜브나 SNS에서 전문 강사들이 소개하는 영상이 많으니 참고해도 좋다.

운동 중에서도 명상은 신체와 정신 건강에 좋다. 필자는 HSP(유답)에서 진행하는 힐링 캠프를 수강한 적이 있었다. 교육 과정 중에는 실내외에서 명상을 통한 곧은 자세를 유지한 채 단전 호흡을 하면 생각에 잠겼었다. 야외의 경우에는 나뭇잎 소리, 새소리, 자동차 소리도 듣곤 했다. 실내에서는 에어컨 소리, 시계 소리도 들었다. 평소에는 별 생각이 없던 것도 명상을 통해 집중해 보니 마음이 차분해지는 소리가 되었다. 또한 허리나 목이 굽어 있었는데 곧은 자세로 30분 이상씩 유지해 보니 자세 교정도 되었다. 당신도 주말이나 휴식 시간에 30분 정도만 명상을 해 보라. 비록 인공적인 소리더라도 눈을 감고 들어 보라. 신체적, 정신적 건강에 도움이 된다.

기상 후 누워서 스트레칭을 하는 것이다. 아내가 매일 하는 것이다. 요가 매트 위에서 스트레칭을 매일같이 하고 있다. 매일 스트레칭을 하면서 변화가 있다. 스트레칭은 근육을 풀어 주기에 아침에 무거운 몸이 가볍게 느껴진다. 방법은 유튜브나 각종 매체에 전문 강사들이 많이 소개되고 있는 만큼 자신에게 맞는 방법을 찾아 요가, 스트레칭, 필라테스 등 스트레칭을 해 보자. 당신이 꾸준함을 가지고 스트레칭을 통해 아침에 몸을 풀어 본다면 몸이 가벼운 마음이 들고 업무에도 집중할 수 있는 원인이 된다.

다음 방법으로는 구두는 사무실에 보관하고 운동화를 신고 출퇴근한다. 만약 당신이 걸어서 출퇴근한다면 운동화를 준비해 두자. 딱딱한 구두보다 운동화는 발에 무리를 주지 않고 운동 효과를 준다. 30분 이상 걸어 다녀야 할 상황이라면 기왕이면 운동 효과를 주는 운동화를 신는 게 좋지 않겠는가. 이런 경우에는 따로 시간을 내지 말고 출퇴근을 운동 시간으로 만들어 보면 어떨까. 바쁘게 살아가는 직장인이지만 출퇴근 시간을 적극적으로 활용해 보자.

직장인 운동 방법 2

집 주변 산책을 생활화하자. 달리기, 스쿼시, 주짓수 등 격렬한 운동이 어려운 사람들은 산책을 매일 같이 해 보자. 국제 환경 연구 및 공중 보건 저널(International Journal of Environmental Research and Public Health)에 발표된 2020년 연구에 따르면 "정기적인 산책을 하거나 다른 형태의 신체 운동을 규칙적으로 하는 응답자는 정기적으로 운동하지 않은 사람들보다 정서적 건강이 더 좋았다."고 주장한다. 전문가들은 하루에 30분은 걷도록 권장하고 있다. 이처럼 힘들고 어려운 운동이 버겁다면 가볍게 산책을 30분씩 투자해 보자.

걷는 것보단 빠르게 걷거나 뛰어 보는 것이다. 물론 걷는 것이 어느 정도 적응이 되어 이제는 좀 더 난도가 높은 운동이 필요한 사람의 이야기이다. 체력과 여건이 허락한다면 더 나아가 보자. 걷는 도중에 10~20초씩은 빠르게 뛰어 보는 것도 운동이 된다. 산책에서 더 효과를 보려면 스스로 난이도를 올려 보자. 내 몸이 감당할 수 있는 상황이 아니라면 무리해선 안 된다. 오히려 건강을 챙기려다가 건강을 놓칠 수 있거나 운동을 포기하기 때문이다. 직장인에게는 선수 수준의 체력 단련이 아닌 꾸준함을 통한 체력 증진이 목적이기 때문이다.

다음 방법으로는 아파트와 사옥 계단 오르기다. 나도 아파트에 거주하면서 계단 오르기를 운동 삼아 하곤 한다. 계단을 오르면 하체 근육이 강해지고 근육량도 증가한다. 더불어 다이어트에도 좋은 효과가 있다. 다양한 다이어트나 체력 증진을 위한 방법이 있다. 평소 시간을 내기 어렵다고 생각된다면 자신의 사용되고 있는 시간과 환경에서 최대한 활용될 수 있는 체력 단련을 찾아보자. 당신이 마라톤과 같은 직장 생활을 위해서는 가장 알맞은 체력 증진을 할 수 있는 활동 1가지 이상은 찾아야 한다.

다음은 TV를 보면서 자전거 타는 것이다. 최근에 실내 자전거 운동을 할 수 있는 기구가 많이 있다. 그러나 대부분은 작심삼일로 운동하다가 방치하기 일쑤이다. 가장 중요한 것은 시간을 마련하는 것과 꾸준함이다. TV를 보는 시간에는 소파에 있지 말고 자전거 타기를 해 보라. 자전거 타기는 유산소 운동으로서 관절에 무리를 주지 않고 할 수 있다. 영국 배스대학교 연구팀이 지원자들에게 실내 자전거를 20초씩 격렬하게 타도록 하여 한 번에 2회씩, 일주일에 3차례 하게 했다. 6주 뒤 검사 결과 이들의 인슐린 기능은 28% 개선, 기억력이 향상되며 편두통이 감소했다는 결과로 나타났다. 이처럼 실내에서 자전거 타기가 지루하다면 TV를 보면서 생활화해 보자.

아무리 젊더라도 직장 생활은 미래를 생각하면 장거리를 뛰는 선수처럼 체력을 키워야 한다. 가장 중요한 것은 자신의 상황에 맞는 시간과 환경에 맞춰 체력 증진 활동을 하는 것이다. 세상에 언급하고 있는 다양한 운동 방법들이 있다. 그러나 사람들 대부분은 시도하다가 포기하는 경우가 많다. 그 이유는 자신과 맞지 않거나 처음부터 어렵거나 부담스러운 운동을 시작하기 때문이다. 직장인 운동은 난도가 높지 않지만 꾸준한 체력 증진을 통해 업무에 집중할 수 있는 체력을 만들자. 몸매 만들기를 위한 운동처럼 다른 사람에게 보여지는 것은 부가적인 것이다. 어느 정도의 체력을 만든 후 부가적인 요인을 챙겨 보는 것도 늦지 않다.

40.
저녁 있는 삶을 통해
삶의 질을 높여야 한다

국내 기업과 글로벌 기업에서 25년간 근무한 인사 전문가인 임병권 저자는 『8시간』에서 "일과 삶 사이에서의 균형을 안정적으로 유지하지 못하면 넘어지거나 떨어지고 만다. 흔히 말하는 워라밸을 추구하는 것이 '일보다 개인적인 삶이 더 중요하다니까 더 즐기자.'의 의미는 아니다. 이제껏 일에 치우쳐 깨져있던 균형을 지금이라도 맞추자는 것이다. 이 균형이 맞춰져야 일도 생활도 더 잘할 수 있기 때문이다."고 주장한다. 그렇다. 워라밸을 통해서 일과 개인의 삶을 균형감 있게 챙기자는 의미이다. 삶의 질을 올리는 것도 직장 생활에 중요한 요인이다.

삶의 질이 중요한 이유

워라밸이 중요한 시대이다. 후배들에게 워라밸이 무엇이냐고 물어보면 일보다 개인의 삶을 중요하게 생각하는 것이라 말한다. 여기에서 오해하고 있는 것은 과거 일에 매몰되어 있던 삶에서 '개인의 삶'만 중요해졌다고 생각한다는 것이다. 우리는 일과 개인의 삶을 어떻게 균형감 있게 가져갈 것인지를 생각해 보자. 삶의 질 향상은 혼자만의 시간을 가질 때뿐만 아니라 하루 8시간 이상을 보내는 직장에서도 어떻게 삶의 질을 향상할 것인지도 생각해야 한다. 그래야 균형감 있는 자신만의 워라밸을 정의할 수 있다.

우리나라도 국민소득 3만 불 시대이며, 선진국 반열에 오른 국가이다. 많은 변화가 있는 과정에서 개인의 자유와 생각이 다양해졌다. 최근 인사 업무를 하면서 가장 어려운 점은 기성세대와 MZ세대와 생각의 차이를 좁히는 일이다. 기성세대는 "과거에는 이랬는데 지금 세대는 왜 이렇게 생각할까?" 하여 이해하지 못하고 MZ세대는 "꼰대 같은 마인드 때문에 힘들다."고 서로를 나와 다른 사람처럼 생각한다. 그러나 우리나라는 급변했던 경제 성장에 맞춰 치열하게 살아온 국민이다. 기성세대에게 학창 시절에 즐길 수 있는 것들과 MZ세대의 즐길 거리는 내용과 종류의 수가 다르다. 세대 간의 차이를 이해하고 다양성을 존중해야 한다. 기성세대와 MZ세대의 서로 간의 삶을 인정해 주는 것부터 조직 내에 삶의 질을 높이는 출발점이 된다.

동료와 나 그리고 가정에서 서로를 이해하는 관계를 형성하면 삶의 질이 개선되고 업무 성과로 이어진다. 삶의 질이 높아야 업무 성과도 높다고 할 수 있다. 펜실베니아 와튼스쿨의 프리드먼 교수는 "일, 가정, 공동체, 나는 상호 의존적 시스템으로 삶의 질이 올라가면 업무 성과도 올라간다고 본다."고 주장한다. 프리드먼 교수는 제로섬 게임처럼 일을 양보해야 삶의 질이 올라가고 삶의 질을 양보해야 일의 성과가 올라가는 것이 아니라는 것이다. 이처럼 개인의 삶과 업무 성과의 균형을 이루기 위해서는 직장 동료, 자신 그리고 가정이 함께 이해되어야 한다. 어느 한쪽에 치우쳐 있다면 균형을 잃게 된다.

저녁이 있는 삶을 통해 아침을 맞이할 활력을 얻자. 물리적 환경 조건이 내 여건에 맞게 상황에 따라 저녁이 있는 삶을 살아야 한다. 저녁 시간에 자기 계발을 하거나 체력 증진을 위해 운동을 하면 좋다. 가족들과 함께 즐거운 활동을 할 수도 있다. 단순히 지인들과 함께 의미 없는 시간을 보내는 것은 중요하지 않다. 저녁에는 무엇을 할 수 있을지 고민해야 한다. 그리고 정해진 시간에 맞춰 규칙적으로 행동하자. 시간이 흘러 보람이 있고 소기의 성과를 가질 수 있는 또 하나의 동기 부여가 된다.

삶의 질을 높이는 방법

삶의 질을 높이는 방법에는 어떤 것이 있을까? 먼저 일에 대해서 언급해 보자. 첫 번째는 근무 시간에는 몰입도를 높여야 한다. 몰입도가 낮은 사람들을 보면 흡연한다거나 개인적인 용무를 한다. 그들은 해야 할 일에 대해서 몰입도가 낮다 보니 시간을 질질 끌며 업무를 처리한다. 몰입도를 높이려면 일과 중에 2시간은 집중 시간을 확보하자. 이때에는 하나의 업무를 집중하여 끝낸다는 생각으로 임하자. 업무 시간에는 흡연이나 개인적인 사담, 용무 등 개인적인 일은 줄여 나가자. 그래야 온전히 8시간에 최대의 효율을 가지고 일을 마무리할 수 있다.

남들보다 빠르고 효율적인 업무 수행을 할 수 있도록 노력해야 한다. PC를 사용해야 하는 직무라면 엑셀이나 파워포인트도 할 줄 알아야 한다. 업무 효율을 높이는 기능이나 단축키 들을 익혀 같은 일을 하더라도 시간을 줄일 수 있기 때문이다. 또한 일상적인 업무에서도 낭비 요소를 줄이는 방법을 찾는 것도 중요하다. 나는 기존의 페이퍼워크로 행하던 결재 업무를 전산으로 자동 신청하고 결재할 수 있는 시스템으로 변경하여 업무 효율을 극대화했다. 이처럼 자신이 하는 일에 대해서 살펴보고 효율적으로 업무를 수행하도록 하자.

저녁 시간을 이용하여 내 생각을 정리할 시간을 마련해 보자. 개인의 삶과 일에 대한 성과에 대해서 자기 성찰의 시간을 가져 보자. 삶의 질을 높이기 위한 일과 개인의 삶을 어떻게 개선할지를 하루에 5분 내외의 시간을 할애해 보자. 비록 짧은 시간이지만 삶의 질을 높이는 고민을 할 시간을 갖자. 나는 출근 준비를 하면서 오늘 해야 할 개인과 일에 대한 고민을 해 본다. 5분이라는 시간이 별것이 아니라고 생각하기 쉬우나 습관이 되고 쌓이게 되면 개인의 삶이 윤택해진다.

다음으로는 저녁에 2~3시간을 이용하여 '행복할 수 있는 방법'을 찾아 보자. 저녁 시간을 이용하는 직장인들을 보면 자기 계발, 취미 활동, 가족이나 지인과의 만남으로 사용하고 있다. 물론 맞는 말이고 그 자체로 훌륭하다. 더 나아가 스스로 행복하기 위해서 무엇을 해야 할지를 생각해 보고 실행하자. 실행했던 행동이 자기 계발, 취미 활동, 가족들과 행복한 시간 등 다양한 활동을 했다면 그것으로 자신에게는 행복한 삶이 될 것이다.

저녁 있는 삶을 위한 100% 활용 방법

정시 퇴근을 할 수 있는 방법을 찾아야 한다. 어차피 야근 각이다. 어차피 늦게 끝날 것이라는 생각보다 지금 하는 일에 정시 퇴근을 할 수 있는 방법을 찾아야 한다. 나는 정시에 퇴근해야만 하는 이유들을 만들었다. 대표적으로 대학원 진학이었다. 대학원 수업을 참여하기 위해서는 정시 퇴근은 필수였다. 이후 정시 퇴근하기 위해서 비효율적인 업무는 과감히 생략하거나 축소해 나갔다. 놀라운 것은 학위를 받은 2년이 지난 시점에서 돌이켜 보면 업무 성과는 더욱 발전되어 있었다. 막연히 눌러앉아 있다고 성과가 높아지는 것이 아니라는 것을 몸소 체험했다. 당신도 강제적인 수단이라도 정시 퇴근을 해야 하는 사유를 만들어 보자.

저녁에는 꾸준히 할 수 있는 취미 활동을 통해 도약하는 계기로 마련해 보자. 자기 계발보다 취미 활동에 집중하고 싶은 사람이라면 취미 활동을 해 보는 것도 좋다. 여기서 중요한 것은 취미 활동을 경험, 사진, 소감 등을 모아 보는 것이다. 이왕에 취미 활동에 전념한다고 했을 때 또 다른 기회가 되도록 취미 활동을 데이터화하자는 것이다. 훗날 취미 활동이 직업이 될 수 있고 유튜브나 SNS, 책을 집필하여 새로운 기회로 다가올 수 있기 때문이다. 취미 활동을 다분히 취미로만 끝내지 말고 새로운 기회의 발판으로 삼아 보자.

자기 계발도 좋은 활용 방법이다. 저녁 시간에 갈 수 있는 어학원을 수강한다든지 독서 동호회에 참석하는 등의 방법이다. 참석해야 할 강제적인 요소가 있다면 저녁이 있는 삶을 계속 활용할 수 있는 계기가 된다. 나는 마음을 먹고 대학원을 진학했었는데, 매일 수업을 수강하거나 조별 과제를 준비해야 했다. 시간이 흘러 학위를 얻게 되었고 삶의 질적인 면에서도 지금도 후회하지 않는 행동이었다. 당신도 자기 계발의 목표를 세웠다면 계속할 수 있도록 평일 저녁 시간으로 활용할 수 있는 것을 생각해 보자.

이성 친구나 가족이 있다면 같이 할 수 있는 활동을 하자. 가정이 있는 삶도 중요해지고 있다. 그러므로 자신을 위한 삶보다 가족이나 이성 친구와 추억을 만드는 삶도 생각해 보자. 예를 들면 저녁 식사를 가족과 함께하거나 한 달에 1회 이상 영화를 같이 관람하는 등 추억을 같이 만들 수 있는 시간을 확보하자. 단순히 '같이 머문다.'는 개념보다 추억을 함께 '나눈다.'는 개념으로 접근하자. 추억을 나누는 행동을 통해 가족이나 이성 친구와 소통이 중요한 수단이 된다.

일과 개인의 삶에서도 균형을 맞추기 위해서는 무엇보다 근무 시간에 몰입하여 업무를 수행하는 능력을 키워야 한다. 앞서 예를 들었듯 나도 비효율적인 업무로 인해 버려지는 시간이 상당히 많았다. 그런 시간을 유념하여 살펴보고 바로잡도록 하자. 그렇게 해서 퇴근 시간에는 적절히 삶의 질을 높일 수 있는 활동을 하여야 한다. 자신이나 가족 그리고 자기 계발도 좋다. 그 행동이 축적되고 실력이 되어 행복해진다면 더할 나위 없이 훌륭한 직장인이 될 것이다.

41.
휴식다운 휴식을 취해야
장기전에 뛰어들 수 있다

휴식의 필요성은 여러 연구 결과로도 발표되었다. 미국 심리 협회에 따르면 휴가는 스트레스로 인한 심장병 발병률을 낮춰 주며 삶의 만족도를 높여 준다고 한다. 위스콘신주에 거주하는 여성을 대상으로 진행한 연구에서는 휴가를 자주 가는 여성은 긴장감이나 우울감 그리고 피곤함을 덜 느끼고 삶에 만족한다는 결과가 밝혀지기도 했다. 직장인은 평소 긴장감 속에서 스트레스를 느끼며 업무에 임한다. 적절한 휴식은 장기적인 직장 생활에서 활력소이자 재도약을 위한 시간임이 틀림없다.

휴식의 중요성

휴식은 스트레스 해소와 신체적인 회복을 위함이다. 경희대병원 정신건강의학과 김종우 교수는 한 언론의 인터뷰에서 "적절한 휴식을 통해 회복 탄력성(Resilience)을 강화하는 것이다. 반복되는 스트레스 사이에서 회복 탄력성으로 다시 스트레스를 받아들일 몸과 마음의 자세를 만드는 데 중요한 것이 바로 휴식이다."라고 강조한다. 이처럼 업무에서 발생한 스트레스에 대해서 회복 탄력성을 강화하기 위해 적절한 휴식이 중요하다. 당신도 퇴근 후 저녁이 있는 삶이나 주말 또는 휴가 기간에 적절한 휴가를 보내야 한다.

업무 시간에도 휴식은 중요하다. 대부분의 사람은 90분 이상 집중하기 어렵다. 보통은 일하는 중간에 5~10분 정도로 휴식을 취하며 집중력을 유지한다. 나는 5~10분 정도 휴식을 취할 때는 바깥 풍경을 보거나 다른 공간에서 눈을 감고 쉰다. 휴식할 때는 잠시 업무에서 떠나 무상무념을 하는 경우가 많다. 최근에 국내에서 유행처럼 시행하고 있는 '멍 때리기' 대회를 스스로 하는 셈이다. 스트레칭, 명상, 간식을 먹는 등 다양한 방법이 있지만 '멍 때리기'도 좋은 휴식법이라고 생각된다. 당신도 한 번쯤 시도해 보라.

직장인에게 휴가는 의무적으로 주어진다. 최근 MZ세대의 근무 비율이 확대되고 있다. 예전에 직장인들은 휴가를 가려면 타당한 사유가 있거나, 눈치를 살펴 가야 했다. 그러나 현대사회에서는 열심히 일한 당신에게 휴가는 의무이며 권리이다. 휴가를 통해 재충전을 제대로 해야 한다. 나는 휴가 기간에도 휴대폰으로 업무 협의에 참여하곤 했다. 그러면 휴가 같지 않고 쉬는 것 같지도 않다. 당신은 사내 메신저가 있다면 '휴가'라고 표시하거나 대리로 급하거나 간단한 업무를 해 줄 수 있는 사람을 협소해 놓자. 물론 협조자가 휴가를 갈 때는 적극적으로 협조해 주어야 한다.

휴식은 삶의 만족도를 높여 주고 직장 생활의 장기전을 치를 힘을 만드는 중요한 일이다. 장기전에 대비한 직장 생활에서 자신의 휴식을 되돌아보자. 필자의 경험에 의하면 가장 중요한 것은 휴식이다. 시간이 주어졌을 때 이를 효율적으로 활용을 하는 것은 오롯이 자신의 몫이다. '쉬면 좋겠다.'는 생각이 매일 들어도 막상 휴식을 취할 때 '일' 생각을 놓지 못하고 있는 건 아닌지 생각해 보자. 당연히 일에 대해서 성과도 내고 인정받는 것도 중요하다. 진정한 휴식을 통해 장기전에 대비한 행복한 직장 생활이 되도록 휴식에 대해서 고민해 보자.

휴식했다고 착각하는 유형

직장 생활을 하면서 휴가 기간을 보낸 직장인들을 둘러보며 느낀 점이 있다. 휴가를 다녀왔는데 복귀하면 피곤해 보이는 것이다. 왜 그런지 살펴보면 몇 가지 유형이 보인다. 첫 번째는 휴식 기간에 사람들을 만나 술을 마시는 유형이다. 이는 사람들을 좋아해서 휴식할 때 지인들을 만난다. 물론 휴식할 때 그동안 못 봤던 지인을 만나는 것도 좋은 활력이 된다. 그러나 문제는 만나서 술을 많이 마시는 것이다. 몸과 마음이 충전되어야 하는데 이들은 반대로 몸을 고생시킨다. 활달하고 사교적인 사람이더라도 휴가 기간에는 밤새 술 마시는 것은 자제해 보자.

체력이 안 되는 상황에서 무리한 운동하는 유형이다. 휴가 기간에 이런저런 도전을 무리하게 하는 유형이다. 한 지인은 휴가철만 되면 지리산, 설악산 등을 오른다. 그의 경험담을 들어 보면 등산 경험이 부족한 사람들도 따라와 높은 산을 등산한다는 것이다. 자주 등산을 하는 사람이야 괜찮아도 초보자들은 일상에 복귀한 후에도 일주일은 후유증을 앓곤 한다. 진정한 휴식은 자신의 수준에 맞는 운동을 시작해서 무리하지 않는 범위에서 체력 증진을 해야 한다. 그래야 꾸준히 운동하는 습관으로 이어질 수 있다.

다음으로는 휴가 기간에 잠을 많이 자는 유형이다. 특히나 개인적인 성향이나 나이가 어릴수록 특별한 계획 없이 휴가 기간 내내 잠을 잔다. 나의 후배도 평소 업무와 사람에 시달리다 보니 집에서 잠을 많이 잔다고 한다. 적절한 잠은 좋다. 그러나 과한 잠은 성공적인 직장인이 되는 것과 거리가 먼 행동이 된다. 습관적으로 오랜 시간 동안 자는 것은 경계하자. 자칫 게으름으로 이어질 수 있으므로 경계해야 한다. 당신은 프로 직업인으로 성장해야 하는데 게으름은 가장 치명적인 결함이 된다.

휴가 기간 중 자기 계발만 하는 유형이다. 나름대로는 열심히 사는 유형이다. 이 유형은 이번 휴가 기간에 자격증을 취득한다든지 못했던 공부를 한다. 그러나 휴식에는 '쉼'이 있어야 하는데 습관적으로 자기 계발을 해야 한다는 강박에 시달려 장기전을 대비하지 못한다. 지난 휴가에는 A 자격증, 이번 휴가에는 B 자격증을 취득하고도 불안해서 계속 자격증을 취득하려고 노력한다. 그러나 직장 생활은 학교에 다니는 것과 다르다. 막연히 준비했던 자격증만을 가지고 이직하는 시대는 지났다.

진정한 휴식을 취하는 방법

필자와 지인들이 효과적으로 휴식을 취하는 방법들을 소개해 보고자한다. 먼저 멍을 때리며 TV나 음악을 듣는 것이다. 내가 가장 많이 사용하는 방법이다. 조용한 곳에서 아무 생각 없이 TV나 음악 들으면 업무를 머릿속에서 잠시 내려놓는 것이다. 휴식할 때는 확실히 효과가 좋은 방법으로 이때에는 졸리면 자고 먹고 싶은 것이 있으면 먹는 것도 좋다. 짧은 휴가인 하루 정도는 이렇게 지내 보는 것도 효과가 좋은 방법이다. 주의할 것은 주말이나 휴가 때마다 이런 식의 휴가를 보내는 것은 게으름으로 연결되니 몸과 마음이 많이 지칠 때 해 보는 것을 권장한다.

새로운 장소를 찾아가 보는 것이다. 최근 골목 맛집 찾아가기, 새로운 장소 찾아가는 등 여가 활동이 확대되고 있다. 즉 새로운 분야에 대해서 체험하는 것이다. 새로운 장소, 새로운 식당, 새로운 활동을 통해 삶의 활력소는 물론 스트레스도 해소되는 수단이 된다. 여기서 중요한 것은 몸이 무리가 될 정도 활동하기보다 몸과 마음이 즐거운 수준에서 즐길 수 있는 새로운 것을 찾아가 보자. 생각 외로 여기에서 새로운 영감도 받아 취미 활동으로 이어져 삶의 질도 개선이 되는 계기가 된다.

지인들과 추억을 만들어 나가는 것이다. 휴가 기간에는 잠시 일을 내려놓고 이성 친구나 가족 그리고 친한 친구들이 있다면 함께해 보는 것은 어떨까. 자신에게 좋은 사람과의 추억은 좋은 감정을 유지할 수 있는 소중한 시간이 된다. 그동안 일로 인한 스트레스도 날아갈 수 있는 계기가 된다. 나도 휴가 기간에는 가족이나 친구들과 저녁 식사 등 모임을 갖는다. 그들과 시간을 보내며 그동안 있었던 이야기도 나누다 보면 스스로 힐링이 된다.

쉴 줄 아는 사람들의 공통점은 몰입해서 짧은 시간이나마 심취할 시간을 확보한다는 점이다. 당신도 일을 잠시 내려놓고 몰입할 수 있는 일을 찾아보자. 지금까지 언급한 사례 이외에 자신이 하고 싶은 일이 있거나 좋아하는 일이 있다면 도전해 보자. 그 자체가 스트레스가 해소되고 힐링이 될 수 있는 포인트가 된다. 휴식을 잘하는 사람이 일에 능률과 집중할 수 있는 토대가 된다. 성공적인 직장인이 되기 위해서 한 가지 이상은 자신만의 휴식 무기를 만들자.

몸과 마음을 잘 쉬어야 스트레스 해소와 피로가 풀린다. 새로운 경험을 통해 진정한 휴식 시간을 갖는 것도 좋다. 예를 들어 여행을 가거나 음악을 들으며 사색하기, 가족들과 함께 공연 감상하기 등 일과 관련이 없는 분야에 짧은 시간이나마 몰입한다면 스트레스 해소에 도움이 될 것이다. 휴식은 단순히 쉬는 개념이 아니라 프로 직장인으로서 더 오래 그리고 잘 일할 수 있는 동기로 볼 수 있다. 장기전을 대비하여 나의 몸과 마음을 재정리하는 중요한 과정임을 명심하자.

42.
나를 위한 시간 투자, 취미 활동을 하면
번아웃이 오지 않는다

2019년 잡코리아에서 직장인 492명을 대상으로 설문조사를 한 결과 직장인 95.1%가 직장 생활을 열심히 하는 와중에 '번아웃 증후군'을 경험했다고 응답했다. 이 중 대리, 주임급이 98%로 가장 높은 비율을 보였으며 사원급 94.9% 다음으로 과장급이 89,7%가 번아웃 증후군을 겪은 것으로 나타났다. 그만큼 현대 사회의 직장인은 번아웃에 대해서 흔하게 생각하고 있다. 당신도 번아웃을 경험한 적이 있는가. 누구나 경험할 수 있는 번아웃이나 슬럼프를 잘 극복하는 방법을 모색해 보자.

번아웃이 오는 원인

번아웃이란 무엇인가. 마인드맨션의원 대표원장이자 성균관대 정신건강의학과 안주연 외래교수는 『내가 뭘 했다고 번아웃일까요』에서 '내 직업 또는 학업, 작업하는 일과 관련해 굉장한 소진과 냉소, 효능감 저하 등을 느끼는 상태를 번아웃이라고 말합니다. 번아웃을 업무 효율에 관한 문제라고만 생각하기 쉬운데, 사실 이 문제는 생물학적·신체적으로 영향을 주고 감정적인 문제나 심리적인 영향도 동반한다.'고 주장한다. 자칫 방치하면 우울증이나 대인 기피증 등 다양한 증상으로 이어질 수 있다. 그러므로 성공적인 직장 생활을 영위하기 위해서는 적극적으로 번아웃에 대해서 인정하고 극복하는 자세가 필요하다.

그렇다면 가장 번아웃을 많이 느끼는 부분은 무엇일까. 번아웃을 경험했던 주변인들의 말을 들어 보면 '일이 너무 많다고 느껴진다.', '워라밸이 다른 사람보다 좋지 않다.', '일에 대해서 인정받지 못하고 책임만 지는 경우가 많다.', '결국 일에 대한 의욕이 없어지는 경험을 하게 된다.'는 생각을 했다고 한다. 당신도 번아웃을 느낀 적이 있었는가. 아마 번아웃 상태라면 하나의 감정으로만 번아웃을 느끼는 것은 아닐 것이다.

내가 경험한 번아웃은 일상적인 업무로 내가 소모되는 느낌이었다. 반복적인 업무에서 오는 흔히 '현타'가 그렇다. 성장하는 것 같지 않고 단순하고 반복적인 일을 수년째 하는 것에서 무력감을 느꼈다. 신입 사원 시절에는 더욱더 반복적이고 단순한 일이 내 업무였다. 이처럼 번아웃은 일이 많지 않아도 '소모적인 업무'라고 생각된다면 번아웃이 오기도 한다. 그럴 때 그러러니 생각하고 방치하다 보면 이직, 직무 전환과 같은 변화에 속수무책으로 대응하게 된다.

한 후배는 번아웃이 왔을 때 업무에 회의감이 들었다고 한다. 열심히 했던 일이 성공적으로 마무리되었지만 인정받지 못했기 때문이다. 상사에게 인정받지 못하자 일에 의욕을 잃고 결국 이직하게 되었다. 이 사례를 볼 때 대리, 사원 시절에는 도전적인 일에 대해서 열심히 노력했으나 비록 실패했더라도 주변에서 인정해 줄 필요가 있다. 그러나 대부분 상사는 '성공'이 아니라면 인정하지 않는다. 거기서부터 조직에 금이 가고 대리, 사원들은 번아웃이 오는 것이다.

번아웃 증후군 사례와 자가 테스트

감정 노동과 대인관계로 인해 번아웃을 경험하는 경우다. 시장 조사 전문 기업 엠브레인 트렌드모니터가 2020년 직장인 남녀 1,000명을 대상으로 직장인의 '감정 노동'과 관련된 인식조사에서 76.5%가 '직장에서 감정 노동을 하는 편이다.'라고 응답했다. 눈여겨볼 만한 점은 연령별로 20대는 74.8%, 30대는 80.8%, 40대 79.2%, 50대 71.2%로 조사되었다. 또한 감정 노동을 만드는 사람으로 직속 상관(52.6%), 일반 고객(34.7%), 팀내 선배(33.7%)라고 응답했다. 이처럼 20, 30대 젊은 층에서 감정 노동에 더욱 취약한 것으로 나타났다. 직장인이 평소 느끼는 감정은 부정적인 단어와 표정이다.

번아웃은 A급 인재들에게도 찾아온다. 번아웃으로 인해 이직한 대리의 사례이다. 나의 한 직장 후배도 평소 직장 생활을 아주 잘하는 이미지를 갖고 있던 친구였다. 그는 대리 3년 차에 일에 대해 욕심이 많았는데, A급 인재였다. 그는 맡았던 일에서만큼은 늘 좋은 평가를 받았다. 그런

데 직급이나 경력이 쌓여 가며 상대적으로 난도가 높은 직무를 요구받게 되었다. '해낼 수 있다.'는 생각으로 일을 처리해 나갔다. 그러나 일은 계속 늘어나게 되었다. 결국 그는 그 일을 포기하고 이직했다. 이는 기존에 기업이나 개인에게도 악영향을 준 사례이다. 당신도 이런 상황에 처한다면 적극적으로 상사에게 상담을 요청하여 '일의 적절한 배분'과 '휴가' 등 재충전할 시간을 요구할 필요가 있다.

사회생활에서 강박감을 느끼는 MZ세대들은 특히 취약하다. 치열한 입시 경쟁과 바늘구멍만 한 취업 시장을 뚫고 어렵게 직장인이 되었다. 그러나 직장에는 군대 문화와 같은 상명하복, 열정페이 보수적인 조직 문화가 남아 있다. 그로 인해 당신은 어렵게 들어온 조직에서 자신의 무능력함과 조직 문화에 회의감을 갖는다.

현재 당신이 번아웃 증후군에 해당하는지 판단해 보자. 아래 10개의 선택지에서 내가 해당하는 사항을 골라 보자. 8가지 이상이면 심각, 6가지 이상이면 번아웃을 의심해 보아야 한다.

1. 쉽게 피로를 느낀다.
2. 평소보다 퇴근 후 녹초가 된다.
3. 일에 재미가 없다.
4. 점점 냉소적으로 변하고 있다.
5. 짜증이 늘어난다.
6. 화를 참을 수 없다.

7. 만성 피로, 두통, 소화 불량이 늘었다.

8. 자주 한계를 느낀다.

9. 유머 감각이 사라졌다.

10. 주변 사람들과 대화하는 것이 힘들다.

6가지 이상 해당이 되면 위험 단계에 해당한다.

나를 위한 시간 투자, 취미 활동을 통한 번아웃 극복 방법

도망치지 말고 지금 근무하는 곳에서 극복해야 한다. 주변 인물이나 환경을 개선해 보려고 노력하자. 당신이 피한다고 해서 문제가 해결되지 않는다. 지금 힘들어서 다른 곳으로 이직이나 전보하더라도 그곳이 지상 낙원이 아닐 가능성이 높다. 그것에서도 적응하지 못해서 그곳을 다시 떠날지 모른다. 실제로 인사 업무를 해 보면서 느낀 점은 대리, 사원급 수준에서 이직을 3번 이상 한 사람들을 보면 느낀 점이 있다. 그들은 어려운 상황이 있으면 피하려 하는 성향이 있다.

자신이 생활하고 있는 곳에서 잠시 떠나 보자. 이는 적절한 휴식을 뜻한다. 일과 사람에 지친다면 며칠이라도 자신을 위해서 잠시 일을 잊자. 휴식 시간에는 즐거운 시간을 만들어 보기 위한 방법을 찾아보자. 맛집을 찾아다니거나 좋아하는 활동도 좋다. 이처럼 다른 생각을 할 수 있는 여유를 가지면 번아웃이나 슬럼프를 벗어날 힘을 충전할 수 있다. 그래야 마라톤에서 넘어지더라도 슬기롭게 일어날 수 있다.

퇴근 후에는 규칙적인 운동을 통해 땀을 흘리자. 나도 틈나는 대로 하루 1시간 가량을 산책하며 땀을 흘린다. 운동해서 땀을 흘리면 스트레스가 해소되며 육체적, 정신적으로 충전을 하는 계기가 된다. 또한 좋아하는 사람과 같이 할 수 있는 운동도 좋다. 배우자나 친한 친구가 있다면 같이 운동하자. 부부관계나 대인관계도 증진되며 재충전하는 시간을 가질수 있어 두루 좋다. 당신도 1시간 정도 시간을 의무 할당을 통해 실행해보자.

멘토나 가족과 고민 상담, 대화를 통해 서로를 이해하고 공감하자. 공감을 해 줄 수 있는 사람이 있다면 당신이 겪고 있는 어려움에 대해서도 허심탄회하게 이야기해 보자. 단 허심탄회하게 이야기를 해야 할 대상은 자신이 믿고 있는 멘토, 가족, 친한 친구로 제한한다. 그리고 그들과의 대화가 끝나면 힘든 이야기를 들어줘서 고맙다는 표현을 해야 한다. 그들도 부정적인 이야기를 듣고 있기가 힘들기 때문이다. 추가로 주의할 것이 있다. 믿을 만한 사람이 아닌 상대에게 이야기하는 경우 자칫 상대방은 내가 푸념한다고 오해할 수 있다. 만약 직장 동료라면 당신에 대해서 부정적인 이미지로 소문을 내거나 왜곡되어 표현할 수 있으므로 주의하자.

직장 생활을 하다 보면 누구나 번아웃이나 슬럼프가 오는 경우가 많다. 그러나 슬기롭게 극복하여 새롭게 비상하는 사람이 있고 이직이나 전보를 통해 넘어지는 사람들이 있다. 현명한 방법은 우선 지금의 환경을 극복하는 방법을 찾아보자. 어렵게 들어온 직장에서 수개월 또는 수년을 근무한 자신의 노고가 아깝지 않은가. 극복해 보려는 노력도 당신이 성장할 수 있는 계기가 된다. 노력해도 해결되지 않아 결국 이직하더라도 이후 전 직장에 대해 미련이나 후회가 남지 않는다.

43.
가족과 함께하는 시간은
양보다 질 중심으로 가야 한다

최근 강원도 고성에서는 으뜸 봉사 가족으로 김민희 씨 가족을 선정하여 시상했다. 김민희 씨 가족은 2018년 3월부터 '한아름 팀 가족봉사단' 소속으로 활동해 지역 내 장애인이나 노인 그리고 저소득층을 대상으로 자원 봉사 활동을 하고 있다. 이처럼 가족과 함께 뜻깊은 활동을 하는 사람들이 늘어나고 있다. 가족끼리 대화가 부족하고 서로가 생활하기 바쁜 가운데서도 봉사와 나눔이라는 공동의 목표를 가진다면 건강하고 행복한 가족으로 성장할 것이다. 가족 구성원이 어떤 합을 이루고 맞춰 나가느냐에 따라 직장 생활도 성패가 나뉠 수 있다.

가족 관계에서 성공한 사람들의 특징

업무 시간에는 몰입하고 가족과 함께 보내는 시간은 양보다 질에 집중한다. 직장인으로서 성공한 사람들을 보면 직무 전문성을 확보하기 위해 부단히 자기 계발하여 업무 지식과 기술이 월등하다. 더불어 다양한 사람들과 좋은 관계를 유지한다. 이들은 가족과 어떻게 살아가고 있을까. 성공한 사람들은 가족과 함께 추억을 만들며 내외적으로 질적 성장을 한다. 가족 간에 서로 시너지를 주며 학생은 학생답게, 직장인은 직장인답게 성장하는 것을 돕는 조력자의 역할을 한다.

성공한 사람들은 대게 가족과 보낼 시간을 일정 시간 배정한다. 대학원 동기 중에 회사에서 임원을 하고 계신 분은 매일 가족과 함께 아침 식사를 한다고 한다. 그날 있을 이야기부터 어제 이야기까지 가족들과 소통하는 시간을 만드는 것이다. 그 시간을 통해 가족은 서로를 이해하며 불화가 있더라도 쉽게 해결할 수 있다. 고 정주영 회장께서도 아침 식사는 무조건 가족과 함께 새벽 4시 40분에 하는 신념이 있었다. 바쁜 일정을 소화하면서도 가족들과 소통하는 법을 효율적으로 알고 있던 것이다.

성공한 직장인들의 특징은 가족 간에 든든한 조력자 또는 지지자로 역할을 한다는 점이다. 어떤 문제가 발생하더라도 긍정적으로 가족 구성원에게 충고나 조언한다. 행여 자녀가 시험 성적이 안 나오더라도 "믿는다.", "앞으로 잘하면 된다."는 따뜻한 말 한마디로 자녀에게 동기 부여를 한다. 그로 인해 자녀는 더 열심히 공부하고 부모를 더 신뢰하게 된다. 직장인도 마찬가지다. 가족 간에 험담하거나 부정적인 이야기를 한다면 신뢰는 무너진다. 행여 실수나 어려운 상황이 도래하더라도 가족은 든든한 조력자와 지지자가 되어야 한다.

가족 간에는 실수하거나 잘못한 일도 솔직하게 털어놓는다. 과거에 한국은 감정을 솔직하게 표현하는 것을 부끄럽거나 "이야기를 안 해도 상대방은 다 알 거다."라고 생각하는 경향이 많았다. 그러나 지금은 적극적으로 표현해야만 오해가 커지는 걸 예방할 수 있다. 그러므로 가족 간에 발생하는 실수나 잘못한 일은 적극적으로 표현하자. 듣는 사람도 적극적으로 이해하고 문제를 함께 풀 방법을 고민하자. 살인이나 패륜 같은 강력 범죄가 아니라면 이해할 수 있지 않겠는가.

가족과 함께하는 시간을 잘못 판단한 유형들

가족과 함께하기만 하면 시간을 잘 보내는 것일까? 잘못 실천하는 유형을 알아보자. 첫 번째로는 함께하는 시간의 양에만 집착한다. 퇴근하고 집에 돌아가 저녁 식사 후 아무것도 안 하고 서로 TV만 보는 것이다. 이는 물리적인 공간에서 함께하는 시간의 양만 많을 뿐 질적으로는 아무런 효과가 없는 것이다. 그저 TV를 함께 보는 것이지 가족과 진정으로 함께하는 것이 아니다. 너무 '함께'라는 단어에 부담을 가질 필요가 없다. 선택과 집중이 필요한 것이 경제학이나 경영학만을 이야기하는 것은 아니다.

가족 여행만 한다고 해서 능사가 아니다. 예를 들어 가족들끼리 놀이동산을 갔다고 하자. 아버지는 A 놀이기구, 어머니는 B 놀이기구, 아이들은 C, D 놀이기구를 희망해서 탔다. 그렇다면 무늬만 '가족 여행'이지 각자가 원하는 것을 한 것뿐이다. 각자 놀이기구를 타러 온 것이지 가족 간에 추억을 쌓은 여행은 아니다. 그러므로 가족 여행 계획을 잡을 때는 진정으로 함께 즐기는 추억을 많이 만들자. 오전 시간에는 아버지가 희망하는 곳, 오후 시간에는 어머니가 희망하는 곳, 야간에는 아이들이 희망하는 곳을 찾는 것도 좋은 방법이 된다.

가족의 추억을 고려하지 않고 오직 내가 즐거운 시간을 보내는 것에 집중한다. 지인의 경험담인데, 지인은 골프 여행을 하고 싶은데 자녀들은 워터파크를 가고 싶어 했다. 그는 고민 끝에 골프가 유명하고 근처에 워터파크도 있는 곳으로 가족 여행을 갔다. 여행지에서 가족 구성원들은 각자 하고 싶은 것을 찾아갔고 저녁에만 모여 식사를 했다. 이 가족은 여행지에 함께 이동만 하고 각자 추억을 만들기 위해서 노력한 시간을 보냈을 뿐이다. 가족 간에 소통은 없고 개인의 추억만 기억에 남을 것이다. 당신은 이런 실수를 하지 않도록 가족과 함께하는 시간을 어떻게 보내야 의미 있을지 깊이 고민해 보자.

마지막으로 가족과 함께하면서 생길 수 있는 오류는 무엇일까. 가족 간에 이야기를 나눌 때 "잘했다.", "못했다."며 추상적인 표현을 하는 경우가 많다. 직장에서도 칭찬과 꾸지람은 구체적이어야 한다. 가족 간 대화도 마찬가지다. 말을 할 때는 왜 그렇게 생각했는지 이유를 들어 구체적으로 이야기하는 습관을 갖도록 하자. 형식적인 감사와 사과는 안 하는 것만 못 할 때가 많다. 그런 때는 가족과 함께하더라도 속만 상하는 경우가 많다. 이를 예방하기 위해서 적극적인 실천을 해야 한다.

가족 시간을 질 중심으로 보내야 하는 이유

가족과 시간을 어떻게 보내야 양적 중심에서 질적 중심으로 변화할 수 있을까. 가장 첫 번째로 서로의 관심사에 대해 이야기를 나눠 보자. 최근 아버지가 무엇에 관심을 가지고 있는지. 자녀는 무엇이 고민인지 서로가 알아야 한다. 배우자도 마찬가지다. 당연히 배우자가 생각하고 있는 고민이나 관심 사항에 대해 서로 관심을 가져야 한다. 거기서부터 가족과 '질적 중심'의 관계가 설정될 수 있다. 당신도 지금부터 가족을 떠올리며 상대방이 관심사가 무엇인지, 고민이 무엇인지 생각해 보자.

가족이 고민하거나 상담이 필요한 경우 공감 능력이 필요하다. 이는 자신의 부모님도 자신의 배우자도 마찬가지다. 설령 잘 모르는 분야라도 우선은 공감하는 제스처를 취해야 한다. 내 경험으로는 직장인으로서 직장 내에서 인간관계, 소통과 공감, 리더십 등 다양한 교육을 받는다. 보통의 직장인은 가정에서의 관계는 별개로 생각한다. 그러나 자신이 배운 역량 교육에 대해서는 직장과 가정에서 적용할 수 있는 것들이 상당히 많다. 소통이나 공감 그리고 인간관계 확장, 리더십도 마찬가지다. 향후 당신이 학습하게 될 다양한 분야에 대해서 가장 먼저 적용해 볼 존재는 '가족'이라는 걸 고려해 보면 좋겠다.

가족과 함께할 수 있는 운동이나 게임을 해 보자. 한국 사회에서는 대화가 이어가기가 힘들 때가 많다. 그럴 때는 함께할 수 있는 운동이나 게임을 골라 보자. 예를 들면 가족 단위에서 해 볼 수 있는 배드민턴이나 악기 레슨 그리고 보드게임도 여기에 해당한다. 가족과 어색할 때 운동이나 게임을 하게 된다면 자연스럽게 가까워질 수 있는 계기가 된다. 나도 가족과 소통이 필요할 때는 코인 노래방을 가서 같이 노래를 부르며 추억을 만든다. 이어서 자연스럽게 맥주 한잔하며 이야기를 이어가곤 한다. 당신도 가족들과 원활한 소통을 하기 위해서 대화를 시작하기 전에 함께 부대끼며 행동할 거리를 만들어 보자.

가족들과 함께하는 식사 시간을 마련해 보자. 앞서 언급했던 고 정주영 회장의 이야기 이외에도 주변에 성공한 경영자들을 보면 가족과 시간을 정해서 식사를 함께한다는 점이다. 그들은 바쁜 일상에서 자칫 멀어질 수 있는 가족 관계를 중요하게 생각하며 늘 마음 한구석에 미안한 감정을 지니고 있다. 직장 생활을 훌륭하게 영위하기 위해서는 가족들과 함께 식사하는 시간을 마련해 보자. 되도록 아침 식사를 추천한다. 저녁 식사는 사회생활을 하다 보면 변수가 많기 때문이다.

가족과 함께하는 시간은 양보다 질을 높이자. 일하다 보면 일에 몰입하게 된다. 그러므로 가족과 절대적인 시간의 양보다는 질적인 면을 개선하자. 우선 가족과 대화하는 시간과 함께 추억을 만드는 시간에 초점을 두자. 나의 부족한 면, 배우자가 떠안은 힘듦을 있는 그대로 인정하고 이야기하자. 그래야 상대방이 알고 당신에 대해서 이해와 공감을 할 수 있다. 가족은 든든한 버팀목이어야 한다. 우리가 열심히 뛰고 있는 일터는 단순히 가족들 부양을 위해서 있는 것이 아니기 때문이다.

슬기로운 사원생활

ⓒ 박종재, 2023

초판 1쇄 발행 2023년 1월 20일

지은이   박종재
펴낸이   이기봉
편집   좋은땅 편집팀
펴낸곳   도서출판 좋은땅
주소   서울특별시 마포구 양화로12길 26 지월드빌딩 (서교동 395-7)
전화   02)374-8616~7
팩스   02)374-8614
이메일   gworldbook@naver.com
홈페이지   www.g-world.co.kr

ISBN   979-11-388-1583-3 (03190)